“十二五”职业教育国家规划教材
经全国职业教育教材审定委员会审定

21世纪高职高专会计类专业课程改革规划教材

资产评估基础

（第三版）

主　编　王炳华　徐晓囡
副主编　王　玲　李丹明　刘西敏

中国人民大学出版社
·北京·

前　言

本次教材修订变动较大，不仅涉及教材架构和内容的变化，而且涉及教材名称的变化。主要考虑如下：

1. 为落实2017年教育部颁布的高等职业学校专业教学标准（资产评估与管理专业教学标准），需要对《资产评估》教材内容进行重构。资产评估与管理专业教学标准将专业核心课程调整为“资产评估基础知识”“资产评估实务”“无形资产评估”“企业价值评估”“资产评估相关专业知识”“国有资产管理”。为此，需要对《资产评估》教材内容重新架构，在剥离相关资产评估实务内容的基础上，将教材内容定位为资产评估基础知识，具体包括资产评估概念、原则、基本事项、程序、方法、报告与档案、管理制度、准则、职业道德与法律责任等，与此相适应，教材更名为《资产评估基础》。

2. 为适应资产评估行业的新发展，需要对《资产评估》教材内容进行更新。我国资产评估行业所面临的监管和执业环境发生了较大变化，具体表现在：2016年7月2日，十二届全国人大常委会第二十一次会议审议通过《中华人民共和国资产评估法》，确立了资产评估行业的法律地位；2017年4月21日，财政部出台《资产评估行业财政监督管理办法》（财政部令第86号），并于2019年1月2日进行了修改；2017年8月23日，财政部发布《资产评估基本准则》；2017年9月8日，中国资产评估协会发布修订后的25项资产评估执业准则和职业道德准则。

《资产评估基础（第三版）》以习近平新时代中国特色社会主义思想为指导，旨在为培养德智体美劳全面发展的资产评估技术技能人才夯实基础，与《资产评估》第一版、第二版相比，具有以下特色：

1. 符合资产评估技术技能人才成长规律和学生认知特点。“资产评估基础知识”课程适应优化课程体系的需要，是资产评估与管理专业的入门课程，学生在此基础上通过学习财务管理、经济法等相关专业知识（资产评估相关专业知识），为一般资产评估业务（资产评估实务）、特殊资产评估业务（无形资产评估和企业价值评估）的学习奠定基础。

2. 内容科学先进、针对性强。本教材对接资产评估主要岗位——资产评估师的职业能力要求，跟踪国内外资产评估技术方法和评估市场的发展趋势，充分反映资产评估行业最新法律、法规和行业制度、准则等。

3. 坚持职教特色，突出理论和实践相统一。本教材融入了资产评估师职业资格考试指定教材《资产评估基础知识》的内容，实现了“课证融通”；修订后的教材知识传授与技能培养并重，强化职业素养养成，将精益求精的专业精神、职业精神、工匠精神和劳模精神融入其中。

4. 内容编排科学合理、梯度明晰。本教材共7章，每章按照学习目标、知识学习、本章小结、练习题的顺序编排，层次递进，有利于学生学习专业知识、培养专业技能和提升职业素养，为后续资产评估实务的学习奠定良好的基础。

5. 适应“互联网+职业教育”要求，有利于深化教学改革。本教材的修订融教材编写、课程建设、信息化教学资源开发、信息技术应用为一体。教材改革作为职业教育“三教”改革的重要组成部分，有利于教师采用“线上+线下”混合式教学模式，提高教学质量。

6. 产教融合，校企双元开发。本教材的编写团队既是教育部创新发展行动计划确定的国家骨干专业（资产评估与管理）主要成员，又是国家教学成果奖骨干成员，同时是山东省资产评估名师工作室建设成员，具有合理的人员结构，包含资产评估专业领域专家、教科研人员、一线教师、资产评估师等。

7. 服务国家战略和经济社会发展急需紧缺的专业领域。为适应资产评估行业发展需要，亟须培养大量资产评估技术技能人才，但目前市场上的《资产评估》教材，基本上都是服务普通高等学校人才培养和基于学科导向的教材，面向职业教育的教材市场供给严重不足，本教材的面世，填补了这一空白。

根据教材的修订贡献，本教材由王炳华、徐晓囡任主编，王玲、李丹明、刘西敏任副主编。

本教材既适合高等职业院校在校生使用，也适合有志于考取资产评估师人员和资产评估从业人员学习。

本教材在修订过程中参考和借鉴了相关教材，接受了山东省教育厅名师工作室项目资助，特向中国资产评估协会、山东省教育厅和相关教材作者致谢。还要感谢中国人民大学出版社默默奉献的编辑们，本教材的出版凝聚着你们的智慧和汗水。由于编者水平和时间有限，书中错漏在所难免，恳请广大读者批评指正。

编者

目 录

第1章 资产评估概述

学习目标

通过本章的学习，学生应掌握资产评估的概念和特点、资产评估的经济技术原则；熟悉资产评估的基本作用、价值和价格、资产评估的工作原则；了解我国资产评估行业的发展历史及特点，我国资产评估在市场经济中的地位和作用。

第1节 资产评估的概念和作用

1.1 资产评估的概念

1.1.1 资产评估

资产评估属于价值判断的范畴，价值判断是商品交换过程中不可回避的问题，资产评估的专业水准和执业公信力会对委托人等当事人权利的保障和市场秩序的维护产生较大影响。

2016年7月2日，第十二届全国人民代表大会常务委员会第二十一次会议通过的《中华人民共和国资产评估法》（以下简称《资产评估法》）所定义的资产评估是："评估机构及其评估专业人员根据委托对不动产、动产、无形资产、企业价值、资产损失或者其他经济利益进行评定、估算，并出具评估报告的专业服务行为。"

《资产评估法》不仅提出了资产评估的概念，还对资产评估的主体、客体、行为、法律性质、服务和成果等进行了规范。具体包括：

（1）资产评估的主体。《资产评估法》规定资产评估机构及其评估专业人员是资产评估的主体。

（2）资产评估的客体。资产评估的客体是资产评估的对象，包括不动产、动产、无形资产、企业价值、资产损失或者其他经济利益。

（3）资产评估的行为。资产评估是一种价值评定、估算行为。

（4）资产评估的法律性质。资产评估是委托人与资产评估机构依法订立的资产评估委托合同约定的专业服务。

（5）资产评估的服务和成果。资产评估是对评估对象价值进行评定、估算的专业服务，资产评估机构出具的资产评估报告是向委托人提供的服务成果。

资产评估机构及资产评估专业人员除了从事《资产评估法》中所规定的资产评估服务外，也可以从事其他与价值或价格相关的咨询服务。《资产评估法》所规定的资产评估服务与其他咨询服务的主要差别体现在行为主体、专业规范和报告形式三个方面：

（1）行为主体方面的差别。《资产评估法》所规定的行为主体只能是资产评估机构及资产评估专业人员，其他咨询服务对行为主体没有要求。

（2）专业规范方面的差别。《资产评估法》所规定的资产评估行为受资产评估准则的约束和规范，其他咨询服务则无此规定。

（3）报告形式方面的差别。《资产评估法》所规定的资产评估服务要求提交特定格式的书面报告，其他咨询服务则无此规定。

1.1.2 资产

资产是资产评估的客体，即资产评估的对象。

资产是指由特定权利主体拥有或控制的、预期会给该主体带来未来经济利益的经济资源。对此可以从以下方面理解。

1. 资产是能够为特定权利主体带来未来经济利益的经济资源

经济资源所具有的能够带来未来经济利益的潜在能力，是特定权利主体愿意拥有或控制这种资源的主要动因。经济资源能够为特定权利主体带来的未来经济利益表现为两个方面：一是拥有资产给特定权利主体带来的利益；二是通过资产所有权或控制权的变动给特定权利主体带来的利益。

资产的价值取决于经济资源能够为特定权利主体带来的未来经济利益的潜在能力。资产评估就是通过适当的方法量化这种潜在能力，反映资产的价值。

2. 资产必须是特定权利主体所拥有或控制的

特定权利主体拥有或控制是指自然人、单位或国家等主体拥有所有权，或者虽然不拥有所有权，但具有控制权。

在判断资产是否存在时，所有权是要考虑的首要因素，但不是决定因素，在有些情况下，特定权利主体虽然不拥有经济资源，即不享有经济资源的所有权，但是可以控制这些经济资源，同样表明特定权利主体能够从其控制的经济资源中获取经济利益，该经济资源仍可界定为特定权利主体的资产。因此，资产评估中界定资产的标准是资产的控制权而非所有权。例如，在我国，土地所有权属于国家，企事业单位拥有的土地资产是土地使用权，即依法使用土地，或依法转让、出租、抵押、投资土地使用权的权利，企事业单位应将其确认为资产。又如，企业对融资租赁的固定资产拥有长期使用权，该融资租赁的固定资产创造的经济利益能够流入企业，应确认为资产，视同自有固定资产进行管理。

资产所有权或控制权具有排他性，其他权利主体要取得相关权利要付出相应的代价。

在资产评估中，资产评估专业人员要关注被评估资产的权利状况，重视权利状况对资产评估的约束和影响。

资产的产权是资产所有权派生的一系列权利形成的“权利束”，通常包括对资产的占有权、使用权、收益权和处分权等。资产的产权可以是完整的，即包括对其占有、使用、收益和处分的所有权利，如土地所有权等，也可以是不完整的，即从中分设出不同类型的权利。例如按照我国法律的规定，国有建设用地所有权人可以通过划拨或出让方式实现其使用权的让渡，建设用地使用权人可以通过对相关建设用地设定抵押权实现土地资产的融资功能，还可以基于邻里需要为相邻单位提供通行用地而设定地役权。相对于完整产权，被分设了部分权利的有限产权的权利人，行使资产产权就会受到分设权利时所承诺义务的限制。因此，不同权利的类型或组合构成了资产的具体产权形态，如专利所有权、被授予独家许可后的专利所有权、专利使用权等。资产的产权形态不同，为权利人带来的经济利益通常会存在差异，所对应的资产价值也不同，资产的所有权价值一般会高于使用权价值，即使是同样的资产载体，可能会因为所赋予的权利不相同，从而表现出不同的经济价值。

3. 资产的价值能够以货币计量

能够给特定权利主体带来可量化的经济利益的资产才是资产评估中所涉及的资产。资产的可计量性是以其能带来的未来经济利益为基础的，表现为特定权利主体继续使用或让渡所有（或控制）权所能产生的经济效益的能力（主要为形成净现金流入的能力）。资产的价值应当能够用货币计量和反映。

1.2 价值与价格

价值和价格是资产评估的基本概念。价值与价格是既有区别又密切联系的两个概念。

价值和价格是经济学研究的核心之一。经济学上的价值理论，其根本任务是解决价值的决定与衡量问题。

1.2.1 劳动价值论

劳动价值论的核心是商品的价值由劳动决定。该理论的逻辑起点是商品，商品是用于交换的劳动产品，具有价值和使用价值两个因素。价值是凝结在商品中的无差别的人类劳动，是商品的社会属性，构成了商品交换的基础。使用价值是“物的有用性”，能够满足人的某种需要，体现商品的自然属性，但不可比较。

商品之所以具有价值和使用价值两个因素，其原因在于生产商品的劳动具有二重性，即具体劳动和抽象劳动。具体劳动创造商品的使用价值，满足人们的不同需要。在商品的交换过程中，具体劳动无法进行量的比较，必须还原为抽象劳动。因此，生产商品的劳动二重性决定了商品的二因素，抽象劳动形成了商品的价值。

商品的价值量用它所包含的形成价值的抽象劳动量来计量。决定商品价值量大小的不是生产商品的个别劳动时间，而是社会必要劳动时间，即“在现有社会正常的生产条件下、在社会平均的劳动熟练程度和劳动强度下制造某种使用价值所需要的劳动时间”。商品的价值量与生产该商品的社会必要劳动时间成正比，与劳动生产率成反比。

价值规律揭示，商品的价值量由生产这种商品的社会必要劳动时间决定，商品按照价值量相等的原则进行交换。价值规律调节生产资料和劳动力在各生产部门的分配，刺激商品生产者改进生产工具，提高劳动生产率，加强经营管理，促进商品生产者在竞争中优胜劣汰。价值规律是商品生产和交换的基本经济规律，是人类从事一切经济活动都必须遵守的客观规律。

价格是价值的货币表现形式，价值的变动是价格变动的内在的、支配性的因素，是价格形成的基础。商品供求关系的变化引起价格围绕价值上下波动。

1.2.2 效用理论

效用理论的核心是商品的价值是由人们对商品效用的主观评价决定的。效用是指商品满足人的欲望的能力，是消费者在消费商品时所感受到的满足程度。效用理论认为，价值是人们对商品效用的主观评价，只有人们在主观上认为有用的商品，它才有价值。

商品的价值量是由边际效用决定的。边际效用是指每增加购买一单位的某种商品给消费者带来的满足程度的增加量，或称总效用的变化量。决定商品价值大小的不是它的最大效用，而是购买该商品最后一单位的边际效用。

价值形成的两个前提是商品的有用性和稀缺性。能够满足人们某种独特欲望并不代表这种商品一定具有价值，只有当商品稀缺的时候，才能够引起人们对它的渴望，其价值才能被体现。

效用理论从需求的角度阐述了衡量价值的观点，强调价值是由效用和稀缺性共同决定的，效用决定价值的内容，稀缺性决定价值量的大小。

1.2.3 均衡价格理论

均衡价格理论的核心是商品价值是由供求决定的。商品需求量与供给量相等时的价格，即消费者为购买一定商品量所愿意支付的价格与生产者为提供一定商品量所愿意接受的价格相一致的价格就是均衡价格，该商品需求量与供给量相等称为均衡数量，此时也被称为市场出清的状态。如果市场价格偏离均衡价格，通过供求力量的相互作用，市场就会出现自动恢复均衡的趋势。

需求价格与供给价格共同决定均衡价格，实际上就是边际效用和生产费用共同决定均衡价格，边际效用决定需求，生产费用决定供给。如果考虑时间因素，则供求两个方面在价格决定上的不同作用是可以区别的。一般而言，时间越短，消费偏好等影响需求的主要因素对价值的影响越大；时间越长，生产成本等影响供给的主要因素对价值的影响越大。

一个市场的供给和需求的影响因素和其他市场上的影响因素彼此不是独立的，市场之间存在着相互联系和相互依赖。

均衡价格理论强调，商品的价值除了受商品本身的供求关系影响外，还受市场中劳动的成本、商品未来发挥的效用、其他商品的价格和市场的供求关系等因素的影响。

1.3 资产评估的基本作用

资产评估的主要对象是“资产”，随着社会的发展，资产作为生产要素正式从财产中分离，出现了生产要素市场。

不同于在产品市场流通的、可供人们消费的最终产品，在生产要素市场流动的是在生产经营活动中被利用的经济资源，如技术、信息、房屋、土地、机器设备等。除了上述单项资产外，资产还包括由多种生产要素组成的、具有获利能力的资产组合体，如整体的企业、完整的业务单元等。

一般而言，市场经济利用“无形的手”对资源进行合理配置，市场上公开交易的资产由供求价格机制定价。但生产要素市场所流通的“资产”形态是复杂的，大部分资产组合是独一无二的，很难在市场上找到相似的参照物，一般不易像普通商品那样通过市场解决定价问题。另外，受资产特性、交易机制等固有局限，或受当时当地的主客观条件的影响，有时可能出现市场价格机制失灵的状况。这就需要通过价值判断和估计来解决资产的定价问题。

资产评估就是依据市场的价格形成机制，通过模拟市场条件，运用合理的技术方法，确定特定用途资产在特定时点的价值。资产评估作为价格机制的补充手段，是资产价值发现和衡量的重要工具。资产评估行业是市场经济体制中不可或缺的中介服务业。

因此，反映和揭示资产的价值是资产评估的基本作用。

第 2 节　资产评估的原则

资产评估原则是规范资产评估行为、业务执行的规则和标准。资产评估原则包括工作原则和经济技术原则两个层面。

2.1　资产评估的工作原则

资产评估的工作原则就是独立、客观、公正。

《资产评估法》第四条要求“评估机构及其评估专业人员开展业务应当遵循法律、行政法规和评估准则，遵循独立、客观、公正的原则”。《资产评估基本准则》也将该内容写入资产评估机构及其资产评估专业人员的“基本遵循”中。

《资产评估法》和《资产评估基本准则》做出这些规定，是由资产评估工作的性质决定的。一方面，资产评估机构及其资产评估专业人员是以专业知识和技能为社会提供资产评估服务的，专业性强，需要从专业和职业道德角度规范其从业行为，保障委托人的合法权益，保护公共利益。另一方面，坚持独立、客观、公正原则有利于资产评估机构及其资产评估专业人员维护专业形象，赢得社会信任，得到健康可持续的发展。

因此，独立、客观、公正既是资产评估机构及其资产评估专业人员开展资产评估业务应当遵守的工作原则，也是对他们从事资产评估业务的职业道德要求。

2.2　资产评估的经济技术原则

资产评估的经济技术原则，是指在开展资产评估业务过程中的一些技术规范和业务准则，为资产评估专业人员在执行资产评估业务过程中的专业判断提供技术依据。

2.2.1　供求原则

供求原则是经济学中关于供求关系影响商品价格原理的概括。假定在其他条件不变的前提下，商品的价格随着需求的增长而上升，随着供给的增加而下降。尽管商品的价格并不随供求变化成固定比例变化，但变化的方向带有规律性。供求规律对商品价格产生的作用同样适用于资产价值的评估。资产评估专业人员在判断资产价值时应充分考虑和依据供求原则。

由于均衡价格是由需求和供给共同作用的结果，在均衡价格中，生产费用和边际效用是影响价格的两个均等因素，所以资产评估既要考虑资产的构建成本，又要考虑资产的效用。

2.2.2 最高最佳使用原则

该原则依据价值理论，强调商品在交换时，应以最佳用途及使用方式实现其价值。

由于商品，特别是资产的使用受到市场条件的制约，因此最佳用途及使用方式的确定，一般需要考虑以下几个因素：

（1）确定该用途在法律上是否许可，必须考虑该资产使用的法律限制。

（2）确定该用途在技术上是否可能，必须是市场参与者认为合理的用途。

（3）确定该用途在财务上是否可行，必须考虑在法律上允许且在技术上可能的情况下，使用该资产能否产生足够的收益，从而在补偿资产用于该用途所发生的成本后，仍然能够满足市场参与者所要求的投资回报。

2.2.3 替代原则

任何理想的投资者对具有相同效用的商品，必定选择价格较低的；在价格相同时，必定选择效用最大的。替代原则是指价格最低的同质商品对其他同质商品具有替代性，即相同效能的商品，价格最低的商品需求最大。作为一种市场规律，在同一市场上，具有相同的使用价值和质量的商品，应有大致相同的交换价格。如果具有相同的使用价值和质量的商品，具有不同的交换价值或价格，买方会选择价格较低的。当然，作为卖方，如果可以将商品卖到更高的价格水平上，他会在较高的价位上出售商品。正确运用替代原则是资产评估公正性的重要保证。

2.2.4 预期收益原则

资产之所以有价值，是因为它能够为其拥有或控制者带来未来经济效益。因此在资产评估过程中，资产的价值不在于过去的生产成本或销售价格，而是应当基于其对未来收益的预期加以决定。预期收益原则是资产评估专业人员判断资产价值的一个最基本的依据。

2.2.5 贡献原则

根据经济学边际收益原理，各生产要素价值的大小可依据其对总收益的贡献来衡量。从一定意义上来看，贡献原则是预期收益原则在某种情况下的具体应用。它主要是指某一资产或资产某一构成部分的价值，取决于它对所在资产组合或完整资产整体价值的贡献，或者根据当缺少它时对整体价值的影响程度来确定。贡献原则主要适用于确定构成整体资产的各构成要素资产的贡献，或者当整体资产缺少该要素资产时将蒙受的损失。

2.2.6 评估时点原则

资产评估具有动态性特点，资产的价值会随着时间因素的变化而变化，因此，必须选取一个评估基准日。为了使资产评估易于操作，同时又能保证资产评估结论可以被市场检验，在资产评估时，必须假定市场条件固定在某一时点，这一时点就是评估基准日。它为资产评估提供了一个时间基准。评估时点原则也是对交易假设和公开市场假设的一个反映。市场是变化的，资产的价值会随着市场条件的变化而不断改变。从理论上说，资产评估是对动态资产价格的现实静态反映。这种反映越准确，评估结果越科学。评估基准日为“特定的时间点”，资产评估专业人员的价值意见为该时点的价值意见，价值标准是该时点适用的价值标准。

2.2.7 外在性原则

资产评估中的外在性原则是指，外在性会对相关权利主体带来自身因素之外的额外收益或损失，从而影响资产的价值，对资产的交易价格产生直接的影响。资产评估应该充分关注外在性给被评估资产带来的损失或收益以及这种损失或收益对资产价值的影响。

例如，在对房屋和建筑物进行评估时，一个重要的价格影响因素就是环境。房屋周边开发的程度、环境状况等因素与房屋本身的所有权无关，但对房屋价格有重要影响。有时环境因素影响的权重，甚至不亚于房屋的造价。环境因素对房屋建筑物评估价值的影响实际上就是外在性对房屋建筑物价值影响的体现。优良的环境会使房屋使用功能产生溢出效用，增加房屋的转让价值或使用效益；恶劣的环境则会对房屋使用功能产生波及效用，减损房屋的转让或持有价值。

第 3 节　我国资产评估行业的发展

资产评估行业作为一个独立的社会中介行业在国外有上百年的发展历史。我国资产评估行业诞生于 20 世纪 80 年代末 90 年代初，虽然经历的时间不长，但发展迅速。经过三十年的努力，我国资产评估行业为维护国有资本权益、规范资本市场运作、防范金融系统风险、保障社会公共利益和国家安全做出了重要贡献。2016 年 7 月 2 日，全国人大常委会审议通过并于当年 12 月 1 日开始施行的《资产评估法》正式奠定了我国资产评估的法律地位，标志着我国资产评估行业进入法治化发展的新阶段。

3.1 我国资产评估行业的发展历史

与西方市场经济发达国家资产评估行业的发展不同，我国资产评估行业是在经济体制改革和对外开放政策背景下，为满足国有资产管理工作的需要而产生的，并走出了一条适合中国特色社会主义市场经济的发展之路。

1978 年 12 月，中共十一届三中全会做出对国家经济管理体制和国有企业经营管理方式进行改革的重大决策，为防止国有资产流失，作为国有资产管理的必备程序和保护国有资产权益的专业手段，资产评估应运而生。20 世纪 80 年代末，我国国有企业改革进入纵深阶段，为防止国有资产流失，规范国有资产交易行为，政府部门出台了一系列政策，规定企业兼并和出售国有小型企业产权，国有资产实行租赁、联营、股份经营，兼并和出售国有企业，资产折股出售，破产清理，企业结业清理，中外合资、合作经营，必须进行资产评估工作，初步确立了资产评估的法律地位。

1989 年，国家体改委、财政部、国有资产管理局共同发布了《关于出售国有小型企业产权的暂行办法》，明确规定："对被出售企业的资产（包括无形资产）要认真进行清查评估。"同年，国家体改委、国家计委、财政部、国有资产管理局共同发布了《关于企业兼并的暂行办法》，明确规定："被兼并企业的资产包括有形资产和无形资产，一定要进行资产评估作价。"同年，国家国有资产管理局发布了《关于在国有资产产权变化时必须进行资产评估的若干暂行规定》。1990 年 7 月，国家国有资产管理局成立了资产评估中心，负责资产评估项目和资产评估行业的管理工作。这些早期资产评估管理文件的发布和资产评估管理机构的成立，标志着我国资产评估工作正式起步。

20 世纪 90 年代初，国家国有资产管理局负责管理资产评估行业，建立了资产评估机构资格准入制度和资产评估收费管理制度，编写了资产评估专业培训教材。特别是 1991 年以国务院 91 号令发布的《国有资产评估管理办法》，是我国第一部对资产评估行业进行政府管理的行政法规，标志着我国资产评估行业走上了法治化的道路。该办法明确规定：凡是涉及国有资产产权或经营主体发生变动的经济行为都要进行评估，同时规定全国资产评估管理的政府职能部门是国有资产管理部门，将审批机构纳入国有资产管理部门的职责范围，规定了被评估资产的管理范围、评估的程序和方法及法律责任等，为推动我国资产评估行业的发展起到了历史性作用。

1993 年 3 月，为了适应股份制改造试点和证券公开发行资产评估工作的需要，加强对评估机构的管理，国家国有资产管理局、中国证券监督管理委员会联合发布了《关于从事证券业务的资产评估机构资格确认的规定》（国资办发〔1993〕12 号），要求资产评估机构对股票公开发行、上市交易的企业资产进行评估和开展与证券业务有关的资产评估业务，必须取得证券评估许可证，并规定了从事证券业务资产评估机构的资质条件。

1993 年以后，我国经济体制改革的深入推进为资产评估行业提供了重要的发展机会，资产评估行业得到空前发展。1995 年 5 月，人事部、国家国有资产管理局联合印发了《注册资产评估师执业资格制度暂行规定》及《注册资产评估师执业资格考试实施办法》，标志着全国注册资产评估师执业资格制度正式建立。1996 年 5 月，首次全国注册资产评估师职业资格考试举行。1996 年 5 月，国家国有资产管理局发布了《关于转发〈资产评估操作规范意见（试行）〉的通知》（国资办发〔1996〕23 号），在资产评估准则出台前，《资产评估操作规范意见（试行）》是规范我国国有资产评估业务的技术规范。该规范于 2011 年 2 月 21 日废止。

1998 年，根据政府机构改革方案，国家国有资产管理局撤销，相应的资产评估管理工作移交财政部，中国资产评估协会划归财政部管理。1999—2000 年，我国资产评估行业完成了资产评估机构脱钩改制工作，资产评估机构在人员、财务、职能、名称四个方面与挂靠单位脱钩。

2001 年 12 月 31 日，国务院办公厅转发财政部《关于改革国有资产评估行政管理方式加强资产评估监督管理工作意见的通知》（国办发〔2001〕102 号），对国有资产评估管理方式进行重大改革，取消财政部门对国有资产评估项目立项确认审批制度，实行财政部门的核准制或财政部门、集团公司及有关部门的备案制。之后，财政部相继制定《国有资产评估管理若干问题的规定》《国有资产评估违法行为处罚办法》等配套改革文件，将评估项目的立项确认制度改为核准、备案制，加大了资产评估机构和注册资产评估师在资产评估行为中的责任。与此相适应，财政部将资产评估机构管理、资产评估准则制定等原先划归政府部门的行业管理职能移交给行业协会。这次重大改革不仅是国有资产评估管理的重大变化，同时标志着我国资产评估行业的发展进入一个强化行业自律管理的新阶段。

2003 年，国务院设立国有资产监督管理委员会（以下简称国资委），财政部有关国有资产管理的部分职能划归国务院国资委。国资委作为国务院特设机构，以出资人的身份管理国有资产，包括负责监管所属企业资产评估项目的核准和备案。财政部则作为政府管理部门负责资产评估行业管理工作，并行使国有金融企业及烟草、铁路、邮政、科学、教育、文化、农业、司法等行业的中央企业和行政事业单位国有资产管理职责。这次改革对我国资产评估行业的发展具有重大影响，基本实现了国有资产评估管理与资产评估行业管理的分离，标志着我国资产评估行业已成为一个独立的专业服务行业。

2004 年 2 月，财政部发布《资产评估准则——基本准则》《资产评估职业道德准则——基本准则》，成为推动我国建立资产评估准则体系的重要标志，为我国资产评估准则制定和资产评估行业规范化发展奠定了坚实基础。

2004 年，《中华人民共和国行政许可法》实施，根据法律法规和国务院文件的规定，资产评估行业进一步完善行政管理和行业自律管理相结合的管理体制。依据《国务院对确需保留的行政审批项目设定行政许可的决定》（国务院令第 412 号），国家继续对资产评估机构从事证券业务实行行政许可，由财政部和证监会共同实施。2005 年 5 月 11 日，财政部发布《资产评估机构审批管理办法》（财政部令第 22 号），对资产评估机构及其分支机构的设立、变更和终止等行为进行规范。人事部门与财政部门共同实施注册资产评估师职业资格许可（含珠宝评估行业），注册资产评估师的注册由中国资产评估协会管理。

2009 年 12 月，财政部发布《关于推动评估机构做大做强做优的指导意见》（财企〔2009〕453 号），明确提出了要加快培养一批与我国经济发展水平相适应，具有较大规模、较强实力和较高水平的评估机构，推动评估行业科学发展。2010 年 11 月，财政部发布《关于评估机构母子公司试点有关问题的通知》，鼓励证券评估机构集团化发展，采用母子公司经营模式。

2011 年 8 月 11 日，财政部发布《资产评估机构审批和监督管理办法》（财政部令第 64 号），进一步规范了资产评估机构审批行为。

2014 年 8 月 12 日，国务院发布《关于取消和调整一批行政审批项目等事项的决定》（国发〔2014〕27 号），取消了注册资产评估师等 11 项职业资格许可和认定事项。2014 年 8 月 13 日，人力资源和社会保障部印发《关于做好国务院取消部分准入类职业资格相关后续工作的通知》（人社部函〔2014〕144 号），将资产评估师职业资格调整为水平评价类职业资格。

2016 年 7 月 2 日，第十二届全国人大常委会第二十一次次会议审议通过《资产评估法》，自 2016 年 12 月 1 日起施行，《资产评估法》对资产评估机构和资产评估专业人员开展资产评估业务、资产评估行业行政监管和行业自律管理、资产评估相关各方的权利义务和责任等一系列重大问题做出了明确规定，全面确立了资产评估行业的法律地位，对促进资产评估行业的发展具有重大历史和现实意义。

2017 年 4 月 21 日，财政部出台《资产评估行业财政监督管理办法》（财政部令第 86 号），建立了资产评估行业行政监管、行业自律与机构自主管理相结合的管理原则，明确了对资产评估专业人员、资产评估机构和资产评估协会的监管内容和监管要求，划分了各级财政部门的行政监管分工和职能，细化了资产评估法律责任的相关规定，为在财政部门实施监督管理的资产评估行业落实《资产评估法》的管理要求提供了依据。2017 年 8 月 23 日，财政部发布《资产评估基本准则》，9 月 8 日，中国资产评估协会发布修订后的 25 项资产评估执业准则和职业道德准则，实现了资产评估准则的与时俱进。

3.2 我国资产评估行业的发展特点

我国资产评估行业经过三十年的发展，在机构、人员、评估理论、行业自律组织和国际交流等方面已经成为能够在市场经济中占据一定位置、发挥应有作用的一种专业服务行业。同时，我国资产评估行业发展也具有自身的特点。

3.2.1 我国资产评估行业发展情况

1. 资产评估机构和资产评估专业人员

截至 2018 年底，全国资产评估机构 4 270 家，执业资产评估师 36 235 人。行业收入由 2010 年的 51 亿元增长到 2016 年的 120 亿元，年均增长超过 15%。

2. 资产评估理论

我国资产评估行业初步形成具有中国特色的资产评估理论框架，从价值理论的经济学基本论点出发，形成了资产评估的基本要素和基本原理，根据成本核算、收益预期及市场博弈等技术方法，形成了资产评估的具体路径、方法和参数。我国资产评估行业在基本理论与原理、资产评估方法等方面与国际评估行业保持趋同和一致，在具体操作和参数确定的某些方面体现了中国社会主义市场经济的特色。

3. 行业自律组织

资产评估作为市场经济中不可或缺的一个重要组成部分，其行业协会组织建设对保障行业健康发展、维护经济秩序、实现社会稳定具有重要意义。1993 年 12 月，中国资产评估协会成立，并于 1995 年代表我国资产评估行业加入国际评估准则委员会。目前，我国资产评估协会建立了由会员代表大会、理事会、专门和专业委员会、协会秘书处和地方协会构成的完整的行业自律组织管理体系。

4. 国际交流

中国资产评估协会在多个重要国际评估组织担任要职，包括世界评估组织联合会副主席、副秘书长，国际评估准则理事会管委会委员、资格委员会委员，国际财产税学会、国际企业价值评估学会常务理事等，在我国评估行业参与行业国际规则制定、反映我国与评估行业发展诉求、维护我国国家利益和评估行业权益等方面发挥了重要作用。此外，中国资产评估协会还与 50 多个国家和地区的评估组织建立了联系或合作关系，为我国评估行业国际化发展奠定了坚实的基础。

3.2.2 我国资产评估行业发展特点

1. 改革开放催生了我国资产评估行业

我国资产评估行业源自我国改革开放，在国有企业对外合资合作、承包租赁、兼并、破产等经济行为中，如何客观反映国有资产的价值，防止国有资产流失的需求催生了资产评估行业。

2. 服务国有企业成为资产评估行业发展壮大的基础

经济体制改革的中心环节是国有企业改革。在国有企业改组、改制、改造、破产等进程中，作为加强国有资产管理、维护国有资产权益的重要手段的资产评估行业应运而生。资产评估行业在发展初期就被政府赋予国有资产评估的法定业务，并延续至今。国有企业作为资产评估行业的主要服务对象，使其具备了较高的发展起点，为其不断发展壮大奠定了良好的基础。

3. 产权市场的形成促进了资产评估行业的发展

产权市场主要是指产权（特别是非证券化的产品）的公开拍卖和交易市场，主要包括企业产权市场、技术产权市场、土地产权市场、房屋产权市场等。产权市场主要是为企业的兼并、出售、拍卖、租赁、股权转让、资产调剂等服务。产权市场进行的产权流动和重组行为，正是资产评估行业存在的基础。资产评估作为产权市场的一种嵌入式制度安排，在规范产权转让、发现价格的功能等方面得到了充分的体现，在实现产权在流转过程中的保值增值和公众对产权处置的知情权，防止产权交易过程中的商业贿赂行为等方面起到了应有的作用。

4. 金融市场的建立加快了资产评估行业的发展

改革开放后，我国金融市场取得了长足的发展，从单一的货币市场转变为货币市场与资本市场并存的多品种、多层次的市场体系，这为资产评估释放了更多的市场空间。货币市场对资产评估的需求不断增加，尤其是抵押市场评估和金融债权评估。资本市场的建立也加快了资产评估行业的发展。我国证券市场发展初期，发行上市的法人主体主要是国有企业。国有企业的股份制改造直接对资产评估提出了市场化要求。上市公司收购、重大资产重组等需要资产评估机构为其提供公允价值的专业意见，为资本市场的投资与交易定价提供参考。

5. 政府主导推动了资产评估行业走向规范

资产评估行业三十年的发展表明，我国的资产评估行业属于政府主导模式。一方面，因为我国资产评估行业起步较晚，法制化环境有待完善，协会的功能有待提升，这种特殊的国情决定了我们不可能像西方资本主义国家那样实行资产评估行业高度或完全自治，而是需要政府部门的大力支持。另一方面，因为国有资产评估在我国整个评估业务体系中占有很大的比重，资本市场的资产评估还涉及以上市公司为投资主体的公众利益等，因此，无论是从国有资产所有者的角度还是从公共管理者的角度，政府都有必要加强对评估行业的监管，政府主导行业规范发展的模式仍将在一定时期内存在。

第4节 我国资产评估的地位和作用

我国的资产评估在中国特色社会主义市场经济建设、国有经济体制改革、经济发展方式转变和产业结构优化升级、社会进步和发展等方面做出了积极的贡献，已成为我国经济体制改革的重要专业支柱。

4.1 我国资产评估在市场经济中的地位

4.1.1 资产评估是市场经济条件下不可或缺的专业服务业

市场经济的特征是生产要素在经济活动中无障碍地流通，实现有效配置，获利能力达到最大化。作为生产要素的资产，其交易价值是由其在有效配置下的获利能力决定的，交易价格实质上是其获利能力的价值表现。受市场环境和资源配置等各种因素的影响，资产一般不能简单地按原值或账面价值进行交易，否则会损坏交易一方的利益，影响资产的合理流动。资产评估的作用在于促进交易各方当事人的合理决策，为资产交易双方理性确定资产的交易价格、保障产权有序流转提供价值尺度。因此，资产评估是市场经济条件下不可或缺的一种专业化服务。

4.1.2 资产评估是现代专业服务业的重要组成部分

现代服务业已经成为衡量一个国家或地区综合竞争力和现代化水平的重要标志之一，通常具有智力化、资本化、专业化、效率化的特征。资产评估行业具有技术密集、知识密集、高附加值、低能源消耗、低环境污染、高产业带动力等现代高端服务业的特点，是现代专业服务业的重要组成部分，并已成为通用商业语言。资产评估作为一种现代专业服务，不但是经济社会发展中的重要专业力量，也是财政管理中的重要基础工作。

4.1.3 资产评估是我国经济体制改革逐步深化的重要专业支撑力量

中共十一届三中全会做出对国家经济管理体制和国有企业经营管理方式进行改革的重大决策，催生了资产评估行业；20 世纪 90 年代社会主义市场经济确立为我国经济体制改革的目标模式，这为资产评估行业的发展奠定了良好的制度基础。总之，三十年来，我国资产评估行业根植于我国经济体制改革，已成为我国经济体制改革向纵深推进的专业支撑力量。

4.2 我国资产评估在市场经济中的作用

资产评估在促进市场资源优化配置、保证资本市场良性运行、维护社会主义市场经济秩序、维护各类资产权利人权益、维护公共利益和对外开放环境下的国家利益中发挥了积极作用。

4.2.1 资产评估在促进市场资源优化配置中的引导作用

在市场经济条件下，资源优化配置是指市场遵循平等性、竞争性、法制性和开放性的一般规律，由市场机制通过自动调节实现对资源的配置。资产评估所体现的评价与评值功能恰是价值规律实现的必要条件。受社会必要劳动时间、供求关系及市场环境的动态影响，资产价值往往处在不断变化之中，需要资产评估专业人员对资产价值进行合理评估，为交易双方提供合理的价值信号，以引导经济资源向价值最大化方向流动，防止“劣币驱逐良币”现象的发生。

4.2.2 资产评估在服务资本市场发展中的保障作用

我国资产评估行业与我国资本市场几乎同时起步，资产评估行业已成为保障资本市场良性运行不可或缺的专业服务行业，在推进上市公司并购重组、促进融资功能提升、提高资本市场财务会计信息质量方面发挥了至关重要的作用。具体来说，一是资产评估已经成为上市公司重大资产重组定价的核心环节；二是资产评估已成为促进融资功能提升的重要手段；三是资产评估提高了上市公司的会计信息质量。

4.2.3 资产评估在规范经济秩序中的促进作用

产权交易的本质是等价交换，而资产评估的职能就是为交易主体实现公平交易提供价值尺度。在产权交易过程中，资产评估机构的介入，既抑制了交易主体的非理性行为，也为政府强力监管提供了“数据库”。正是资产评估职能的发挥，才将“看不见的手”与“看得见的手”完美融合，使“公开、公平、公正”的经济秩序得以维护和不断规范。

4.2.4 资产评估对维护资产权利主体的合法权益有积极作用

资产评估作为一种制度设计，目的在于维护投资者（包括潜在的投资者）与经营者、债权人与债务人及其他利害关系人的共同利益并实现权益均衡。有了资产评估，交易各方能够在公开、公平、公正的前提下，实现资产最有可能实现的交换价值，达到帕累托最优状态。

4.2.5 资产评估对维护公共利益和对外开放环境下的国家利益有重要作用

资产评估是公共利益的维护者。首先，资产评估通过引导市场资源的优化配置，为政府增收节支、企业增加经济效益、全社会提高经济增量做出了重要贡献，从而增加了社会公众的整体福祉。其次，资产评估通过规范经济秩序，保障了交易主体的合法权益。再次，资产评估中的碳排放权评估等相关业务，有志于消除外部不经济，加快建设资源节约型和环境友好型社会。最后，资产评估已进入司法鉴证业务领域，已逐步在防治贪污腐败、实现司法公正方面发挥越来越突出的作用。

资产评估是对外开放条件下国家利益的维护者。提高对外开放水平，要以维护国家利益为最高准则。从“引进来”看，资产评估为中外合资、合作的资产组合合理作价提供专业服务，使双方交易建立在公平、平等、透明的基础上，避免了中方资产被低估和外方资产被高估的情况，提高了外资利用水平，推动了国内企业技术进步和产业结构升级。从“走出去”看，一些大型资产评估机构积极跟随我国企业“走出去”，在跨国并购和投资中做好配套服务，有力地支持了我国企业在全球范围内开展资源配置和价值链组合，提高了国家竞争力。

本章小结

本章主要介绍资产评估的概念、特点、作用、原则及我国资产评估行业的发展情况，学生要加强对资产评估的原则和基本作用的理解，并对我国资产评估发展状况和主要服务领域有所了解。

练习题

一、单项选择题

1. 关于下列资产的说法中，错误的是(　　)。

A. 资产的界定应当以经济资源的控制权为依据

B. 资产的产权是与所有权相关的“权利束”，具有可分解性

C. 资产的产权通常包括占有权、使用权、收益权和处分权

D. 资产只能以所有权作为界定依据

2. 资产评估是估计和判断资产价值的专业服务活动，评估价值是资产的(　　)。

A. 现时价值　　B. 历史价值　　C. 阶段价值　　D. 时点价值

3. 在资产评估过程中，资产的价值不由过去的生产成本或销售价格决定，而由未来收益期望值决定，这是(　　)。

A. 贡献原则　　B. 推断原则　　C. 替代原则　　D. 预期收益原则

4. 劳动价值论的核心是（　　)。

A. 商品的价值是由具体劳动决定的

B. 商品的价值是由劳动强度决定的

C. 商品的价值是由劳动熟练程度决定的

D. 商品的价值是由劳动决定的

5. 在统一市场上具有相同使用价值和质量的商品，应该有大致相同的交换价值，以此确立的资产评估原则是(　　)。

A. 贡献原则　　B. 评估时点原则

C. 替代原则　　D. 预期收益原则

6. 评估基准日是评估业务中极为重要的基础，也是(　　)在评估实务中的具体体现。

A. 重要性原则　　B. 评估时点原则　　C. 及时性原则　　D. 替代原则

7. 中国资产评估协会成立于(　　)年。

A. 1992　　B. 1993　　C. 1994　　D. 1995

8. 我国(　　)年通过了《中华人民共和国资产评估法》。

A. 2014　　B. 2015　　C. 2016　　D. 2017

二、多项选择题

1. 下列各项中，属于资产评估的经济技术原则的有（　　)。

A. 替代原则　　B. 最高最佳使用原则

C. 外在性原则　　D. 贡献原则

E. 供求原则

2. 资产评估的主体包括（　　）。

A. 资产评估机构
B. 资产评估专业人员
C. 注册会计师
D. 财政部门
E. 中国资产评估协会

3. 在资产评估中，最佳用途及使用方式的确定，一般需要考虑的因素包括（　　）。

A. 法律上是否许可
B. 实体状态指标是否最优
C. 技术上是否可能
D. 财务上是否可行
E. 与现行用途是否一致

4. 资产评估行业已成为保障资本市场良性运行不可或缺的专业服务业，其在服务资本市场发展中的保障作用包括（　　）。

A. 资产评估在规范经济秩序中的促进作用
B. 资产评估已成为上市公司重大资产重组定价的核心环节
C. 资产评估在促进市场资源优化配置中的引导作用
D. 资产评估已成为促进融资功能提升的重要手段
E. 资产评估提高了上市公司的会计信息质量

5. 1978 年 12 月，中共十一届三中全会做出对国家经济管理体制和国有企业经营管理方式进行改革的重大决策，以下选项属于我国资产评估产生原因的是（　　）。

A. 防止国有资产流失
B. 提高我国资本市场流动性
C. 国有资产管理的必备程序
D. 保护国有资产权益
E. 丰富社会主义市场体系

三、综合题

北京 A 公司拟收购上海 B 公司 20% 的股权。

2018 年 10 月 17 日，ZH 资产评估有限公司出具了“ZH 评报字（2018）第 KMV1197 号”资产评估报告书，报告书宣称：本次评估目的是北京 A 公司拟收购上海 B 公司 20% 的股权，需要对上海 B 公司 20% 的股权价值进行评估，以确定其在评估基准日 2018 年 7 月 31 日的市场价值，为该收购提供价值参考。根据本次评估的评估目的，本次评估的对象为上海 B 公司 20% 的股权价值，评估范围是上海 B 公司的全部资产及相关负债。本次评估将持续经营前提下的市场价值作为选定的价值类型。

问题：

（1）案例中的评估主体和客体分别是什么？

（2）评估基准日的确定体现了资产评估的哪项经济技术原则？

（3）资产评估的工作原则是什么？

第2章

资产评估基本事项

学习目标

通过本章的学习，学生应当了解和掌握资产评估相关当事人的构成、对应的权利和义务；掌握资产评估目的的分类；掌握常见的资产评估目的；明确资产评估对象的分类及评估范围的界定；掌握资产评估基准日与报告日的区别及各自的作用；掌握资产评估主要价值类型及选择；理解资产评估假设的作用及具体评估假设的使用。

明确资产评估基本事项是开展和实施评估业务的第一个环节。明确资产评估基本事项，可以对评估业务有充分、全面的了解，为评估业务的承接和执行做好准备。明确资产评估基本事项，资产评估机构可以在受理评估业务前，对评估业务的背景、基本情况、委托要求、可能的工作条件等有一个全面、充分的了解，进而对资产评估机构和资产评估专业人员的专业胜任能力、独立性、业务风险等进行评价，决定是否承接相关业务，并在决定承接的情况下，为洽谈签订资产评估委托合同做好准备。

资产评估基本事项主要包括资产评估相关当事人（包括评估委托人、产权持有人、评估报告使用人、资产评估专业人员、资产评估机构等），资产评估目的，资产评估的对象和范围，资产评估基准日和报告日，价值类型，资产评估报告使用范围、提交期限和方式，评估服务费及支付方式等事项。

第1节 资产评估相关当事人

资产评估作为一项民事委托事项，资产评估相关当事人是指与评估活动有关的当事人。根据《资产评估法》第23条的规定，委托人应当与评估机构订立委托合同，约定双方的权利和义务。资产评估相关当事人包括评估委托人、产权持有人、委托人以外的其他评估报告使用人、资产评估机构和资产评估专业人员等。

1.1 评估委托人

1.1.1 评估委托人的概念

《资产评估法》规定，评估委托人应当与评估机构订立委托合同，也就是资产评估作为一项民事经济活动，是建立在委托契约基础上的。与资产评估机构就资产评估业务服务事项签订委托合同的民事主体，就是资产评估的评估委托人。

评估委托人可以是自然人，也可以是法人；可以是一个人，也可以是多个人。委托合同是一种双务合同，经由双方签字后生效。合同一经订立，除非是合同中约定的解约事项发生，否则双方都无权单方面解除合同。

1.1.2 评估委托人的确定

《资产评估基本准则》规定，资产评估业务涵盖法定资产评估业务和非法定资产评估业务。涉及国有资产或者公共利益等事项，法律、行政法规规定需要评估的业务是法定评估业务。对法定评估业务委托人，法律、行政法规、部门规章、其他规范性文件和司法解释分别有相应的规定。非法定评估业务委托人，可以在自愿协商的原则下确定。

1. 涉及国有资产的评估业务

《企业国有资产法》第47条规定，国有独资企业、国有独资公司和国有资本控股公司合并、分立、改制，转让重大财产，以非货币财产对外投资，清算或者有法律、行政法规以及企业章程规定应当进行资产评估的其他情形的，应当按照规定对有关资产进行评估。

《国有资产评估管理办法施行细则》第17条规定，委托评估机构进行资产评估的委托方，一般是国有资产占有单位，也可以是经占有单位同意、与被评估资产有关的其他当事人，原则上由申请立项的一方委托。特殊情况由国有资产管理行政主管部门委托。

《企业国有资产评估管理暂行办法》第6条规定，企业有下列行为之一的，应当对相关资产进行评估：

（1）整体或者部分改建为有限责任公司或者股份有限公司；

（2）以非货币资产对外投资；

（3）合并、分立、破产、解散；

（4）非上市公司国有股东股权比例变动；

（5）产权转让；

（6）资产转让、置换；

（7）整体资产或者部分资产租赁给非国有单位；

（8）以非货币资产偿还债务；

（9）资产涉讼；

（10）收购非国有单位的资产；

（11）接受非国有单位以非货币资产出资；

（12）接受非国有单位以非货币资产抵债；

（13）法律、行政法规规定的其他需要进行资产评估的事项。

上述经济行为，应由其产权持有单位委托评估。

其他情形：

对于国有企业收购、增资非国有单位，需对非国有单位进行评估的，国有资产管理部门受理资产评估核准或备案所要求的资产评估委托人应包括拟进行收购或投资行为的国有企业。这种情况下，产权持有人与委托人可能不是同一主体。涉及国有资产评估核准或备案业务的委托人可以是多个，但委托人中必须包括国有资产评估管理规定所要求的委托主体。

《关于规范国有企业改制工作意见》（国办发〔2003〕96 号）规定，国有企业改制，必须依照《国有资产评估管理办法》（国务院令第 91 号）聘请具备资格的资产评估事务所进行资产和土地使用权评估。国有控股企业进行资产评估，要严格履行有关法律法规规定的程序。向非国有投资者转让国有产权的，由直接持有该国有产权的单位决定聘请资产评估事务所。企业的专利权、非专利技术、商标权、商誉等无形资产必须纳入评估范围。评估结果由依照有关规定批准国有企业改制和转让国有产权的单位核准。

《人民法院委托评估工作规范》规定，对于涉及国有资产或者公共利益等事项的，企业国有资产法、公司法、合伙企业法、证券法、拍卖法、公路法等法律、行政法规规定必须委托评估的；双方当事人要求委托评估的；司法网络询价平台不能或者在期限内均未出具网络询价结果的以及法律、法规有明确规定的情形，人民法院应当作为委托人，委托评估机构进行评估。

2. 涉及非现金资产出资的评估业务

《公司法》规定，以非现金资产出资，需要对出资资产进行评估，但对于委托人没有明确规定。如果出资行为不涉及国有资产，委托人可以是出资方，也可以是被出资方（主要针对增资情况），也可以是当事人共同委托；如果涉及国有资产评估核准或备案的，委托人需符合国有资产评估管理的相关规定。

3. 涉及司法活动的资产评估业务

服务于司法的资产评估业务一般包括两类：为司法审判提供司法鉴定或为执行司法判决提供资产评估服务；为当事人诉讼请求提供协助的（可由诉讼举证方委托）。

根据《民事诉讼法》第76条的规定，当事人可以就查明事实的专门性问题向人民法院申请鉴定。当事人申请鉴定的，由双方当事人协商确定具备资格的鉴定人；协商不成的，由人民法院指定。当事人未申请鉴定，人民法院对专门性问题认为需要鉴定的，应当委托具备资格的鉴定人进行鉴定。

北京市高级人民法院《关于对外委托鉴定评估工作的规定（试行）》除了体现鉴定机构确定的以上要求之外，还规定：准许当事人申请或依职权委托的，法官应当确认需要鉴定的事项和要求。

根据《最高人民法院关于人民法院确定财产处置参考价若干问题的规定》（法释〔2018〕15号），在司法执行中对需要拍卖、变卖的财产需要通过资产评估确定处置参考价时，人民法院应当委托资产评估机构进行评估。

4. 涉及证券期货领域的资产评估业务

需要进行资产评估的证券期货领域的经济行为有公司制改建、证券发行、并购重组、资产转让、担保、财务报告等。发生上述资产评估行为，如果按照资本市场的监管要求应当履行信息披露义务，因拟上市或已上市公司是相关信息披露的义务人，一般由拟上市或上市公司委托资产评估，或由拟上市或上市公司与经济行为的其他当事人共同委托。如果拟上市或已上市公司为国有控股企业，或者相关经济行为涉及国有资产，委托人的确定还应当满足国有资产评估管理的有关规定。

例2-1

GZL资产评估有限公司接受中国ZD国际信息服务有限公司、深圳市SD实业股份有限公司的委托，对深圳市SD实业股份有限公司拟进行股权收购所涉及的深圳SD电子设备有限公司股东全部权益价值进行评估。

委托方1：中国ZD国际信息服务有限公司

委托方2：深圳市SD实业股份有限公司

被评估单位：深圳SD电子设备有限公司

1.1.3 评估委托人的权利和义务

《资产评估法》规定，委托人应当与评估机构订立委托合同，约定双方的权利和义务。

1. 评估委托人的权利

（1）委托人有权自主选择符合《资产评估法》规定的评估机构，任何组织或者个人不得非法限制或者干预。

（2）委托人有权要求与相关当事人及评估对象有利害关系的评估专业人员回避。

（3）委托人对评估报告有异议的，可以要求评估机构解释。

（4）委托人认为评估机构或者评估专业人员违法开展业务的，可以向有关评估行政管理部门或者行业协会投诉、举报，有关评估行政管理部门或者行业协会应当及时调查处理，并答复委托人。

2. 评估委托人的义务

（1）委托人应当按照合同约定向评估机构支付费用，不得索要、收受或者变相索要、收受回扣。

（2）委托人应当对其提供的权属证明、财务会计信息和其他资料的真实性、完整性和合法性负责。

（3）委托人或者评估报告使用人应当按照法律规定和评估报告载明的使用范围使用评估报告。

（4）委托人不得索要、收受或者变相索要、收受回扣，不得串通、唆使评估机构或者评估师出具虚假评估报告，不得对评估行为和评估结果做出非法干预。

1.2 产权持有人

1.2.1 产权持有人的概念

所谓产权持有人，是指评估对象的产权持有人。当评估对象为股权或所有者权益时，产权持有人是指股权或所有者权益的拥有者，与股权或所有者权益相对应的单位，就是被评估单位。

评估委托人与产权持有人可能是同一主体，也可能不是同一主体，评估委托人并不一定是评估对象的产权持有人。例如，A公司委托评估机构对自己所占有的资产进行评估，这时评估委托人与产权持有人就是同一主体。A公司打算收购B公司，委托评估机构对B公司的资产进行评估，这时评估委托人和产权持有人就不是同一主体，A公司为评估委托人，B公司是产权持有人。通常来说，如果评估委托人与产权持有人不是同一主体，那么两者应该有某种利益关系。

按照《企业国有资产评估管理暂行办法》的规定，国有企业法人财产权转让时，需要由产权持有人委托评估机构，这时的评估委托人与产权持有人为同一主体；国有企业收购非国有资产，必须对非国有资产进行评估。如果被收购方不同时作为委托人，评估委托人与评估对象的产权持有人则不是同一主体。

1.2.2 产权持有人的权利与义务

评估对象一般为产权持有人所控制。资产评估专业人员在评估过程中，往往需要查验被评估资产的权属证明、财务会计信息和其他资料等。当评估委托人与产权持有人不是同一主体时，资产评估专业人员在对评估对象实施评估时，需要通过委托人协调产权持有人配合资产评估工作。如果产权持有人作为单独的签约主体出现在资产评估委托合同中，作为签约主体的产权持有人的权利及义务可以在资产评估委托合同中直接约定。

1.3 评估报告使用人

1.3.1 评估报告使用人的概念

评估报告使用人是指法律、法规明确规定的，或者评估委托合同中约定的，有权使用资产评估报告或评估结论的资产评估当事人。

对法律、法规中没有明确规定，也未在评估合同中约定且未经过评估机构书面同意的，得到或利用资产评估报告或者结论的其他单位和个人，并不作为评估报告使用人。

《资产评估基本准则》中对评估报告使用人做了规定，除委托人、资产评估委托合同中约定的其他评估报告使用人和法律、行政法规规定的评估报告使用人之外，其他任何机构和个人不能成为评估报告使用人。

1.3.2 评估报告使用人的权利与义务

评估报告使用人有权按照法律规定、资产评估委托合同约定、资产评估报告载明的使用范围和方式使用评估报告或评估结论。

评估报告使用人应当正确理解评估结论。评估结论不等同于评估对象可实现价格，评估结论不应当被认为是对评估对象可实现价格的保证。

评估报告使用人应当关注评估结论成立的假设前提、评估报告特别事项说明和使用限制。

评估委托人或者评估报告使用人应当按照法律规定和评估报告载明的使用范围使用评估报告。评估委托人或者评估报告使用人未按照法律、行政法规规定和资产评估报告载明的使用范围使用资产评估报告的，资产评估机构及其资产评估专业人员不承担责任。

1.4 资产评估专业人员

1.4.1 资产评估专业人员的概念

资产评估专业人员包括资产评估师和其他具有评估专业知识及实践经验的评估从业

人员。

资产评估师是指通过评估师资格考试的评估专业人员。国家根据经济社会发展需要确定资产评估师专业类别。

根据《资产评估师职业资格制度暂行规定》（2017 年），为加强资产评估专业人员队伍建设，提高资产评估专业人员素质，规范资产评估行业管理，国家设立资产评估师水平评价类职业资格制度，面向全社会提供资产评估师能力水平评价服务，纳入全国专业技术人员职业资格证书制度统一规划。通过资产评估师职业资格考试并取得职业资格证书的人员，表明其已达到承办法定评估业务的要求和水平。

资产评估师职业资格增设珠宝评估专业，其资格名称为资产评估师（珠宝）。全国性评估行业协会按照国家规定组织实施评估师职业资格全国统一考试。

具有高等院校专科以上学历的公民，可以参加资产评估师职业资格全国统一考试。

1.4.2 资产评估师的职业能力

取得资产评估师职业资格证书的人员，应当具备相应的职业能力，具体包括：(1) 熟悉资产评估行业相关法律、法规和行业制度、准则；(2) 跟踪国内外评估技术方法和评估市场的发展趋势，具有较强的开拓创新能力；(3) 运用评估专业理论与方法，能较好地完成资产评估业务；(4) 能独立解决资产评估业务中的疑难问题。

取得资产评估师职业资格证书的人员，还应当按照国家专业技术人员继续教育以及资产评估行业管理的有关规定参加继续教育，不断更新专业知识，提高职业素质和业务能力。

1.4.3 资产评估专业人员的权利和义务

1. 权利

(1) 要求委托人提供相关的权属证明、财务会计信息和其他资料，以及为执行公允的评估程序所需的必要协助；

(2) 依法向有关国家机关或者其他组织查阅从事业务所需的文件、证明和资料；

(3) 拒绝委托人或者其他组织、个人对评估行为和评估结果的非法干预；

(4) 依法签署评估报告；

(5) 法律、行政法规规定的其他权利。

2. 义务

(1) 诚实守信，依法独立、客观、公正地从事业务；

(2) 遵守评估准则，履行调查职责，独立分析估算，勤勉、谨慎从事业务；

(3) 完成规定的继续教育，保持和提高专业能力；

(4) 对评估活动中使用的有关文件、证明和资料的真实性、准确性、完整性进行核查和验证；

（5）对评估活动中知悉的国家秘密、商业秘密和个人隐私予以保密；

（6）与委托人或者其他相关当事人及评估对象有利害关系的资产评估专业人员，应当回避；

（7）接受行业协会的自律管理，履行行业协会章程规定的义务；

（8）法律、行政法规规定的其他义务。

《资产评估法》对资产评估专业人员的行为做出禁止性规定，资产评估专业人员不得有下列行为：

（1）私自接受委托从事业务、收取费用；

（2）同时在两个以上评估机构从事业务；

（3）采用欺骗、利诱、胁迫，或者贬损、诋毁其他资产评估专业人员等不正当手段招揽业务；

（4）允许他人以本人名义从事业务，或者冒用他人名义从事业务；

（5）签署本人未承办业务的评估报告；

（6）索要、收受或者变相索要、收受合同约定以外的酬金、财物，或者谋取其他不正当利益；

（7）签署虚假评估报告或者有重大遗漏的评估报告；

（8）违反法律、行政法规的其他行为。

1.5 资产评估机构

1.5.1 资产评估机构概述

根据《资产评估法》的规定，资产评估机构应当依法采用合伙或者公司形式，聘用资产评估专业人员开展评估业务。

合伙形式的资产评估机构，应当有两名以上资产评估师；其合伙人的三分之二应当是具有三年以上从业经历且最近三年内未受停止从业处罚的资产评估师。

公司形式的资产评估机构，应当有八名以上资产评估师和两名以上股东，其中三分之二以上的股东应当是具有三年以上从业经历且最近三年内未受停止从业处罚的资产评估师。

资产评估机构的合伙人或者股东为两名的，两名合伙人或者股东都应当是具有三年以上从业经历且最近 3 年内未受停止从业处罚的资产评估师。

1.5.2 资产评估机构自主管理

《资产评估行业财政监督管理办法》〔2017 年 4 月 21 日财政部令第 86 号公布，根据 2019 年 1 月 2 日《财政部关于修改〈会计师事务所执业许可和监督管理办法〉等两部部门规章的决定》修改〕中规定：

资产评估机构应当依法采用合伙或者公司形式，并符合《资产评估法》第 15 条规定的条件。不符合《资产评估法》第 15 条规定条件的资产评估机构不得承接资产评估业务。

资产评估机构从事资产评估业务，应当遵守资产评估准则，履行资产评估程序，加强内部审核，严格控制执业风险。法定资产评估业务的资产评估报告应当由两名以上承办该业务的资产评估师签署，并履行内部程序后加盖资产评估机构印章，资产评估机构及签字资产评估师依法承担责任。

资产评估机构应当遵守独立性原则和资产评估准则规定的资产评估业务回避要求，不得受理与其合伙人或者股东存在利害关系的业务。

资产评估机构应当建立健全质量控制制度和内部管理制度。其中，内部管理制度包括资产评估业务管理制度、业务档案管理制度、人事管理制度、继续教育制度、财务管理制度等。

资产评估机构和分支机构加入资产评估协会，平等享有章程规定的权利，履行章程规定的义务。资产评估机构和分支机构应当在每年 3 月 31 日之前，分别向所加入的资产评估协会报送下列材料：(1) 资产评估机构或分支机构基本情况；(2) 上年度资产评估项目重要信息；(3) 资产评估机构建立职业风险基金或者购买职业责任保险情况，购买职业责任保险的，应当提供职业责任保险保单信息。

1.5.3 资产评估机构备案管理

《资产评估法》规定，设立评估机构，应当向市场监督管理部门申请办理登记。评估机构应当自领取营业执照之日起 30 日内向有关评估行政管理部门备案。评估行政管理部门应当及时将评估机构备案情况向社会公告。

《资产评估行业财政监督管理办法》与《财政部关于做好资产评估机构备案管理工作的通知》(财资〔2017〕26 号) 对资产评估机构的备案进行了如下具体的规定。

省级财政部门负责本地区资产评估机构和分支机构的备案管理。

资产评估机构应当自领取营业执照之日起 30 日内，通过备案信息管理系统向所在地省级财政部门备案，提交下列材料：(1) 资产评估机构备案表；(2) 统一社会信用代码；(3) 资产评估机构合伙人或者股东以及执行合伙事务的合伙人或者法定代表人 3 年以上从业经历、最近 3 年接受处罚信息等基本情况；(4) 在该机构从业的资产评估师、其他专业领域的评估师和其他资产评估从业人员情况；(5) 资产评估机构质量控制制度和内部管理制度。

资产评估机构的备案信息不齐全或者备案材料不符合要求的，省级财政部门应当在接到备案材料 5 个工作日内一次性告知需要补正的全部内容，并给予指导。资产评估机构应当根据要求，在 15 个工作日内补正。逾期不补正的，视同未备案。备案材料完备且符合要求的，省级财政部门收齐备案材料即完成备案，并在 20 个工作日内将有关信息以公函编号向社会公开。

另外，对资产评估机构设立分支机构的备案管理；资产评估机构的名称、执行合伙事务的合伙人或者法定代表人、合伙人或者股东、分支机构的名称或者负责人发生的变更备案管理；已完成备案的资产评估机构或者分支机构的注销备案都进行了具体规定。

1.5.4 资产评估机构的禁止性规定

《资产评估法》规定，资产评估机构不得有下列行为：

（1）利用开展业务之便，谋取不正当利益；

（2）允许其他机构以本机构名义开展业务，或者冒用其他机构名义开展业务；

（3）以恶性压价、支付回扣、虚假宣传，或者贬损、诋毁其他评估机构等不正当手段招揽业务；

（4）受理与自身有利害关系的业务；

（5）分别接受利益冲突双方的委托，对同一评估对象进行评估；

（6）出具虚假评估报告或者有重大遗漏的评估报告；

（7）聘用或者指定不符合《资产评估法》规定的人员从事评估业务；

（8）违反法律、行政法规的其他行为。

第 2 节 资产评估目的

不管是法定资产评估业务还是非法定资产评估业务，都是委托人为了满足特定的经济行为需要而进行的。

2.1 资产评估目的的概念

资产评估目的是指资产评估行为所服务的经济活动，也就是估价结果的期望用途。无论是从评估机构还是委托方的角度，资产评估目的决定了评估价值的内涵，从而决定了评估应选择的价值类型，进而影响着评估方法的选择与运用。同样的资产，评估目的不同，其评估值也不相同。资产评估目的是依据拟实施的经济行为确定的。资产评估目的没有公认的限制范围，它一般由委托者提出。

2.2 资产评估目的的分类

资产评估目的可分为一般目的和特定目的。

2.2.1 一般目的

资产评估的一般目的是由资产评估的性质及基本功能决定的。资产评估作为一种专业人员对特定时点及特定条件约束下资产价值的估计和判断的社会中介活动，其所要实现的一般目的只能是确定资产在评估基准日的公允价值。

资产评估中的公允价值是一种相对合理的评估价值，它是一种相对于当事人各方资产状况及资产所面临市场条件的合理评估价值，是资产评估专业人员根据被评估资产自身的条件及所面临的市场条件，对被评估资产客观交换价值的合理估计值。

2.2.2 特定目的

资产评估作为一种资产价值判断活动，总是为满足特定资产业务的需要而进行的，这里的资产业务是指引起资产评估的经济行为。通常，把资产业务对评估结果用途的具体要求称为资产评估的特定目的。在符合法律法规、评估规范及社会公共利益的前提下，评估报告和评估结论应当满足特定客户进行某个具体经济事项对资产评估结论的用途需求和目标要求。评估报告只能在特定的评估目的下具有有效性。

我国资产评估实践表明，引起资产评估的经济行为有很多，既有法律法规要求必须进行评估的经济行为，如国有资产以非货币资产对外投资，国有企业合并、分立、清算，将整体资产或部分资产租赁给非国有单位等，也有市场经济主体自主要求评估的经济行为。概括起来，常见的资产评估目的对应的经济行为有转让、出资、增资、抵押、改建、清算、财务报告、税收和司法等。

在评估报告中，评估目的应清晰、明确地说明本次资产评估的经济行为目的，以及评估所对应的经济行为获得批准的情况或者其他经济行为依据。

1. 转让

资产转让是指资产拥有单位有偿转让其拥有的资产，通常是指转让非整体性资产的经济行为。转让目的评估是最常见的评估目的，涉及的评估业务既有法定评估业务，也有非法定评估业务。转让经济行为对应的评估目的是确定转让标的资产的价值，为转让定价提供价值参考。

例 2-2

因浙江 BYMK 工贸股份有限公司拟转让部分无形资产、杭州 BYM 营养食品有限公司拟转让其持有的三项长期股权投资，为此委托 KY 资产评估有限公司对浙江 BYMK 工贸股份有限公司所持有的部分无形资产和杭州 BYM 营养食品有限公司所持有的三家子公司的股权进行评估。本次评估目的是为该经济行为提供浙江 BYMK 工贸股份有限公司所持有的部分无形资产和杭州 BYM 营养食品有限公司所持有的三家子公司的股权投资价值的参考依据。

例 2-3

因涉及沈阳 HY 供热有限责任公司拟进行资产转让之事宜，沈阳 HY 供热有限责任公司委托资产评估有限公司对其申报评估的资产于 2019 年 6 月 30 日的市场价值进行评估。

例 2-4

因涉及 XX 机床集团拟转让 ZJ 机床股权事宜，XX 机床集团委托资产评估有限公司对 ZJ 机床于评估基准日的股东全部权益的市场价值进行评估，评估结果仅作为 XX 机床集团转让 ZJ 机床股权时的参考。

例 2-5

根据天津 XM 科技股份有限公司第五届董事会的决议，天津 XM 科技股份有限公司拟转让其所持有的神州 HT 公司全部股权。本次评估目的是反映神州 HT 公司股东权益于评估基准日的市场价值，为上述经济行为提供价值参考依据。

2. 出资、增资

股东出资是指股东（包括发起人和认股人）在公司设立或者增加资本时，为取得股份或股权，根据协议的约定以及法律和章程的规定向公司交付财产或履行其他给付义务。

《公司法》第 27 条规定，股东可以用货币出资，也可以用实物、知识产权、土地使用权等可以用货币估价并可以依法转让的非货币财产作价出资；但是，法律、行政法规规定不得作为出资的财产除外。对作为出资的非货币财产应当评估作价，核实财产，不得高估或者低估作价。

出资或增资的评估目的是为确定股东出资金额和股权比例提供参考。

例 2-6

根据 XX 机械集团股份有限公司办公室 2017 年 2 月出具的关于印发集团公司《二〇一七年二月董事长工作协调会纪要》的通知（XX 董事〔2017〕7 号），XX 机械集团股份有限公司拟出资设立 YY 有限责任公司，需要对 XX 机械集团股份有限公司的与铁路车辆业务相关的部分资产及负债所对应的净资产进行评估，为该经济行为提供价值参考依据。

例 2-7

依据海南 HT 投资管理有限公司《临时股东会决议》（2018 年第 3 号），海南 GSGL 股份有限公司和中国 CC 工业集团有限公司拟对海南 HT 投资管理有限公司实施增资扩股，为此需要对海南 HT 投资管理有限公司的股东权益进行评估，为委托方上述经济行为提供价值参考依据。

3. 抵押

抵押是指企业或者个人作为借款人，以不动产作为抵押物获得贷款的方式。资产评估实务中常见的抵押评估包括贷款发放前设定抵押权的评估和实现抵押权的评估。

（1）贷款发放前设定抵押权的评估。

当企业或者个人向金融机构或者其他非金融机构进行融资时，这些机构会要求借款人或担保人提供抵押资产的评估报告。评估目的是帮助金融机构或者其他非金融机构了解抵押资产的价值，作为确定发放贷款的参考依据。

例 2-8

河南 XX 资产评估有限公司接受 YYY 有限公司的委托，对申报的固定资产进行评估，已确定申报固定资产的价值，为 YYY 有限公司资产抵押提供公允价值参考依据。

例 2-9

评估目的：确定委托评估资产在评估基准日的现时公允价值，为委托方抵押贷款这一经济行为提供价值参考依据。

（2）实现抵押权的评估。

当借款人到期不能偿还贷款时，借款人和金融机构或者其他非金融机构达成一致协议，对抵押物进行处置，以实现抵押权。这时的评估目的是确定抵押物的价值，为抵押物的变现提供价值参考依据。

4. 改建

《企业国有资产评估管理暂行办法》规定，企业整体或者部分改建为有限责任公司或者股份有限公司，应当对相关资产进行评估。

（1）国有企业改制。

国有企业改制要求通过资产评估合理确定国有资产的价值，实质上是对企业价值的评估，确定企业的股权价值。企业在改制过程时，需要聘请资产评估师和会计师分别对企业进行资产评估和财务报表审计。资产评估的结果可以作为增资扩股的计价依据。

例 2-10

XX 资产评估有限公司接受 XXX 公司的委托，对该公司的全部资产和负债进行评估，为委托方企业改制、了解企业价值提供价值参考依据。

例 2-11

本次评估是对 XXX 公司所委托评估的资产及负债在评估基准日所表现的市场价值做出公允反映，维护投资者以及资产所有者的合法权益，为企业改制提供价值参考依据。

（2）有限责任公司变更为股份有限公司。

企业整体变更为股份有限公司，为了维护原股东与新股东的利益，公平、公正地区分各股东的权利和义务，需要进行资产评估。依据《公司注册资本登记管理规定》，有限责任公司变更为股份有限公司时，原有限责任公司的净资产应当由具有评估资格的资产评估机构评估作价，并由验资机构进行验资。《公司法》规定，对作为出资的非货币财产应当评估作价，核实财产，不得高估或者低估作价，即非货币出资应当经过评估。

从严格意义上讲，股改评估不属于企业价值评估范畴，主要是为工商变更登记使用。股改评估的本质是以持续经营状态下企业资产和相关负债为评估对象，为重新认定股权当前时点价值而进行的资产重估。

例 2-12

本次评估目的是确定 DT 药研净资产的市场价值，为 DT 药研拟整体变更为股份有限公司这一经济行为提供价值参考依据。

例 2-13

本次评估目的是对莱芜市 KR 机械有限公司股东全部权益在评估基准日所表现的市场价值发表专业意见，为莱芜市 KR 机械有限公司拟整体变更为股份有限公司的经济行为提供价值参考依据。

5. 税收

非货币资产的持有或流转可能会涉及流转税、所得税、财产税和土地增值税等税种。对纳税申报不合理、未制定计税价格标准、价值不易按照通常方法确定的非货币资产，税收征管部门会要求提供资产评估报告。

因此，税基评估是以税收为特定目的的评估。具体来说，税基评估是指具有税基评估胜任能力的评估机构和评估人员，以税收为目的，以相应的税法为依据，将未能明确具体确定价税价值的税基作为评估对象，按一定的程序，运用适当的估价标准和方法，独立、客观、公正地开展评定作价的专业活动。

例 2-14

甲公司与乙公司签订了《房屋转让协议》，将原属于甲公司所有的部分房产转让给乙公司，乙公司支付了房屋价款。 在办理产权转让过程中，房产权属管理部门根据《中华人民共和国土地增值税暂行条例》等法律法规的规定，要求甲公司提供土地增值税的完税凭证。但由于甲公司的房产为与当地集体经济组织通过合作方式取得的，几经周转，原有的土地成本和建筑成本难以准确获得，提供的扣除项目数据不被税务部门所采纳。为此，税务部门要求甲公司委托评估机构，依据有关法律法规，对转让房产缴纳土地增值税的扣除项目进行准确、客观的评估。因此，本次评估目的是为委托人缴纳土地增值税提供参考依据。

6. 财务报告

以财务报告为目的的评估报告，是为财务报告服务的。企业在编制财务报告时，可能需要对某些资产进行评估，服务于合并对价分摊、资产减值测试、投资性房地产和金融工具等资产的公允价值计量等评估业务。

例 2-15

本次评估目的是为 XX 高新科技集团股份有限公司拟编制 2019 年 12 月 31 日合并报表进行减值测试，提供合并 XM 电子科技有限公司 2019 年 12 月 31 日会计报表所记载的软件著作权、商誉对应的资产组在评估基准日可收回价值的参考依据。

例 2-16

本次评估是确定 BM 公司于评估基准日的各项可辨认资产、负债及或有负债的市场价值，为 LJP 公司管理层准备财务报告进行合并对价分摊提供价值参考意见。

例 2-17

太原 TL 集团股份有限公司因财务报告的需要对涉及的本公司所持有的投资性房地产进行评估，为其进行部分资产期末市场价值认定提供价值参考依据。

第 3 节 资产评估的对象和范围

3.1 资产评估对象

3.1.1 资产评估对象的概念

资产评估对象也称为资产评估客体，是指被评估标的，即资产评估的具体对象。资产评估对象通常为整体企业（或单位）、资产组合和单项资产。

经济学中的资产泛指特定经济主体拥有或控制的，能够给特定经济主体带来经济利益的经济资源。会计学中所称的资产是指企业拥有和控制的，能以货币计量的，能够带来预期收益的经济资源，包括各种财产、债权和其他权利。但资产评估对象或资产评估中的资产并不完全局限于企业的资产，其内涵更接近于经济学中的资产，即特定权利主体拥有或控制的，能给特定经济主体带来未来经济利益的经济资源。

3.1.2 资产评估对象的基本特征

作为资产评估对象的资产，具有以下基本特征：

（1）资产必须是经济主体拥有或者控制的。作为资产评估对象的资产，其产权的构成是不同的。资产除包括经济主体拥有完全所有权的资产外，还包括一些以特殊方式形成的、依据合法程序能够实际控制的资产，如融资租入固定资产、土地使用权等。

（2）资产是能够给经济主体带来经济利益的资源，即可能给经济主体带来现金流入的资源。具体地说，资产具有带来未来利益的潜在能力。如果被恰当利用，资产的获利潜力就能够实现，进而使资产具有使用价值和交换价值，并能给经济主体带来未来效益。

（3）资产必须能以货币计量。也就是说，资产价值能够运用货币进行计量，否则就不能作为资产确认。

3.1.3 资产评估对象的分类

1. 按资产的存在形态分类

按资产的存在形态分类，可以分为有形资产和无形资产两类。

（1）有形资产是指那些具有具体实体形态的资产，包括固定资产、流动资产、其他资产和自然资源等。

（2）无形资产是指那些能够长期使用，但没有物质实体存在，而是以特殊权利或技术知识等形式存在，并能为拥有者带来收益的资产。一般可以分为以下两类：

1）可确指的无形资产，如专利权、专有技术（诀窍）、生产许可证、特殊经营权、租赁权、土地使用权、资源勘探和开采权、计算机软件、商标。

2）不可确指的无形资产，如商誉。商誉是由于企业地理位置优越、信誉卓著、生产经营出色、劳动效率高、历史悠久、经验丰富、技术先进等原因，所获得的投资收益率高于正常投资收益率所形成的超额收益资本化的结果。

2. 按资产的综合获利能力分类

按资产是否具有综合获利能力分类，可以分为单项资产和整体资产。

（1）单项资产是指单台、单件资产，如单台机器设备。

（2）整体资产是指由一组单项资产组成的具有获利能力的资产综合体。如一个企业、车间或一个无形资产的综合体。

3. 按资产的法律意义分类

按资产的法律意义分类，全部资产要素可以分为不动产、动产和合法权利。

4. 按资产在企业经营中是否持续使用分类

按资产在企业经营活动中是否持续使用，全部资产要素可分为固定资产与流动资产。

5. 按资产能否独立存在分类

按资产能否独立存在分类，全部资产要素可以分为可确指的资产与不可确指的资产。

6. 按财务会计制度的规定与被评估资产的工程技术特点分类

按财务会计制度的规定与被评估资产的工程技术特点分类，全部资产要素可分为固定资产、长期投资、流动资产、无形资产、在建工程、递延资产及其他资产。

3.1.4 资产评估对象的界定

从一般意义上讲，资产评估对象可以是不动产、动产、无形资产、企业价值、资产损失金额以及所有可以用货币量化的评估标的。资产评估对象是受评估特定目的条件约束的具体评估项目中的评估标的，界定评估对象就是要准确界定评估标的及其限定条件、作用方式、作用空间和权益边界等。

资产评估对象应当由委托人依据法律法规的规定和经济行为要求提出，并在评估委托合同中明确约定。在资产评估对象确定的过程中，由于资产评估对象作用方式和权益的复杂性等，资产评估机构和资产评估专业人员必要时可向委托人提供专业建议。

1. 单项资产评估中评估对象的界定

单项资产评估中的评估对象为单项可确指的资产。通常，机器设备评估、土地使用权评估、房屋建筑物评估、商标权评估、专利权评估等均为单项资产评估。由于单项资产评估的对象为某一类资产，不考虑其他资产的影响，通常由具有某一方面专业知识的评估人员参加即可完成资产评估任务。

单项有形资产的实体界定比较简单。如单台设备、一幢房屋等。单项有形资产的权利界定需要资产评估专业人员在明确评估目的的条件下，核实评估对象所承载的权益。如一台机床，资产评估专业人员要界定机床的权属，需要查验机器设备购置时的付款凭证、购置合同和购置发票；查验评估基准日机床是否还在企业固定资产账上等。

无形资产的界定比较复杂。无形资产本身没有物质实体，因此无形资产的界定就是界定无形资产的权益。无形资产种类较多，不同的无形资产，其权益形式差别很大。通常，无形资产权益都是以权益束的形式存在，如所有权、使用权、转让权、许可权等。资产评估专业人员可以通过评估对象的产权证明材料、相关行政主管部门的授权或检索、购置合同、相关凭证和无形资产的载体等核实界定无形资产的产权和权益。

例 2-18

某作家创作了一部 50 万字的网络小说，2018 年授权甲文学网站发表，甲文学网站按每千字 1 000 元的价格付给作家稿酬，该作家因此获得稿酬 50 万元。

小说发表后，读者评价较好，阅读量持续走高，乙视频网站十分看好该小说，拟在保留主要人物角色的基础上酌情修改部分故事情节形成电视剧剧本，并拍摄成电视剧作品。2019年6月30日，乙视频网站支付给该作家版权费100万元，获得该小说改编成电视剧的权利，双方同时约定，小说改编成电视剧后，该作家按照电视剧版权收入的10%提成，电视剧版权收入包含电视台销售收入和网站播放带来的相关付费收入、广告收入。

分析：该作家授权给甲文学网站的权利属于著作财产权中的复制权、信息网络传播权。该作家授权给乙视频网站的权利包括著作财产权中的信息网络传播权、摄制权、改编权。

2. 业务资产组评估中评估对象的界定

资产组是企业可以认定的最小资产组合，其产生的现金流入应当基本独立于其他资产或资产组，资产组组合是由若干资产组组成的最小资产组组合。

资产组的认定，应当以资产组产生的主要现金流入是否独立于其他资产或者资产组的现金流入为依据。因此，资产组能否独立产生现金流入是认定资产组的关键因素。

企业在认定资产组时，如果几项资产的组合生产的产品存在活跃市场，即使部分或者所有这些产品均供内部使用，也表明这几项资产的组合能够独立创造现金流入，在符合其他相关条件的情况下，应当将这些资产的组合认定为资产组。

例2-19

甲上市公司使用由专利权X、设备Y以及设备Z组成的生产线专门生产产品W。该生产线于2×13年1月投产，至2×18年12月31日已连续使用6年。甲上市公司按照不同的生产线进行管理，产品W存在活跃市场。生产线生产的产品W，经包装机H进行外包装后对外出售。有关资料如下：

（1）专利权X于2×11年1月取得，专门用于生产产品W。该专利权除用于生产产品W外，无其他用途。

（2）设备Y和设备Z是为生产产品W专门订制的，除生产产品W外，无其他用途。

分析：由于专利权X、设备Y以及设备Z均无法独立产生现金流入，该三项资产共同产生现金流入，应将该三项资产作为一个资产组。

3. 企业价值评估中评估对象的界定

企业价值评估中的评估对象包括企业整体价值、股东全部权益价值和股东部分权益价值。通常，企业价值评估的范围涵盖了被评估企业所拥有的全部资产，包括流动资产、固定资产、无形资产以及其他资产，但企业价值的评估对象是这些资产有机结合形成的综合体所反映的企业整体价值或权益价值，而不是各项资产的简单集合。

3.2 资产评估范围

3.2.1 资产评估范围的概念

资产评估范围是对评估对象所进行的详细描述，包括构成、物理及经济权益边界、约束条件等内容。资产评估范围便于评估报告使用人更清晰地理解评估对象。

3.2.2 资产评估范围的确定

1. 单项资产评估涉及的评估范围

当资产评估对象是单项资产时，评估范围是对该项资产边界的描述。例如，机器设备的评估范围要明确设备的安装、基础和附属设施等。在评估机器设备时，需要根据评估目的和委托条件合理界定评估范围。

例 2-20

根据 ZH 飞机股份有限公司拟将部分车辆转让给 XA 飞机工业运输有限公司的需求，对 ZH 飞机股份有限公司申报拟转让的 16 辆车进行评估。具体评估范围以资产评估申报明细表为准，凡列入评估申报明细表内并经核实的资产均在评估范围内。

纳入评估范围的车辆状况如下：

西沃 XW6123C 大型普通客车，购置于 2010 年 11 月，车辆牌号：SA7799；车架号：LKDG61661AG000072；发动机号码：511061M；账面原值：950 100.00 元；账面净值：255 130.00元；生产厂家：西安西沃客车有限公司；证载所有人：ZH 飞机股份有限公司 XA 分公司；截至评估基准日行驶千米数：367 424 千米。截至评估基准日，该车发动机运转正常，但发动机有烧机油现象，动力不足，漏机油现象严重；车辆底盘良好无变形，车辆部分线路老化；转向系统、制动系统良好；车辆外观及内饰保养良好。车辆整体保养状况一般。

其他车辆情况省略。

例 2-21

MK 投资集团有限公司拟以单项资产（房屋建筑物及土地使用权）投资 MK 国际家具制造有限公司。这一经济行为所涉及的评估范围是 MK 投资集团有限公司拟投资 MK 国际家具制造有限公司行为所涉及的固定资产——房屋建筑物，以及无形资产——土地使用权。

例 2-22

湖北 JX 科技有限公司拟以无形资产对武汉 HGSB 数据系统有限公司出资，武汉 HGSB 数据系统有限公司委托 ZL 资产评估有限公司对拟出资的无形资产进行评估。这一评估行为所涉及的评估对象为湖北 JX 科技有限公司拟出资的无形资产，评估范围为 10 项软件著作权的财产权益以及与其有关权利的财产权益、一项发明专利所有权。

2. 业务资产组评估涉及的评估范围

当业务资产组的评估对象是资产组的权益时，评估范围就是组成该业务资产组的全部资产和负债。

评估实务中，存在一个企业将部分资产组剥离，然后转让的行为，这时的评估范围就是构成该资产组的资产及负债。

例 2-23

受国内外经济不景气的影响，国内白炭黑产能严重过剩，产品市场价格持续低迷，SD 海化股份有限公司白炭黑厂白炭黑资产组边际贡献严重下降，出现减值迹象，根据《企业会计准则第 8 号——资产减值》的要求，SD 海化股份有限公司白炭黑厂需要对已出现减值迹象的资产组计提减值准备。

针对这一经济行为，资产评估专业人员与 SD 海化股份有限公司白炭黑厂管理层经过多次讨论，认为委托评估的固定资产之间相互关联、相互依存，其组合产生的主要现金流量独立于其他资产。因此，资产评估专业人员和委托方及资产使用者最终确定将委托评估固定资产认定为一个资产组。

资产评估范围为减值测试之目的所涉及 SD 海化股份有限公司白炭黑厂申报评估的与白炭黑资产组紧密相关的固定资产。具体范围包括白炭黑生产设备、车辆，以及与之紧密相关的房屋建筑物。

3. 企业价值评估涉及的评估范围

对于企业价值评估，评估对象分为两类，即企业整体价值、股东全部权益价值或股东部分权益价值，与此对应的评估范围是评估对象涉及的资产及负债，包括房地产、机器设备、股权投资、无形资产、债权和债务等。

当将股东全部权益价值或股东部分权益价值作为评估对象，采用资产基础法对其评估时，评估范围为股东权益对应的法人资产和负债。

例 2-24

根据《DH 软件股份公司第三届董事会会议决议》的精神，DH 软件股份公司发行股份购买北京神州 XQ 科技有限公司 100%的股权。针对这一经济行为，评估范围是北京神州

XQ 科技有限公司的全部资产及负债。

3.2.3 评估对象和评估范围的描述

在评估过程中，资产评估专业人员应该根据经济业务的具体内容和要求，对评估对象和评估范围进行准确、清晰地描述。《资产评估准则——评估报告》规定，评估报告中应当载明评估对象和评估范围，并具体描述评估对象的基本情况，通常包括法律权属状况、经济状况和物理状况。《专利资产评估指导意见》指出，专利资产评估业务的评估对象是指专利权独占许可、独家许可、普通许可和其他许可形式。在执行专利资产评估业务时，应当明确专利资产的权利属性。《企业国有资产评估管理暂行办法》规定，国有资产监督管理机构应当对资产评估范围与经济行为批准文件确定的资产范围是否一致进行审核。

企业价值评估中评估对象的描述包括：企业价值的评估对象及其基本情况；纳入评估范围的资产及其权益状况、资产类型、账面价值；需要进行单独评估或处理的溢余资产、非经营资产、无效资产等及其权益状况。

以股改为目的的评估业务，评估对象的描述应为“资产及负债”，评估范围应以审计后的范围为依据。

例 2-25

TJ 航空有限责任公司拟引入外部股东增资扩股，需要对 TJ 航空有限责任公司的股东权益价值进行评估。针对这一经济行为，评估对象是 TJ 航空有限责任公司股东权益。评估范围是 TJ 航空有限责任公司的全部资产及负债，包括流动资产、非流动资产、流动负债和非流动负债，TJ 航空有限责任公司账面资产总额为 2 228 831.12 万元，总负债账面价值为 1 425 037.18 万元，净资产账面价值为 803 793.94 万元。

第 4 节 资产评估基准日和报告日

4.1 资产评估基准日

4.1.1 资产评估基准日的概念

评估基准日是资产评估结论对应的时间基准。企业的内外环境和财务数据是不断变化的，企业的价值会随着市场条件的变化而不断改变。为了使评估得以操作，同时又能保证评估结果可以被市场检验，在评估时，必须假定市场条件固定在某一时点上，这一时点就是评估基准日，它为评估提供了一个时间基准，而且评估值就是资产在这一时点上的价值。

4.1.2 资产评估基准日的作用

资产的自然属性、企业自身的生产经营活动和外部经济环境的不断变化决定了企业资产每时每刻无不处在运动和变化之中，资产的数量、结构、形态亦不可能长期保持不变，资产的价值随时间的变化而变化，选择不同的评估基准日将产生不同的评估结果。资产评估是确定资产某一时点的静态价值，并非确定资产每时每刻的价值变动过程和变动趋势。

1. 明确评估结论所对应的时点

资产评估是为特定的经济行为服务的，这个特定的经济行为是存在时效性的。因此，评估委托人需要选择一个恰当的资产时点价值，有效地服务于评估目的。评估基准日实际上起到了规定评估结论所对应的时间基准的作用。

2. 用于确定评估报告结论的使用期限

特定的经济行为存在时效性，对应于某一资产评估基准日的评估结论也存在时效性。资产评估执业准则对评估结论的有效期做出了规定。《资产评估执业准则——资产评估报告》中规定，只有当评估基准日与经济行为实现日相距不超过1年时，才可以使用资产评估报告。《企业国有资产评估管理暂行办法》中规定，经核准或备案的资产评估结果使用有效期为自评估基准日起1年。

4.1.3 资产评估基准日的选择

评估基准日应当由委托人确定。但现实评估实践中，委托人往往没有明确的评估基准日概念。因此，资产评估专业人员可以根据经济行为的性质提供专业建议。确定评估基准日，一般应考虑下列因素：

(1) 评估基准日尽可能接近经济行为的实现日（或交易结算日）；尽可能减少评估基准日后的调整事项。

评估基准日的选择应尽可能与相应经济行为的实现日接近，对资产评估影响较大的因素，如汇率的变动、资产量较大的在建工程的竣工验收等，还需要做特殊考虑。例如，并购重组资产评估基准日的选择，评估结果有效期通常自评估基准日起不超过1年。理论上，评估基准日应当与上市公司并购重组行为实现日越接近越好。因为评估基准日与上市公司并购重组行为实现日越远，评估基准日后标的企业所处经营环境、市场环境等条件变化使上市公司重大资产重组项目评估结果与并购重组委审核时资产当前的市场价值发生重大偏差的可能性就越大。

(2) 选择的评估基准日应有利于评估结果有效地服务于评估目的。

资产评估是为特定的经济行为服务的，选择的评估基准日应有利于评估结果有效地服务于评估目的，避免由于评估基准日的选择不当给当事人造成不必要的损失。评估基准日一般以“日”为基准时点，选择与资产业务或评估作业时间较接近的日期。如破产企业的评估，一般以人民法院宣告的破产日为评估基准日。

（3）法律法规、政府相关主管部门、相关单位有相关规定的，从其规定。

国有资产评估对评估基准日的选择有特殊规定。重大资产重组评估项目涉及国有资产评估的，在选择评估基准日时还应当考虑国有资产评估报告备案、核准的相关要求。按照相关规定，涉及备案的项目，国有企业应当自评估基准日起 9 个月内向国有资产监督管理机构或其所出资企业提出备案申请。涉及核准的项目，企业收到资产评估机构出具的评估报告后应当逐级上报初审，经初审同意后，自评估基准日起 8 个月内向国有资产监督管理机构提出核准申请。

（4）企业价值评估中，评估基准日尽可能选择在会计期末。

考虑评估所需资料的可取得性、使用的方便性以及财务会计的结算制度，同时有利于合理选择评估参数，要考虑会计报表的编制日期，一般将评估基准日选在月末、季度末或年末。

4.2 资产评估报告日

《资产评估执业准则——资产评估报告》规定，资产评估报告载明的资产评估报告日通常为评估结论形成的日期，可以不同于资产评估报告的签署日。因此，资产评估报告日通常为评估结论形成的日期。

资产评估报告日的法律意义在于在评估基准日到资产评估报告日之间，如果被评估资产发生重大变化，评估机构有了解和披露这些变化及其可能对评估结论产生影响的义务。

《企业国有资产评估项目备案工作指引》中指出，企业在评估基准日后如遇重大事项，如汇率变动、国家重大政策调整，以及企业资产权属或数量、价值发生重大变化等，可能对评估结果产生重大影响时，应当关注评估基准日或评估结果是否进行了合理调整。

这里所说的企业在评估基准日后如遇重大事项就是期后事项。期后事项是指评估基准日至资产评估报告报出日之间发生的重要事项，该事项的发生通常对评估报告结论具有一定的影响。

评估报告中对期后事项的揭示与处理是否妥当，一方面将直接影响评估报告使用人及相关当事人的决策，另一方面也关系到评估机构及其资产评估专业人是否要承担执业风险及相应责任。因此，对资产评估专业人员而言，在评估报告中正确的揭示、处理期后事项，对保证资产评估工作质量、降低资产评估工作的风险具有重要的意义。

第5节 价值类型

5.1 价值类型的概念

价值类型是指资产评估结果的价值属性及其表现形式。不同价值类型从不同角度反映资产评估价值的属性和特征。不同的价值类型所代表的资产评估价值不仅在性质上是不同的，在数量上往往也存在着较大差异。

资产评估的价值类型从其形成来看，不同的价值类型与引起资产评估的特定经济行为（资产评估特定目的）有关，而且与被评估对象的功能状态、评估时的市场条件等有着密切的联系。

5.2 价值类型的作用

价值类型是评估价值的含义，是评估价值“质”的规定。价值类型在资产评估业务中具有重要的作用。

5.2.1 价值类型是影响和决定资产评估价值的重要因素

资产评估价值是某项资产在特定条件下的价值表现，其价值含义不同，结果也不一样。资产评估价值不是资产本身的特定价值和内在价值。例如，一台机器设备，用于投资行为的评估和用于销售变现行为的评估，其价值含义不同，评估值也不一样。

5.2.2 价值类型制约资产评估方法的选择

价值类型实际上是资产评估价值的一个具体标准，为了获得某种标准的评估价值，需要通过评估方法获得。事实上，评估方法本身只是估算评估价值的一种思路，价值类型确定后直接制约着评估方法应用中各种指标、参数的判断和选择。

5.2.3 明确资产评估价值类型，可以更清楚地表达评估结果

价值类型对资产评估专业人员合理把握评估结果、合理披露资产评估结果具有指引作用；同时避免了报告使用者误用评估结果。任何评估结果都是有条件的，资产评估专业人员在评估报告中明确其提出的评估的价值类型，可以使委托方更清楚地使用评估

价值。

5.3 价值类型的分类

目前，对价值类型的分类有四种不同的观点。根据《资产评估价值类型指导意见》的规定，资产评估价值类型包括市场价值和市场价值以外的价值类型。这是按照资产评估面临的市场条件和资产自身的条件为依据设定的，是相对科学的。市场价值以外的价值类型是一系列不符合市场价值类型条件的价值形式的总称，包括投资价值、在用价值、清算价值、残余价值等。

5.3.1 市场价值

市场价值是指自愿买方和自愿卖方在各自理性行事且未受任何强迫的情况下，评估对象在评估基准日进行正常公平交易的价值估计数额。

市场价值是资产评估中最常用的一种价值类型。市场价值作为评估结果的价值类型应当满足以下要求：

（1）评估对象是明确的，包括资产承载的权益；

（2）资产评估专业人员在整个评估过程中是以公开市场假设来设定资产评估所依据的市场条件的；

（3）资产评估专业人员是以评估对象被正常使用、最佳使用或最有可能使用，并达到正常使用水平和效益水平作为评估对象在评估时的使用状态的；

（4）资产评估专业人员在资产评估过程中所使用的数据均来自市场。

5.3.2 投资价值

投资价值是指评估对象对于具有明确投资目标的特定投资者或者某一类投资者来说所具有的价值估计数额，亦称特定投资者价值。

在资产评估中，投资价值是依据投资需求条件，针对特定投资者评估某项投资的投资价值。与市场价值相比，投资价值是特定投资价值，它未必是市场价值。投资价值反映特定投资者与一项投资两者之间的主观关系。虽然投资价值和市场价值参数可能相似，但它和市场价值在概念上不同。如果投资者需求条件为市场典型条件，投资价值可能和市场价值相同。

资产的投资价值与投资性资产价值是两个不同的概念。投资性资产价值是指特定主体以投资获利为目的而持有的资产在公开市场上按其最佳用途实现的市场价值。

5.3.3 在用价值

在用价值是指将评估对象作为企业、资产组组成部分或者要素资产，按其正在使用方式和程度及其对所属企业、资产组的贡献的价值估计数额。

资产的在用价值只考虑作为企业组成部分的特定资产为其所属企业能够带来价值的估计值，并不考虑该资产的最佳用途或资产变现的情况。

5.3.4 清算价值

清算价值是指评估对象处于被迫出售、快速变现等非正常市场条件下的价值估计数额。

清算就是停止经营，清算价值是在非继续使用条件下的价值，以评估对象被强制出售或快速变现为前提条件。只有在这一前提条件下，评估结果的价值类型才可以选择清算价值。清算价值的高低与清算时间有关，一般来说，清算时间越长，在市场上讨价还价的余地越大，清算价格会越高。清算价值一般会低于市场价值，这是由市场供求状况决定的，但也有特殊情况。

5.3.5 残余价值

残余价值是指机器设备、房屋建筑物或者其他有形资产等的拆零变现价值估计数额。

残余价值是针对有形可拆零资产的一种价值类型。残余价值实质上是资产拆零变现的价值，这种资产从整体上已经没有使用价值，因此整体变现也不可能，只能改变状态变现。如将机器或设备拆零成齿轮、轴或其他机械部件，对零部件的价值进行回收。

5.3.6 其他价值类型

某些特定评估业务评估结论的价值类型可能会受到法律、行政法规或者合同的约束，这些评估业务的评估结论应当按照法律、行政法规或者合同的规定选择评估结论的价值类型；法律、行政法规或者合同没有规定的，可以根据实际情况选择市场价值或者市场价值以外的价值类型，并予以定义。特定评估业务包括以抵（质）押为目的的评估业务、以税收为目的的评估业务、以保险为目的的评估业务、以财务报告为目的的评估业务、以拆迁补偿为目的的评估业务等。执行资产特定评估业务时，资产评估专业人员可以采用《资产评估价值类型指导意见》规定之外的价值类型，同时应当在资产评估报告中披露。

5.4 价值类型的选择

资产评估专业人员在选择和使用价值类型时，应当充分考虑评估目的、市场条件、评估对象自身条件、市场环境、价值类型与评估假设的相关性等影响因素。其中，评估目的是影响价值类型的最根本因素。每种因素都存在多样性的变化，各种因素不同状态的组合，构成了不同价值类型的形成基础。在评估实践中，应选择与评估目的相匹配的价值类型。

5.4.1 市场价值类型的选择

当资产评估业务对市场条件和评估对象的使用等并无特别限制和要求，特别是不考虑特定市场参与者自身因素和偏好，评估目的是为正常的交易提供价值参考依据时，通常应当选择市场价值作为评估结论的价值类型。

市场价值类型的运用具有广泛性，无论何种评估目的，只要满足公开市场条件，评估对象自身条件允许，都可以采用市场价值类型；同时在评估假设中，资产评估专业人员要设定评估时的市场条件为正常市场条件，也就是公开市场假设。当评估目的、评估对象等资产评估基本要素满足市场价值定义的要求时，一般选择市场价值作为评估结论的价值类型。

资产评估专业人员选择市场价值作为价值类型时，应当知晓同一资产在不同市场的价值可能存在差异。当标的资产可以在多个市场上交易时，资产评估专业人员除需要在评估报告中恰当披露所选择的市场价值是哪个市场的市场价值外，还应该说明选择该市场价值的理由。

5.4.2 投资价值类型的选择

资产评估专业人员执行资产评估业务，当资产评估业务针对的是特定投资者或者某一类投资者，在评估中必须考虑这个或这些特定的市场参与者自身特性对交易价值的影响，也就是执行过程中充分考虑并使用了仅适用于特定投资者或者某一类投资者的特定评估资料和经济技术参数时，应该选择投资价值类型。

特定市场参与者特性可能表现为自身已拥有的资产与标的资产之间形成协同效应，可以获得超额收益；也可能是因自身的某些偏好而可以接受一般市场参与者无法接受的交易价值。

资产评估专业人员选择投资价值类型，需要说明选择的理由以及所考虑投资价值包含的与市场价值相区别的要素，如发生协同效应的资产范围以及产生协同效应的种类，这是选择投资价值必须详细披露的内容。

5.4.3 在用价值类型的选择

执行资产评估业务，当评估对象是企业或者整体资产中的要素资产，并在评估业务执行过程中只考虑该要素资产正在使用的方式和贡献程度，没有考虑该资产作为独立资产所具有的效用及在公开市场上交易等对评估结论的影响时，资产评估专业人员通常应当选择在用价值类型。

例 2-26

资产减值中的“可收回金额”应当根据资产的公允价值减去处置费用后的净额与资产预计未来现金流量的现值两者之间较高者确定。“资产预计未来现金流量的现值”就是标的资产在该企业未来的经营活动中可以获得的预期收益的现值。这里的预期收益的现值不是标的资产的公允价值，而是该标的资产按照企业目前经营方式或模式持续经营下去的在用价值。

因此在进行资产减值测试时，评估人员需要测试标的资产在企业目前的经营模式下的在用价值，再对其公允价值进行测试，两者中较高者才是资产的可回收金额。

5.4.4 清算价值类型的选择

当评估对象面临被迫出售、快速变现或者评估对象具有潜在被迫出售、快速变现等情况时，资产评估专业人员通常应当选择清算价值作为评估结论的价值类型。当选择清算价值时，评估对象一般都是处于强制清算过程中。所谓强制清算，是指该清算行为已经不在资产所有者控制之下进行，这种清算可能受法院或者法院指定的清算组控制，或者由债权人控制等。

例2-27

根据河南省委省政府有关省内煤矿兼并重组工作的会议精神，YLST煤业公司召开临时股东会，决议同意解散平顶山YLST煤业公司，并依法对公司进行清算。为此，大庄矿与YLST煤业公司共同委托XH资产评估有限公司对申报实物资产的清算价值进行评估。评估目的是确定YLST煤业公司申报的实物资产的清算价值，为公司清算行为提供价值参考。

本次评估的对象为YLST煤业公司申报的实物资产，包括房屋建筑物、构筑物、机器设备、原材料和低值易耗品。根据评估目的和评估对象的状况，并且会议要求一定时期内必须处置完毕，资产评估专业人员认为本次实物资产处置属于快速变现，故选取清算价值作为评估结论的价值类型。

5.4.5 残余价值类型的选择

当评估对象无法或者不宜整体使用时，也就是其整体已经不具有使用价值，但是当改变其计量单元，将计量单元缩小至零部件后，还可以具有使用价值时，资产评估专业人员通常应当考虑评估对象的拆零变现，并选择残余价值作为评估结论的价值类型。

例2-28

JM市推进“三旧”改造工作，工作小组办公室出具的《关于启动JM甘蔗化工股份有限公司土地“三旧”改造事宜的函》文件显示，JM甘蔗化工股份有限公司本部生产区内土地已被列入“三旧”改造范围，并正式启动“三旧”改造土地收储程序。JM甘蔗化工股份有限公司拟对涉及“三旧”改造土地内的机器设备和材料资产进行处置，特委托XX资产评估机构进行评估。

评估人员调查得知，现 JM 甘蔗化工股份有限公司正处于企业转型时期，以在 JM 高新技术区从事高科技含量的业务为主，位于甘化路 56 号的原厂区的材料及机器设备多数为从事化工、热电行业的专业设备及配套设施，已不适应新主营业务的需求，该公司也有尽快处置原厂区现有资产的意愿，评估人员认为这属于在非持续使用前提下，进行专业设备及配套设施的拆零变现，本次评估的价值类型为残余价值。

5.4.6 特殊评估目的下价值类型的选择

（1）执行以抵（质）押为目的的资产评估业务，应当根据《担保法》等相关法律、法规及金融监管机构的规定选择评估结论的价值类型；相关法律、法规及金融监管机构没有规定的，可以根据实际情况选择市场价值或者市场价值以外的价值类型作为抵（质）押物评估结论的价值类型。

（2）执行以税收为目的的资产评估业务，应当根据税法等相关法律、法规的规定选择评估结论的价值类型；相关法律、法规没有规定的，可以根据实际情况选择市场价值或者市场价值以外的价值类型作为课税对象评估结论的价值类型。

（3）执行以保险为目的的资产评估业务，应当根据《保险法》等相关法律、法规和契约的规定选择评估结论的价值类型；相关法律、法规或者契约没有规定的，可以根据实际情况选择市场价值或者市场价值以外的价值类型作为保险标的物评估结论的价值类型。

（4）执行以财务报告为目的的资产评估业务，应当根据会计准则等相关规范关于会计计量的基本概念和要求，恰当选择市场价值或者市场价值以外的价值类型作为评估结论的价值类型。

以财务报告为目的的资产评估业务中，价值类型与评估目的和评估对象息息相关，评估对象的核算要求决定了评估目的。资产评估专业人员要在分析以财务报告为目的的评估的不同业务类型的基础上，确定对应的价值类型。

例 2-29

BM 公司是以生产高压、超高压电站锅炉及生物质发电锅炉为主体的，集科研、生产、配套、服务于一体的企业。其主要产品为循环流化床锅炉。BM 公司通过 ISO 质量体系认证，并拥有美国机械工程师学会颁发的 ASME 授权证书及“U”“S”钢印。

2019 年 6 月，LJP 公司以 15 亿元人民币现金收购 BM 公司 100%股权，构成了非同一控制下的企业合并，其合并对价为 15 亿元人民币。

本次评估系确定 BM 公司于评估基准日的各项可辨认资产、负债及或有负债的市场价值，为 LJP 公司管理层准备财务报告进行合并对价分摊提供价值参考意见。本次评估采用持续经营前提下的市场价值作为评估结论的价值类型。市场价值是指自愿买方和自愿卖方在各自理性行事且未受任何强迫的情况下，评估对象在评估基准日进行正常公平交易的价值估计数额。持续经营是指被评估企业的生产经营活动会按其现状持续下去，并在可预见的未来不会发生重大改变。

例 2-30

中天华资产评估有限责任公司接受四川金宇汽车城（集团）股份有限公司的委托，以财务报告为目的，对四川金宇汽车城（集团）股份有限公司的采用公允价值模式进行后续计量的投资性房地产于评估基准日的市场价值进行了评估，为委托方的财务报告编制提供资产价值参考。

第 6 节 资产评估假设

6.1 资产评估假设的概念

资产评估假设是指依据现有的知识和有限事实，通过逻辑推理，对资产评估过程中某些未被确切认识的事物，根据客观的正常情况或发展趋势所做的合乎情理的推断或假设。资产评估假设也是资产评估结论成立的前提条件。

《资产评估准则——企业价值》中规定，资产评估专业人员执行企业价值评估业务应当合理使用评估假设。资产评估实际上是一种通过模拟市场来判断资产价值的行为。面对不断变化的市场，以及不断变化着的影响资产价值的种种因素，借助于适当的假设将市场条件及影响资产价值的各种因素暂时“凝固”在某种状态下，以便资产评估专业人员对资产进行价值判断。

6.2 资产评估假设的作用

任何一门学科的建立都离不开假设前提，相应的理论体系和方法体系也都是建立在一系列假设前提基础之上的。资产评估作为一门学科，与其他学科一样，其理论体系和方法体系的确立也是建立在一系列假设基础上的。

从本质上讲，资产评估假设是对评估条件的某种抽象。由于被评估资产所处的外部环境和内部环境是不断变化的，需要根据已经掌握的信息对评估基准日资产的某些特征或者全部情况做出合乎逻辑的推断。这种依据有限事实，通过一系列推理，对于所研究的事物做出合乎逻辑的假定说明就叫假设。

资产评估假设在资产评估中具有举足轻重的作用。资产评估假设是资产评估得以顺利进行的技术和条件。资产评估假设是由于资产未来效用不同而形成的。同一资产在不同的假设条件下，其价值实现受到的约束不同，将会直接影响评估参数，进而影响评估结论，因而会产生不同的评估价值。

资产评估专业人员应当谨慎对待资产评估假设。资产评估假设并非资产评估专业人员随意选择和确定的，而是根据评估目的对现实中可能发生的不同资产业务情况进行科学的归类和判断。

6.3 资产评估假设的种类

资产评估假设是在价值类型已经确定的基础上对相关评估条件的设定。由于被评估资产的价值涉及评估对象载体本身的条件和状况、利用的方式和状态，涉及评估时面临的市场条件和交易条件等，资产评估假设设定的条件也是多种多样的。资产评估专业人员需要对收集的资料进行充分分析和判断，合理确定资产评估假设。常用的资产评估假设可分为基本假设、一般假设和特别假设。

6.3.1 基本假设

基本假设包括交易假设、市场条件假设和持续使用假设（持续经营假设）等。

1. 交易假设

评估师在实施资产价值评估及提供评估结论之前，经济活动涉及的资产并未真正进入市场，也未真正发生交易，这就使得资产评估价值缺少了市场基础。

交易假设是假定所有待评估资产已经处在交易过程中，评估师根据待评估资产的交易条件等模拟市场进行估价。

交易假设一方面为资产评估得以进行创造了条件，另一方面也明确限定了资产评估应该处于市场交易之中。只有将评估对象置于市场交易之中，评估师才有可能模拟市场对资产的交换价值进行专业判断。交易假设是资产评估得以进行的一个最基本的前提假设，交易假设暗示交易环境和市场条件也是影响资产评估的重要条件之一。

2. 市场条件假设

交易假设将评估对象置于假设的市场交易之中，评估师根据评估对象的交易条件等模拟市场进行估价。市场条件假设是在交易假设的基础上，进一步限定将评估对象置于何种市场条件下进行模拟交易。根据市场的类型，把市场条件假设分为公开市场假设和非公开市场假设。

（1）公开市场假设。

公开市场假设是对拟进入市场的条件，以及资产在这样的市场条件下接受何种影响的一种假定说明或限定。公开市场假设的关键在于认识和把握公开市场的实质和内涵。所谓公开市场，是指一个有众多买者和卖者的充分竞争性的市场。在这个市场上，买者和卖者的地位是平等的。资产交易双方都有获取足够市场信息的机会和时间，买卖双方的交易行为都是自愿的、理智的，而非在强制或不受限制的条件下进行。买卖双方都能对资产的功能、用途及交易价格等做出理智的判断。公开市场假设就是假定这种较为完善的公开市场存在，资产可以在充分竞争的产权市场上自由买卖。事实上，现实中的市场条件未必真能达到上述公开市场的完善程度。当然，公开市场假设也是基于市场客观存在的现实，即以资产在市场上可以公开买卖这样一种客观事实为基础的。

公开市场假设是资产评估中的一个重要假设，是资产评估中使用频率较高的一种假设。凡是能在公开市场上交易、用途较为广泛或通用性较好的资产，都可以考虑在公开市场假设前提下进行评估。

（2）非公开市场假设。

非公开市场假设是对所有不能满足公开市场假设条件的其他市场条件的界定或假定说明的一种概括。也就是说，当交易市场不满足公开市场的条件时，都是非公开市场。

常见的非公开市场假设有以下几种：

1）清算假设。

清算假设是对资产在非公开市场条件下被迫出售或快速变现条件的假定说明。清算假设是基于被评估资产面临清算或具有潜在的被清算的事实或可能状态，再根据相应数据资料推定被评估资产处于一种被迫出售或快速变现的状态。清算假设条件下，被评估资产的评估值通常低于公开市场假设前提或持续使用假设前提下同样资产的评估值，并且清算假设前提下的资产评估结果的适用范围更为有限，清算假设本身的使用也比较特殊。

清算假设又包括有序清算假设和强制清算假设。

有序清算假设是经营主体在其所有者有序控制下实施清算，即清算在一个有计划、有秩序的前提下进行。

强制清算假设是假设经营主体在外部力量控制下进行的清算，如法院强制。强制清算是经营主体的清算不在其所有者控制之下，而是在外部势力的控制下按照法定的或者由控制人自主设定的程序进行，该清算经营主体的所有者无法干预。

2）关联交易假设。

关联交易假设假定参与交易的经济主体存在着某种利害关系。关联交易就是企业关联方之间的交易。在经济活动中，存在着各种各样的关联方关系，也经常发生多种多样的关联交易。关联交易的常见形式是购买或销售商品以及商品以外的其他资产等。例如，母公司销售给其子公司的设备或建筑物等。关联交易在市场经济条件下广为存在，但它与市场经济的基本原则却不相吻合，也就是关联交易存在于一个非充分竞争的市场，即存在于一个有局限性的市场。因此，在关联交易假设前提下，市场价格或价值可能会偏离正常市场价格或价值。

3. 持续使用假设（持续经营假设）

持续使用假设是对资产拟进入的市场条件及在此市场条件下的资产使用状态的一种假定性描述或说明。

持续使用假设，首先是假设被评估资产正处于使用状态（包括正在使用和备用）的事实；其次，根据有关数据推断这些资产还将继续使用下去。持续使用假设说明了被评估资产面临的市场条件或市场环境，也说明了资产在评估基准日及评估过程中的状态。

单个评估对象持续使用假设分为现状使用、原地使用、移地使用三种具体情况。

（1）现状使用。

现状使用是指一项资产按照其目前的使用状态及使用方式持续下去。现状使用方式可能不是最佳使用方式。处于使用中的被评估资产在产权发生变动或资产业务发生后，将按其现行用途及方式继续使用下去。

（2）原地使用。

原地使用是指一项资产在原来的安装地继续使用，其使用方式和目的可能不变，也可能改变。原地使用的价值要素一般应该包括设备的购置价格、设备运输费、安装调试费等。如果涉及使用方式及目的变化，还要根据委托条件确定是否考虑因变更使用方式而发生的成本费用。

（3）移动使用。

移地使用是指被评估资产将在产权变动或资产业务发生，其空间位置转移后继续使用。被评估资产不在原来的安装地继续使用，而是要被转移到另外一个地方继续使用，当然，使用方式和目的可能改变，也可能不改变。移地使用涉及设备的拆除、迁移和重新安装调试等环节。除了设备本体价值，还需要根据买卖双方约定的资产交割及费用承担条件，确定其价值要素是否还包括设备的拆除费用、运输到新地址的费用和重新安装调试费等。

对于企业及整体资产而言，持续使用假设应称为持续经营假设。持续经营假设是指假设一个经营主体的经营活动可以连续下去，在未来可预测的时间内，该主体的经营活动不会中止或终止。持续经营假设是针对企业或业务资产组的假设，一般不适用单项资产。

持续经营假设下的评估一定是基于企业未来经营收益的多少来确定其现实价值的。通常，持续经营假设是采用收益法的前提。

6.3.2 一般假设

资产评估一般假设是基于评估对象使用或经营的外部环境，以及进行资产评估面对的条件界定或假定性说明。由于评估对象载体使用或经营的外部环境不是固定不变的，而且资产评估条件涉及的范围较为广泛，一旦这些环境发生重大变化，评估结论将不再适用。

资产评估中的一般假设主要是对国家产业经济政策、财政政策、货币政策、价格、利率和汇率政策等对资产评估影响较大的具有全局性的外部因素以及行业竞争、企业竞争等市场竞争因素的界定或假定性说明。因为国家产业经济政策、财政政策、货币政策、价格、利率和汇率政策等的变动对资产经营及企业经营的效果影响较大，进而影响盈利预测的准确性，因而对资产评估结论的影响较大。在进行资产评估时，对资产评估的宏观环境进行合理设定，不但是资产评估所必需的，也是评估报告使用者正确理解评估结论的重要参考。

例 2-31

本次评估假设评估基准日外部经济环境不变，国家现有的宏观经济、政治、政策及产权持有单位所处行业的产业政策无重大变化，社会经济持续、健康、稳定发展；国家货币金融政策保持现行状态，不会使社会经济产生重大波动；国家税收保持现行规定，税种及税率无较大变化；国家现行的利率、汇率等无重大变化。

6.3.3 特别假设

资产评估中的特别假设是对评估对象所处微观环境的假设，主要是对评估对象载体存在的内部环境、资产评估面对的具体条件的界定或假定性说明。主要是针对被评估对象载体可利用资源、物质条件、综合能力以及被评估企业具体资产的利用方式做出合乎逻辑的判断。如资产评估依据的信息资料来源的可靠性、数据资料的完整性和真实性等。

例 2-32

本次评估假设评估基准日企业主要经营场所及业务所涉及地区的社会、政治、法律、经济等经营环境无重大改变；企业能在既定的经营范围内开展经营活动，不存在任何政策、法律或人为障碍。

6.4 资产评估假设的应用

《资产评估准则——基本准则》规定，资产评估专业人员执行资产评估业务时，应当科学合理使用资产评估假设。资产评估假设是在价值类型已经确定的基础上对相关评估条件的设定。资产评估假设直接影响评估参数，进而影响评估结论。因此，资产评估专业人员不得根据不切实际的各种简单假设进行随意评估，应当充分考虑企业所处的政治、经济和法律环境，技术发展，市场前景，资产状况，经营能力，商业化程度等，合理设定与之相适应的假设条件，并确信相关假设有可靠证据表明其很有可能在未来发生，或者虽然缺乏可靠证据，但没有理由认为这些假设明显不切合实际。对于重要的资产评估假设，应当说明其使用理由。

（1）资产评估假设的选择和应用应符合合理性、针对性和相关性要求。

合理性要求资产评估假设应建立在一定依据、合理推断、逻辑推理的前提下，设定的假设存在发生的可能性；假设不可能发生的情形是不合理的假设。

针对性要求资产评估假设应该针对某些特定问题。这些特定问题具有不确定性，这种不确定性，资产评估专业人员可能无法合理计量，需要通过假设忽略其对评估的影响。

相关性要求资产评估假设与评估项目实际情况相关，与评估结论形成过程相关。

(2) 资产评估假设的选择和应用要考虑评估目的、评估对象、价值类型和市场条件等因素的影响。

资产评估假设应当与评估目的相匹配。评估目的规定了评估结果的具体用途，同时规范了评估对象的作用空间和可利用资产的范围。

资产评估假设应当与价值类型相协调。资产评估假设是在价值类型已经确定的基础上对相关评估条件的约定。

资产评估假设应当与市场条件相适应。不同的市场条件下或交易环境中，即使是相同的评估对象也可能有不同的评估结果。此外，资产评估假设还应与评估对象自身条件相契合。

例 2-33

GZL 资产评估有限公司接受中国 ZD 国际信息服务有限公司、深圳市 SD 实业股份有限公司的委托，对深圳市 SD 实业股份有限公司拟进行股权收购所涉及的深圳 SD 电子设备有限公司股东全部权益价值进行评估。

本次评估使用的资产评估假设如下：

1. 基本假设

(1) 公开市场假设：公开市场假设是对资产拟进入的市场条件，以及资产在这样的市场条件下接受何种影响的一种假定性说明或限定。

(2) 资产持续使用假设：评估时，假定被评估单位的资产按照现有用途、使用方式、使用频率、使用环境、规模等情况继续使用。在持续使用假设条件下，没有考虑资产用途转换或者最佳利用条件，其评估结果的使用范围受到限制。

(3) 企业持续经营假设：将企业整体资产作为被评估单位而做出的评估假定。即企业作为经营主体，在所处的外部环境下，按照经营目标持续经营下去。企业经营者负责并有能力担当责任；企业合法经营并能够获取适当利润，以维持持续经营能力。

(4) 交易假设：假定所有待估资产已经处于交易的过程中，根据待估资产的交易条件等模拟市场进行估价。

2. 一般假设

(1) 国家对被评估单位所处行业的有关法律、法规和政策预期无重大变化。

(2) 除社会公众已知变化外，社会经济环境及经济发展预期无其他重大变化。

(3) 国家现行银行信贷利率、外汇汇率的变动保持在合理范围内。

(4) 除社会公众已知变化外，国家目前的税收制度无其他重大变化。

（5）无其他人力不可抗拒及不可预测因素的重大不利影响。

（6）被评估单位会计政策与核算方法在评估基准日后无重大变化。

（7）被评估单位的自由现金流在每个预测期内的中期产生。

（8）本次评估测算的各项参数取值均未考虑通货膨胀因素，价格均为不变价。

（9）被评估单位的经营模式没有发生重大变化。

（10）被评估单位按照国家政策所享受的所得税优惠在经营期内保持不变。

3. 特别假设

（1）对于本次评估报告中被评估资产的法律描述或法律事项（包括其权属或负担性限制），本公司按准则要求进行了调查。除在工作报告中已有揭示以外，假定评估过程中所评估资产的权属为良好的并可在市场进行交易；同时不涉及任何留置权、地役权，没有受侵犯或受其他负担性限制。

（2）对于本评估报告中全部或部分价值评估结论所依据的由委托方及其他各方提供的信息资料，本公司只是按照评估程序进行了独立审查，但对这些信息资料的真实性、准确性不做任何保证。

（3）对于本评估报告中价值估算所依据的资产使用方所需的由有关地方、国家政府机构、私人组织或团体签发的一切执照、使用许可证、同意函或其他法律或行政性授权文件假定已经或可以随时获得或更新。

（4）我们对价值的估算是根据评估基准日当地货币购买力做出的。

（5）假设深圳 SD 电子设备有限公司对所有有关的资产所做的一切改良是遵守所有相关法律条款和有关上级主管机构在其他法律、规划或工程方面的规定的。

（6）本次估算是在假定所有重要的及潜在的可能影响价值分析的因素都在我们与评估单位之间充分揭示的前提下做出的。

（7）根据中国 ZD 国际信息服务有限公司与 SD 电子设备有限公司于 20×1 年 1 月 1 日签订的《商标使用许可合同》，SD 电子设备有限公司在其产品上可无偿使用中国 ZD 国际信息服务有限公司第 12××××× 号商标，许可性质为普通许可；期间为 20×6 年 1 月 1 日至 20×9 年 1 月 1 日。本次评估假设《商标使用许可合同》到期后可以续期无偿使用。

本次评估结果仅在满足上述资产评估假设条件的情况下成立，若本次评估中遵循的资产评估假设条件发生变化，评估结果一般会失效。

本章小结

接到资产评估业务后，要明确资产评估基本事项，包括资产评估相关当事人（评估委托人、产权持有人、委托人以外的其他评估报告使用人、资产评估专业人员、资产评估机构），评估目的，评估对象和评估范围，价值类型，评估基准日和报告日，评估报告使用范围、提交期限和方式，评估服务费及支付方式等事项。这些知识是资产评估的理论基础。评估目的有一般目的和特定目的。特定目的是特定经济行为对应的要求。价值类型的正确选择为合理实现评估目的提供载体。评估目的对价值类型起到决定作用。评估假设有基本假设、一般假设和特别假设。评估假设是评估结论成立的前提条件。

练习题

一、单项选择题

1. 某火力发电厂拥有一台 10 万千瓦的火力发电机组，按照国家有关产业政策，该火力发电厂需要关停，火力发电机组不能异地使用。现需要对该火力发电厂进行清算目的的评估，应该选择的价值类型是(　　)。

A. 在用价值　　B. 市场价值　　C. 投资价值　　D. 残余价值

2. 下列关于市场价值的说法中，不正确的是(　　)。

A. 市场价值是在适当的市场条件下，自愿买方和自愿卖方在各自理性行事且未受任何强迫的情况下，评估对象在评估基准日进行公平交易的价值估计数额

B. 市场价值的影响因素只有交易标的因素

C. 当标的资产将要进行交易的市场可能存在不同的供求关系等因素时，对交易标的市场价值产生影响

D. 影响市场价值的因素都具有客观性，不会受到个别市场参与者个人因素的影响

3. 如果评估基准日选择的是过去的日期，而非评估工作日近期时点，这样的评估就属于(　　)。

A. 现时性评估　　B. 追溯性评估　　C. 预测性评估　　D. 可行性评估

4. 根据《公司法》及国家市场监督管理部门颁布的相关法规的规定，下列经济行为不需要评估的是(　　)。

A. 货币资产出资行为

B. 由有限责任公司变更为股份有限公司

C. 发行股份购买资产

D. 企业债权转股权

5. 实务中，最为常见的抵（质）押评估目的不包括(　　)。

A. 房地产抵押　　B. 知识产权质押　　C. 珠宝质押　　D. 商誉抵押

6. 下列有关资产评估目的确定的说法中，错误的是(　　)。

A. 资产评估目的需要在评估委托合同中明确约定

B. 评估目的实际上是委托人进行评估委托的目的

C. 非法定业务的评估目的需要符合法律、法规的规定

D. 法定评估业务的评估目的通常由法律、法规规定

7. W 公司有两个独立的业务，分别是业务 A 和业务 B，现要将业务 A 转让，需要进行评估，则评估对象是(　　)。

A. W 公司的资产　　B. W 公司的权益

C. W 公司对业务 B 的权益　　D. W 公司对业务 A 的权益

8. 下列各项中，不属于评估委托合同通常包括的内容的是(　　)。

A. 签字或盖章的地点　　B. 资产评估报告提交期限和方式

C. 签字或盖章的时间　　D. 资产评估师的资格证明

9. 下列有关资产评估假设的说法中，不正确的是(　　)。

A. 资产评估假设是资产评估结论成立的前提条件

B. 资产评估假设的依据是现有知识和有限事实

C. 资产评估假设是通过逻辑推理，对资产评估所依托的事实或前提条件做出的合乎情理的推断或假定

D. 资产评估假设的前提条件是资产评估结论成立

10. 下列选项中，不属于资产评估相关当事人的是(　　)。

A. 委托人　　B. 资产评估机构

C. 资产评估专业人员　　D. 被评估单位的基层员工

11. 非货币资产出资行为的评估目的是(　　)。

A. 为确定可出资资产的价值提供参考

B. 为确定股东出资金额和股权比例提供参考

C. 为上市公司确定资产购买价格和股票发行方案提供参考

D. 为确定债权转股金额和股份数额提供价值参考

12. 根据资产评估业务需要，负责资产评估机构及其资产评估专业人员与其他相关当事人之间的协调工作的是(　　)。

A. 评估机构　　B. 委托人

C. 资产评估专业人员　　D. 受托人

13. 下列关于价值类型的说法中，错误的是(　　)。

A. 资产减值测试中的在用价值是标的资产的公允价值

B. 投资价值中所指的特定市场参与者的特征之一，表现为其所拥有的资产与标的资产之间存在特定协同效应

C. 当评估对象面临强制性快速变现时应当采用清算价值

D. 评估因国家能源环保等产业政策需要整体报废的机器设备时，一般选用残余价值

14. 下列事项中，不属于受理资产评估业务前必须明确的基本事项是(　　)。

A. 评估方法　　B. 评估项目　　C. 评估基准日　　D. 价值类型

15. 下列关于资产评估假设的说法中，错误的是(　　)。

A. 原地使用假设的资产使用方式和目的可能不变，也可能改变

B. 持续经营不但是一项资产评估假设，也是一项会计假设

C. 持续经营假设可以针对某个业务资产组

D. 采用最佳使用假设的充分必要条件是技术上可能、经济上可行

16. 关于资产评估的委托人，下列说法不正确的是(　　)。

A. 委托人就是合同的委托方

B. 委托人可以是一个，也可以是多个

C. 委托人是自然人

D. 非法定评估的委托人可以在自愿协商的原则下确定

17. 当评估专业人员执行的资产评估业务对市场条件和评估对象的使用等并无特别限制和要求，特别是不考虑对特定市场参与者自身因素和偏好，评估目的是为正常的交易提供价值参考依据时，通常应当选择的价值类型是(　　)。

A. 在用价值　　B. 市场价值　　C. 投资价值　　D. 清算价值

18. 关于评估基准日，下列说法不正确的是(　　)。

A. 评估基准日是委托人根据评估目的及相关经济行为的需要确定的评估时点

B. 评估基准日实际上起到了规定评估结论所对应的时间基准的作用

C. 如果选择的评估基准日是现实日期，这样的评估就是预测性评估

D. 评估结论的使用有效期是以评估基准日为基础确定的

19. 资产评估对象也称为(　　)。

A. 评估客体　　B. 评估委托人　　C. 被委托人　　D. 评估机构

20. 以下不属于资产评估业务基本事项的是(　　)。

A. 评估基准日　　B. 评估对象和评估范围

C. 业务约定书　　D. 评估服务费及其支付方式

二、多项选择题

1. 无形资产作为一种特殊形态的资产，其评估对象的组成具有自身的特性，无形资产的评估对象组成一般包含(　　)。

A. 无形资产的种类及名称

B. 无形资产的权利

C. 无形资产的组成

D. 无形资产的义务

E. 无形资产的特殊性

2. 下列关于资产评估范围的说法中，正确的有(　　)。

A. 如果评估对象为企业可辨识的资产，则其评估对象与评估范围是一致的

B. 当资产评估对象是单项资产时，评估对象和评估范围都是该项资产

C. 当业务资产组的评估对象是资产组的权益时，评估范围与评估对象一致

D. 评估一个由多个专利或专有技术等组成的无形资产组合时，评估范围是组成该无形资产组合的全部专利资产和专有技术资产

E. 当业务资产组的评估对象是组成资产组的各单项资产与负债时，评估范围与评估对象不一致

3. 下列关于主要资产评估假设的说法中，正确的有(　　)。

A. 交易假设是资产评估得以进行的一个最基本的前提假设

B. 公开市场假设，是指资产可以在充分竞争的市场上自由买卖

C. 如果一个经营主体不能持续经营，就需要清算这个经营主体，也就是需要使用清算假设

D. 最佳使用是指一项资产在法律上允许、技术上可能、经济上可行，经过充分合理的论证，能使该项资产实现其最高价值的使用

E. 持续经营假设通常用于单项资产

4. 下列关于资产评估中产权持有人的说法中，正确的有(　　)。

A. 产权持有人是指评估对象的产权持有人

B. 产权持有人与委托人是同一主体

C. 产权持有人就是合同的委托方

D. 评估对象一般受产权持有人控制

E. 当评估对象为股权或所有者权益时，产权持有人是指股权或所有者权益的拥有者

5. 下列有关评估委托人权利的说法中，正确的有(　　)。

A. 评估委托人有权自主选择符合《资产评估法》规定的评估机构

B. 评估委托人有权要求与相关当事人及评估对象有利害关系的资产评估专业人员回避

C. 当评估委托人对资产评估报告结论、评估金额、评估程序等方面有不同意见时，可以要求资产评估机构更正

D. 评估委托人认为资产评估机构或者资产评估专业人员违法开展业务的，可以解除委托合同

E. 评估委托人不得对评估行为和评估结果进行非法干预

6. 资产评估业务基本事项主要包括(　　)。

A. 委托人、产权持有人和委托人以外的其他评估报告使用人

B. 评估目的

C. 价值类型

D. 评估基准日

E. 评估准则

7. 下列各项中，可以成为资产评估对象的有(　　)。

A. 房屋　　　　B. 阳光　　　　C. 机器设备

D. 整体的企业　　　　E. 完整的业务单元

8. 下列关于持续经营假设的说法中，正确的有(　　)。

A. 持续经营假设实际上是一项针对经营主体（企业或业务资产组）的假设

B. 持续经营假设适用于单项资产

C. 持续经营假设是一项评估假设，同时也是一项会计假设

D. 通常，持续经营假设是采用成本法评估企业等经营主体价值的基础

E. 通常，持续经营假设是采用收益法评估企业等经营主体价值的基础

9. 资产评估专业人员执行资产评估业务，选择和使用价值类型，应当充分考虑的因素包括(　　)。

A. 评估目的

B. 委托方要求

C. 市场条件

D. 评估报告使用人的要求

E. 评估对象的自身条件

第3章

资产评估程序

学习目标

通过本章的学习，学生应当掌握资产评估的基本程序及主要内容；资产评估业务基本事项的内容；专业能力分析与评价、独立性分析与评价、项目风险分析与评价的内容及要求；资产评估委托合同的主要内容，评估委托合同的订立、补充或变更、终止履行及解除；现场调查的内容、手段和方式、调查工作受限及其处理；评估资料核查验证的意义、方式、程序受限及其处理。熟悉资产评估计划的主要内容、审核、批准及调整；评估资料的分类、收集、分析、归纳、整理；资产评估报告的引用及内部审核的要求。了解资产评估委托合同及其形式；编制资产评估计划的总体要求和考虑的主要因素；与委托人或相关当事人沟通评估报告的内容及要求；整理归集评估档案的基本要求。

第1节　资产评估程序概述

1.1　资产评估程序的基本概念

依据《资产评估基本准则》，中国资产评估协会相应制定了《资产评估执业准则——

资产评估程序》，在该准则中明确提出，资产评估程序是指执行资产评估业务所履行的系统性工作步骤。

资产评估程序由具体的工作步骤组成，不同的资产评估业务由于评估对象、评估目的、资料收集情况等相关条件的差异，资产评估程序在执行时可能也会存在差异，但由于资产评估业务的共享，不同资产类型、不同评估目的以及不同评估业务的评估程序基本是相同的。

资产评估程序可以从狭义和广义两个角度进行理解。狭义的资产评估程序开始于资产评估机构及资产评估专业人员接受委托，终止于向委托人或相关当事人提交资产评估报告书。广义的资产评估程序开始于承接评估业务之前的明确资产评估基本事项环节，终止于资产评估报告书提交后的资产评估档案的整理归集。

本教材所称的资产评估程序，是指资产评估机构及资产评估专业人员执行资产评估业务所履行的系统性工作步骤，指的是广义上的资产评估程序。

1.2 资产评估程序的主要内容

《资产评估法》第四章指出，资产评估程序的基本内容包括选择评估机构，订立委托合同，指定评估承办人员，评估对象现场调查，评估资料的收集、核查验证和分析整理，选择评估方法并形成评估结论，编制评估报告和内部审核，评估报告出具，评估档案保存，评估报告使用等环节。与资产评估准则仅规范资产评估机构和资产评估专业人员不同，《资产评估法》关于评估程序的规范对象，还包括资产评估委托人、其他评估报告使用人、资产评估行政管理部门和资产评估行业协会。

《资产评估基本准则》明确规定，资产评估机构及资产评估专业人员开展资产评估业务，需要履行八大基本评估程序，即：明确业务基本事项→订立业务委托合同→编制资产评估计划→进行评估现场调查→收集整理评估资料→评定估算形成结论→编制出具评估报告→整理归集评估档案。

本教材所界定的资产评估程序以《资产评估基本准则》规定的八项基本程序为准。

在以上评估程序中，前三项程序是项目承接阶段和组织阶段需要履行的工作；第四项至第七项程序是评估项目的实施阶段；第八项程序是对已经履行的各项工作内容的归纳整理。

不同的资产评估业务由于评估对象、评估目的不同，可获取的资产评估资料完备度以及所选用的评估方法存在差异，资产评估专业人员对每项基本程序需要执行的具体工作步骤是有差异的。资产评估机构及资产评估专业人员可以根据评估业务的具体情况及重要性原则确定履行基本程序的繁简程度，但不得随意减少资产评估基本程序。

1.3 资产评估程序的主要作用

履行资产评估程序有利于保证资产评估行为的合法性、保障资产评估业务质量、防范评估执业风险。

1.3.1 履行资产评估程序，是保证资产评估行为合法性的前提条件

履行资产评估程序是《资产评估法》对资产评估机构和资产评估专业人员的基本要求。如果资产评估机构和资产评估专业人员未能按照《资产评估法》的要求，履行必要的评估程序，则可能导致违反《资产评估法》，需要承担相应的法律责任。

比如评估基本程序中的明确评估业务基本事项，要求明确评估业务的委托人、产权持有人和委托人以外的其他评估报告使用人，如果资产评估机构及资产评估专业人员未履行或未能恰当履行该评估程序，导致未能识别与资产评估机构及资产评估专业人员存在的利害关系而受理了该业务，将违反《资产评估法》关于评估机构不能受理与自身有利害关系的业务的规定，需要承担相应的法律责任。

1.3.2 履行资产评估程序，可以保障资产评估业务质量

资产评估机构和资产评估专业人员接受委托，不论执行何种目的的评估业务，都应当履行必要的评估程序。这样做，不仅有利于规范资产评估机构和资产评估专业人员的执业行为，而且能够有效避免在执行资产评估业务时可能出现的程序中的疏漏，切实保障资产评估的业务质量。

只有履行必要的工作步骤，才能保障评估结论的合理性，有效服务于评估目的。

比如，评估基本程序中的现场调查，主要目的在于了解资产状况和法律权属。由于企业申报的资产可能有实际不存在或产权不属于企业所有的情况，如果资产评估专业人员未能履行或未能恰当履行现场调查程序，仅根据企业申报资料进行评估，将可能出现评估结论包含不存在或不属于企业所有的资产价值的情况，导致评估结论不合理，评估业务质量就得不到保障。

1.3.3 履行资产评估程序，可以防范评估执业风险，保护自身合法权益

资产评估服务于上市公司、国有产权变动等多种经济行为，涉及社会公众、国有企业、第三方等众多相关当事人的利益，从现实情况来看，资产评估机构和资产评估专业人员与相关当事人之间就评估服务引起的纠纷和法律诉讼越来越多。资产评估机构和资产评估专业人员在履行必要评估程序时是否存在疏漏，成为司法部门追究资产评估机构和资产评估专业人员责任的重要依据。因此，严格履行资产评估程序，可以帮助资产评估机构和

资产评估专业人员规避评估执业过程中存在的风险，也能在法律纠纷过程中保护自己的合法权益。

第 2 节　明确业务基本事项

明确业务基本事项是资产评估程序的第一个环节，也是整个评估过程顺利实施的关键一环。明确评估业务基本事项，可以使资产评估机构和资产评估专业人员对评估业务有全面了解，为后续业务的开展奠定基础。

《资产评估基本准则》明确指出，评估机构受理资产评估业务前，应当明确下列资产评估业务基本事项：（1）委托人、产权持有人和委托人以外的其他资产评估报告使用人；（2）评估目的；（3）评估对象和评估范围；（4）价值类型；（5）评估基准日；（6）资产评估报告使用范围；（7）资产评估报告提交期限及方式；（8）评估服务费及支付方式；（9）委托人、其他相关当事人与资产评估机构及其资产评估专业人员工作配合和协助等需要明确的重要事项。

2.1 接受委托应符合的基本要求

资产评估机构及资产评估专业人员在受理评估业务时，应当遵守法律、行政法规和评估准则，遵循独立、客观、公正的原则，应着重注意以下几个方面：

（1）资产评估机构及资产评估专业人员不得利用开展业务之便，谋取不正当利益；

（2）资产评估机构及资产评估专业人员不能以恶性压价、支付回扣、虚假宣传，或者贬损、诋毁其他评估机构或专业人员等不正当手段招揽业务；

（3）资产评估机构及资产评估专业人员不能分别接受利益冲突双方的委托，对同一评估对象进行评估；

（4）资产评估机构及资产评估专业人员不得受理与自身有利害关系的业务；

（5）资产评估机构及资产评估专业人员应充分了解评估对象及范围、评估目的、评估基准日；

（6）资产评估机构受理资产评估业务应当符合专业能力、独立性和业务风险控制要求，否则不得受理；

（7）资产评估机构应在接受委托前赴现场进行必要的实地调查，充分了解评估工作量、工作时间，以确定评估收费标准。

2.2 明确业务基本事项的基本内容

2.2.1 明确委托人、产权持有人和委托人以外的其他资产评估报告使用人

资产评估机构和资产评估专业人员应当在接受委托前明确委托人、产权持有人和委托人以外的其他资产评估报告使用人。委托人及产权持有人的基本情况一般包括以下内容：(1) 委托人及产权持有人全称；(2) 委托人及产权持有人类型、所属行业、注册地址和注册资本；(3) 委托人和产权持有人所属行业、经营范围等。

资产评估机构应当了解除了委托人和国家法律、法规规定的评估报告使用人，是否还存在其他的评估报告使用人。如果存在，资产评估机构应当在适当及切实可行的情况下了解其与委托人和被评估企业或资产的关系。对于已经明确的评估报告其他使用人，应当在订立资产评估委托合同时做出约定。如果委托人既不是产权持有人又不是资产管理人，属于与被评估单位不相关的第三方，则资产评估机构在接受业务前，一般应事先通知产权持有人、资产管理人或征得资产管理人的同意；否则在委托人配合力度很弱的情况下，资产评估专业人员不能完成现场调查和资料收集等评估程序，后期无法形成可靠的评估结论。

2.2.2 明确评估目的

资产评估机构和资产评估专业人员应当与委托方就评估目的达成明确、清晰的共识，并尽可能细化评估目的，说明评估业务的具体目的和用途，并尽可能从委托人处取得经济行为文件、合同协议、商业计划书等与评估目的相关的资料。资产评估专业人员应了解经济行为，并尽量细化评估目的和用途。

2.2.3 明确评估对象和评估范围

资产评估机构和资产评估专业人员应当与委托人沟通，结合评估目的，要求委托人明确拟委托评估的评估对象和评估范围，并了解评估对象载体及其权益的基本情况，包括法律、经济和实物状况。如评估对象为单项资产或资产组合的，需要了解资产类型、规格型号、结构、数量、购置（生产）年代、使用状况等；评估对象为整体企业（或单位）的，需要了解企业名称、住所、所属行业、在行业中的地位和影响、经营范围、资产和财务状况等。为明确责任，避免日后产生纠纷，应当由委托人（或经其授权被评估资产产权持有人或被评估企业）就具体评估对象所对应的评估范围明细清单进行确认。

2.2.4 明确价值类型

影响价值类型的因素中，评估目的是核心，除此之外，还包括资产自身的功能、使用

方式、市场条件等。资产评估机构和资产评估专业人员应当在明确评估目的的基础上，通过与委托方的沟通，结合资产评估准则，选择恰当的价值类型，并就价值类型的选择、定义及对应的假设与委托人达成一致。

2.2.5 明确评估基准日

资产评估机构和资产评估专业人员应当在与委托方沟通的基础上，明确评估基准日，并确信评估基准日的选择有利于评估结论有效地服务评估目的并满足评估报告的需求，以减少和避免不必要的评估基准日期后事项的产生。评估基准日确定下来后，应当作为委托条件之一，反映在资产评估委托合同中。

2.2.6 明确评估报告的使用范围

资产评估机构和资产评估专业人员应当在前期洽商时，与委托人进行沟通，了解本次评估是否存在有可能影响评估过程和结论的限制条件，以判断和确定评估报告的使用范围。评估报告的使用范围包括：(1) 评估报告使用人；(2) 评估目的及用途；(3) 使用时效；(4) 报告的摘抄引用或披露等事项。

2.2.7 明确评估报告提交期限和方式

资产评估机构和资产评估专业人员应在与委托方沟通时对评估工作量做出合理的判断，与委托人约定提交报告的时间和方式（当面提交或邮寄），并在评估委托合同中加以明确。评估报告的提交时间不宜确定具体日期，一般确定为开始现场工作、委托人提供必要资料（包括评估所依据和引用的相关专业报告）送达后的一定期限内。

评估报告提交时间受多方面因素的限制与约束，如预计的评估工作量、委托人和相关当事人的配合程度、评估所依据和引用的专业或单项资产评估报告（专项审计报告、土地估价报告、矿业权评估报告等）的出具时间等。

2.2.8 明确评估服务费及支付方式

资产评估机构和资产评估专业人员应根据了解的情况，与委托方协商确定评估收费标准和收费方式，对于资产价值量小但评估工作量大的项目，可要求委托方按照评估项目的实际工作量支付评估费用。除专业服务费以外，差旅费、现场办公费用等是否也在预计数额内以及如何负担等，应在双方达成一致后，体现在评估委托合同中。

2.2.9 明确委托人、其他相关当事人、资产评估机构、资产评估专业人员工作配合和协助等其他重要事项

资产评估机构和资产评估专业人员应当根据评估业务具体情况与委托人沟通，明确委托人、其他相关当事人、资产评估机构、资产评估专业人员工作配合和协助等其他重要事

项，主要包括落实资产清查申报、提供资料、配合现场及市场调查、协调与相关中介机构的对接和交流等。当委托人不是评估对象的产权持有人时，需要约定委托人协调产权持有人协助配合评估工作的责任。

2.3 专业能力、独立性、业务风险的分析与评价

《资产评估基本准则》指出，资产评估机构应当对专业能力、独立性和业务风险进行综合分析和评价。受理资产评估业务应当满足专业能力、独立性和业务风险控制要求，否则不得受理。

2.3.1 专业能力分析与评价

一是资产评估机构及资产评估专业人员的专业能力和相关经验是否能够满足拟承接业务的需要。二是对于缺乏专业能力的业务，是否有弥补评估经验和专业能力不足的可行措施，比如聘请专家协助工作、利用或引用专业机构的工作成果；是否有保证相关工作成果的合理制度安排和技术措施。通过对以上两个方面的分析，决定是否承接业务。

2.3.2 独立性分析与评价

按照《资产评估法》和《资产评估职业道德准则》的有关规定，应对资产评估机构和资产评估专业人员的独立性进行分析与评价，判断独立性是否受到影响，进而决定是否承接业务或在独立性受到影响时拟采取的应对措施。

资产评估机构和资产评估专业人员主要通过关联关系筛查、申报、核查等方式，了解可能影响独立性的情形，判断是否存在明显或潜在的利益冲突、现实或潜在的利益关系。关联关系筛查、申报、核查的内容包括：(1) 对资产评估机构和资产评估专业人员已执行的业务进行筛查；(2) 资产评估机构通过安排资产评估专业人员填写项目独立性调查表等方式，使资产评估专业人员针对是否存在经济利益关联、人员关联、业务关联等情况向评估机构进行申报；(3) 资产评估机构对资产评估专业人员申报的关联情况进行适当核查。

2.3.3 业务风险分析与评价

资产评估的业务风险可以划分为来自委托人和产权持有人的风险、来自评估对象的风险和来自资产评估报告使用的风险等。

1. 来自委托人和产权持有人的风险

来自委托人和产权持有人的风险主要有：(1) 委托人和产权持有人不配合资产评估机构履行评估程序；(2) 提供的相关资料存在虚假、遗漏、不符合法定要求的情况；(3) 缺乏履约能力等。

2. 来自评估对象的风险

来自评估对象的风险主要有：(1) 由于评估对象的特殊性导致无法按要求履行核查程序；(2) 评估对象的产权不明晰；(3) 评估对象对应的评估范围不确定等，如地下管线设施，涉及商业、国家秘密的资产等。

3. 来自资产评估报告使用的风险

来自资产评估报告使用的风险主要有超范围、不当使用报告等，如委托人将对外投资为目的的评估报告用于企业破产清算。

2.3.4 综合分析与评价

资产评估机构和资产评估专业人员在对自身专业能力、独立性、业务风险分别进行分析与评价后，应对评价结果予以综合考虑，决定是否受理评估业务。

一般在自身专业能力、独立性均满足要求，并且业务风险可承受时，评估机构可以受理该业务。

专业能力、独立性、业务风险的综合评价结果可以通过综合评价表的形式予以体现，具体见表 3-1。

表 3-1 评估机构专业能力、独立性、业务风险综合评价表

评价内容	业务具体情况	风险水平
一、专业能力和独立性评价		
1. 资产评估专业人员是否具备执行该项目的能力?		很低□ 低□ 一般□ 较高□ 很高□
2. 承接该业务是否影响评估机构的独立性?		很低□ 低□ 一般□ 较高□ 很高□
3. 拟执行该业务的资产评估专业人员是否符合独立性的要求?		很低□ 低□ 一般□ 较高□ 很高□
4. 拟聘请的专家或人员是否符合独立性的要求?		很低□ 低□ 一般□ 较高□ 很高□
风险水平：很低□ 低□ 一般□ 较高□ 很高□		
二、来自委托人和产权持有人的风险		
1. 委托评估目的是否明确?		很低□ 低□ 一般□ 较高□ 很高□
2. 委托人对时间的要求是否紧迫?		很低□ 低□ 一般□ 较高□ 很高□
3. 委托人对评估结论是否有特殊要求?		很低□ 低□ 一般□ 较高□ 很高□
4. 委托人与被评估单位的关系如何?		很低□ 低□ 一般□ 较高□ 很高□
5. 委托人有无非诚信记录?		很低□ 低□ 一般□ 较高□ 很高□
6. 委托人是否存在影响其履约能力的事项?		很低□ 低□ 一般□ 较高□ 很高□
7. 产权持有人有无非诚信记录?		很低□ 低□ 一般□ 较高□ 很高□
风险水平：很低□ 低□ 一般□ 较高□ 很高□		
三、来自评估对象的风险		
(一) 评估对象为整体企业（或单位）		
1. 被评估单位对评估工作是否配合?		很低□ 低□ 一般□ 较高□ 很高□

续表

评价内容	业务具体情况	风险水平
2. 被评估单位是否面临财务危机？如到期债务不能偿还或抵（质）押资产可能被处置等。		很低□ 低□ 一般□ 较高□ 很高□
3. 被评估单位的产权关系是否明晰？		很低□ 低□ 一般□ 较高□ 很高□
4. 被评估单位所处行业环境是否稳定？		很低□ 低□ 一般□ 较高□ 很高□
5. 被评估单位内部组织机构是否稳定？		很低□ 低□ 一般□ 较高□ 很高□
6. 被评估单位内部管理和控制是否健全、有效？		很低□ 低□ 一般□ 较高□ 很高□
7. 被评估单位基础资料档案管理是否健全？		很低□ 低□ 一般□ 较高□ 很高□
8. 被评估单位财务状况是否稳定？		很低□ 低□ 一般□ 较高□ 很高□
（二）评估对象为单项资产或资产组		
1. 待估资产产权证明文件是否齐全？		很低□ 低□ 一般□ 较高□ 很高□
2. 有无无法履行评估程序或存在其他特点的特殊类型资产？		很低□ 低□ 一般□ 较高□ 很高□
3. 有无抵押、质押、诉讼、抵债等资产及安全与完整保证程度低的资产？		很低□ 低□ 一般□ 较高□ 很高□
风险水平：很低□ 低□ 一般□ 较高□ 很高□		
四、来自资产评估报告使用的风险		
1. 资产评估报告是否需要公之于公开媒体？		很低□ 低□ 一般□ 较高□ 很高□
2. 资产评估报告是否可能被其他文件、资料引用？		很低□ 低□ 一般□ 较高□ 很高□
3. 资产评估报告是否提交国有资产管理部门备案或核准？		很低□ 低□ 一般□ 较高□ 很高□
4. 是否存在两个或两个以上利益对立的资产评估报告使用人？		很低□ 低□ 一般□ 较高□ 很高□
风险水平：很低□ 低□ 一般□ 较高□ 很高□		
五、专业能力、独立性、业务风险综合判断		
风险水平：很低□ 低□ 一般□ 较高□ 很高□		
主要评估风险、风险可控情况及能够采取的主要措施：		
是否接受委托：是□ 否□	洽谈人签字：	日期：

第3节 订立业务委托合同

《资产评估基本准则》规定，资产评估机构受理资产评估业务应当与委托人依法订立资产评估委托合同，约定资产评估机构和委托人的权利、义务、违约责任和争议解决等内容。

3.1 资产评估委托合同的基本概念和形式

资产评估委托合同是指资产评估机构与委托人订立的，明确评估业务基本事项，约定评估机构和委托人的权利、义务、违约责任和争议解决等内容的书面合同。

根据我国资产评估行业的现行规定，资产评估专业人员承办评估业务，应当由其所在的资产评估机构统一受理，并由资产评估机构与委托人签订资产评估委托合同。由于资产评估业务往往涉及重大财产权益，且评估行为属于对资本市场、资本运营、资产管理、价值管理等提供市场价值尺度的专业服务，相关当事人及涉及的利益关系通常较为复杂，为了明确双方当事人的权利和义务，避免评估工作的纠纷，委托人委托评估机构开展评估业务一般应采用书面形式。

3.2 资产评估委托合同的主要内容与注意事项

3.2.1 主要内容

根据《资产评估执业准则——资产评估委托合同》，资产评估委托合同应当符合国家法律、法规和资产评估行业的管理规定。资产评估委托合同的内容通常包括：(1) 资产评估机构和委托人的名称、住所、联系人及联系方式；(2) 评估目的；(3) 评估对象和评估范围；(4) 评估基准日；(5) 资产评估报告使用范围，包括资产评估报告使用人、用途、评估结论的使用时效及报告的摘抄引用或披露；(6) 资产评估报告提交期限和方式；(7) 评估服务费总额或支付标准、计价货币种类、支付时间和方式，并明确资产评估服务费未包括的与资产评估服务相关的其他费用的内容及承担方式；(8) 资产评估机构和委托人的其他权利和义务；(9) 签约各方的违约责任，合同履行过程中产生争议时解决的方式和地点；(10) 合同当事人签字或者盖章的时间；(11) 合同当事人签字或者盖章的地点。

3.2.2 注意事项

(1) 资产评估委托合同载明的评估目的应当表述明确、清晰，但是评估目的可以不唯一，不同评估目的的评估业务允许使用一份评估委托合同。例如，A企业为编制财务报告，拟将其拥有的一项对外出租的土地使用权进行评估；租约到期后，将其出售。这两个经济行为的评估目的并不一样，评估基准日也不同，但拟委托同一评估机构开展评估服务。委托人与评估机构可以在一个评估委托合同中对所涉及的评估服务进行统一协商。

(2) 资产评估委托合同应当明确委托人依法提供资产评估业务需要的权属证明、财务会计信息和其他相关资料并保证资料的真实性、完整性、合法性。委托人或者其他相关当事人应当对其提供的资产评估明细表及其他重要资料的真实性、完整性、合法性进行确认，确认方式包括签字、盖章或者法律允许的其他方式；委托人和其他相关当事人如果拒绝提供或者不如实提供开展资产评估业务所需的权属证明、财务会计信息或者其他相关资料的，资产评估机构有权拒绝履行资产评估委托合同。

（3）资产评估委托合同应当明确资产评估报告的使用范围。使用范围包括资产评估报告使用人、用途、评估结论的使用有效期及资产评估报告的摘抄、引用或者披露。资产评估报告仅供资产评估委托合同约定的和法律、行政法规规定的使用人使用，其他任何机构和个人不能成为资产评估报告的使用人。委托人或者其他资产评估报告使用人违反规定使用资产评估报告的，资产评估机构及资产评估专业人员不承担责任。

（4）资产评估委托合同应当明确资产评估服务费总额或者支付标准、计价货币种类、支付时间及支付方式，并明确资产评估服务费未包括的与资产评估服务相关的其他费用的内容及承担方式。资产评估服务费是评估机构为委托人提供评估服务收取的费用，实行市场调节价，由评估机构和委托人协商确定。协商时主要考虑以下因素：1）资产规模和资产分布情况；2）评估机构拟投入的人力资源、耗费的工作时间以及不同人力资源的综合成本；3）评估业务的难易程度；4）资产评估机构和资产评估专业人员可能承担的风险和责任；5）资产评估机构和资产评估专业人员的社会信誉和工作水平等。在收费条款中，还应约定资产评估服务费的支付时间。资产评估服务费可以采用总价方式，也可以采取从量或从价方式。资产评估机构可以根据项目特征、委托人信用等因素，约定委托人一次性支付或者分期支付资产评估服务费；同时必须明确，资产评估服务费不应当与委托人经济行为是否完成相联系。

（5）对订立评估委托合同时尚未明确的内容，评估委托合同签约方可以采取订立补充合同或法律允许的其他形式做出后续约定。

3.3 资产评估委托合同的订立

《资产评估执业准则——资产评估委托合同》指出，资产评估委托合同应当由资产评估机构的法定代表人（或执行合伙事务合伙人）签字并加盖资产评估机构印章。

评估实务中，资产评估机构可以对授权内部人员和分支机构签署委托合同的情形，通过内部管理制度加以规范。如果因委托人等原因导致无法及时签订资产评估委托合同，资产评估机构和资产评估专业人员应关注未及时签订资产评估委托合同可能产生的风险，并采取必要的措施，例如：对客户的履约及诚信能力进行必要的风险评价，通过法律允许的必要形式取得客户对其先行开展评估业务的请求或确认依据等，保护自身合法权益。

评估实践中，司法鉴定或其他特殊业务建立评估委托关系所采用的文书并不一定是资产评估委托合同。例如：最高人民法院发布的《人民法院委托评估工作规范》（法办

〔2018〕273 号）规定，对于司法执行中确定财产处置参考价的评估业务，人民法院通过询价评估系统向所确定的评估机构发送评估委托书；《最高人民法院关于人民法院确定财产处置参考价若干问题的规定》规定，评估委托书应当载明财产名称、物理特征、规格数量、目的要求、完成期限以及其他需要明确的内容等，同时应当将查明的财产情况及相关材料一并移交给评估机构。对此，资产评估委托合同准则规定，以其他形式建立委托关系的，应当符合法律要求。

3.4 资产评估委托合同的补充或变更

资产评估委托合同签订后，发现相关事项存在遗漏、约定不明确，或者合同履行中约定内容发生变化的，如评估目的、评估对象、评估基准日发生变化等，资产评估机构可以要求与委托人订立补充委托合同或者重新订立评估委托合同，或者以法律允许的其他方式，如传真、电子邮件等形式，对评估委托合同的相关条款进行变更。

3.5 资产评估委托合同的提前终止及解除

《资产评估法》第 18 条和第 19 条分别赋予了资产评估机构在法定情形下可以拒绝履行或单方解除资产评估委托合同的权利。包括：(1) 委托人和其他相关当事人如果拒绝提供或者不如实提供开展资产评估业务所需的权属证明、财务会计信息或其他相关资料的，资产评估机构有权拒绝履行资产评估委托合同；(2) 委托人要求出具虚假资产评估报告或者有其他非法干预评估结论情形的，资产评估机构有权单方解除合同。

除此之外，还存在非资产评估机构及资产评估专业人员原因，导致资产评估委托合同解除的其他情形：(1) 委托人提前终止资产评估业务、解除资产评估委托合同；(2) 因委托人或其他相关当事人原因导致资产评估程序受限，资产评估机构无法履行资产评估委托合同，在相关限制无法排除时，资产评估机构单方解除资产评估委托合同。对上述情形，资产评估机构可以依据法律的规定和相关资产评估准则的要求，在洽商、订立资产评估委托合同时与委托人约定：相关法定或特定的资产评估委托合同提前终止、解除的情形发生时，由委托人按照已经开展资产评估业务的时间、进度，或者已经完成的工作量支付相应的评估服务费。

第 4 节　编制资产评估计划

《资产评估基本准则》明确指出，资产评估专业人员应当根据资产评估业务具体情况编制资产评估计划。编制评估计划的目的是合理、有效配置各项资源，高效保质完成资产评估业务，以更好地服务于委托人。

4.1 资产评估计划的概念

资产评估计划是资产评估机构和资产评估专业人员为执行资产评估业务，拟定的资产评估工作思路和实施方案。资产评估计划一般在项目正式开展前编制。

4.2 资产评估计划编制的总体要求和考虑的主要因素

4.2.1 资产评估计划编制的总体要求

资产评估专业人员应当根据资产评估业务的具体情况，如评估目的、评估基准日、评估对象的资产规模和资产分布特点、评估报告提交期限等，编制资产评估计划，合理确定资产评估计划的繁简程度。

由于评估项目千差万别，资产评估计划的繁简程度取决于评估业务的规模和复杂程度。复杂、庞大的资产评估项目，涉及的环节多、工作量大、投入的资产评估专业人员多，甚至还可能需要会计、律师等其他人员的协调配合，需要编制详尽的资产评估计划；简单的资产评估项目，不需要太多的资产评估专业人员，评估过程也比较简单，因此资产评估计划也可以相应进行简化。

4.2.2 编制资产评估计划应考虑的主要因素

资产评估专业人员在编制资产评估计划的过程中，应当同委托人及相关当事人就相关问题进行沟通，以保证资产评估计划的可操作性。编制资产评估计划时，应当重点考虑以下因素：(1) 评估目的以及相关管理部门对资产评估开展过程中的管理规定；(2) 评估业务风险、评估项目的规模和复杂程度；(3) 评估对象及其法律、经济、技术、物理等因素；(4) 评估项目所涉及资产的结构、类别、数量及分布状况；(5) 委托人及相关当事人的配合程度；(6) 相关资料的收集状况；(7) 委托人、评估对象产权持有人（或被评估单位）过去委托资产评估的情况、诚信状况及提供资料的可靠性、完整性和相关性；(8) 资产评估专业人员的专业能力、经验及人员配备情况；(9) 与其他中介机构的合作、配合情况。

4.3 资产评估计划的主要内容

《资产评估基本准则》明确资产评估计划包括评估业务实施的主要过程、时间进度与人员安排等内容。

4.3.1 资产评估业务实施的主要过程

资产评估计划应当涵盖现场调查、收集评估资料、评定估算、编制和提交资产评估报告等资产评估业务实施的主要过程。编制资产评估计划首先应当明确资产评估业务实施各主要过程的具体步骤，这样才能有效地进行业务实施的时间安排和人员安排。

资产评估专业人员在确定资产评估业务实施各主要过程的具体评估步骤时，应当明确以下因素：(1) 评估项目的背景和相关条件，包括评估目的、评估对象和评估范围、价值类型、评估基准日、本次评估操作的重点和难点、参与本项目的其他中介机构等；(2) 本次评估拟采用的评估方法；(3) 资产清查的工作重点及具体要求，如现场调查工作目标、现场调查工作总体时间安排、现场调查主要工作内容、现场调查的协调方式等；(4) 评估中可能出现的疑难问题及专家利用，尤其是复杂、庞大的资产评估项目所需的审计、律师等其他中介机构的对接安排及注意事项等。

4.3.2 时间进度安排

明确资产评估业务实施的时间进度安排，有利于对资产评估工作进度的跟踪，以保证在报告提交期限内提交报告。资产评估专业人员编制资产评估计划时，应当结合评估报告提交期限、评估业务实施的主要过程的具体步骤、业务实施的重点和难点等来制定评估业务实施的进度安排。

4.3.3 人员安排

资产评估专业人员编制评估计划时，应当根据评估项目的资产规模、资产分布、资产专业结构、业务风险因素等情况以及评估方法、评估业务实施主要过程的主要步骤、业务实施的时间安排、费用预算等，综合考虑评估业务实施对资产评估专业人员的工作经验、技术水平、专业分工、人员数量等的配置要求，从而组建项目团队。

4.4 资产评估计划的调整

资产评估项目的执行是一个复杂、动态的过程，如果原编制的资产评估计划不能适应项目要求，资产评估机构应当对资产评估计划进行必要的调整。

导致资产评估计划调整的原因主要有两个：一是评估工作本身遇到了障碍，出现了在编制资产评估计划时没有预料到的操作层面或者技术层面的情况，造成评估工作未能按照原计划推进，需要调整资产评估计划。例如，由于前期资料收集不齐全、现场调查受到限制或委托人提供资料不真实，工作推进后发现需要进一步补充资料和增加现场工作时间，从而造成未能按计划完成进度，这属于操作层面的情况；如果出现了未预料到的资产类型或者业务形态，导致原计划的评估技术思路无法满足需要，从而对资产评估专业人员和评估重点进行调整，这属于技术层面的情况。二是由于委托人经济行为涉及的评估对象、评估范围、评估基准日发生变化而导致的资产评估计划的调整。比如，由于上市公司重大资产重组方案发生改变，导致评估范围出现重大调整，原来的部分标的公司不再纳入重组范围，并且还新增加了部分标的公司。

遇到需要调整资产评估计划的情况时，资产评估专业人员应尽快与委托人、其他相关当事人进行沟通，根据已确定的方案及时调整资产评估计划。调整计划时，往往涉及对资产评估专业人员进行调整、对部分评估工作重新安排、对评估技术方案进行修正等。调整计划要兼顾评估效率和工作质量的原则，充分利用已有的工作成果，将资产评估计划调整导致的成本降到最低水平。

4.5 资产评估计划的审核和批准

资产评估机构通常会通过内部控制制度和流程对资产评估计划的编制、审核、批准及调整进行规范。

第5节 进行评估现场调查

《资产评估基本准则》指出，执行资产评估业务，应当对评估对象进行现场调查，获取资产评估业务需要的资料，了解评估对象现状，关注评估对象法律权属。

5.1 现场调查的目的

现场调查是评估项目实施阶段的第一步，也是整个评估程序中必不可少的一步，它是了解资产状况的重要方法，用其他方法是不能替代的。

现场调查的目的主要在于：（1）确认评估对象的存在性、合法性以及完整性；（2）确认评估对象与账簿、账表记录是否一致；（3）收集评估对象所需的有关数据资料。

通过现场调查，收集资产状况相关信息，对影响资产价值的物理、技术、法律、经济等因素进行客观、全面的了解，可为判断资产整体状况、估算资产价值提供合理依据。

5.2 现场调查的方式与手段

5.2.1 现场调查的方式

资产评估专业人员对评估对象进行现场调查时，采用的调查方式包括逐项调查和抽样调查。

1. 逐项调查

（1）含义：逐项调查是指对纳入评估范围的所有资产及负债进行逐项核实，并进行相应的勘查和法律权属资料核实的一种调查方法。

（2）适用情形：一是评估范围内资产数量较少、单项资产的价值较高，如房地产；二是评估范围内的资产存在管理不善，实物和企业账表不符，产权持有人或被评估单位提供的相关资料无法反映资产的实际状况，并且从其他途径也无法获取充分、恰当的评估证据，比如停产多年的企业资产评估项目、企业破产清算项目等。

2. 抽样调查

（1）含义：抽样调查是一种非全面调查，它是从全部（总体）调查研究对象中，抽选部分单位（样本）进行调查，并据以对全部调查研究对象做出估计和推断的一种调查方法。

（2）适用情形：当无法或不宜对评估范围内所有资产、负债等有关内容进行逐项调查时，如当资产数量巨大，无法逐一进行调查时，可以采用抽样调查方式进行现场调查。

选择抽样调查方式的理由要形成评估工作底稿。

5.2.2 现场调查的手段

现场调查的手段包括询问、访谈、核对、监盘、勘查等。其中，询问是最常用的调查方式。现场调查的主要手段如表 3－2 所示。

表 3－2 现场调查的主要手段

调查手段	主要工作内容
询问	资产评估专业人员在阅读、分析评估申报资料的基础上，与评估对象的管理、使用、采购、营销等相关人员进行沟通，以了解资产规模、来源、使用现状、未来使用方式等基本情况，或者企业经营状况、历史经营业绩、行业地位、未来发展规划等企业整体相关信息。
访谈	访谈是现场调查的重要方式之一，即针对无法通过书面资料说明或证明的，涉及多个专业或部门、具有较大不确定性的综合项目或事项，如资产的来源、在建项目的进展、企业财务状况、企业经营计划等，通过对特定人员或者相关人员访谈，资产评估专业人员能够及时获得全面的、综合性的信息，以对评估对象的状况做出合理判断。
核对	核对是对委托人申报评估的资产，进行账表核对、账实核实以及将申报内容与相关权证、文件载明的信息核对等，了解资产的存在及法律权属。如果存在盘盈、盘亏等现象，还需要调查原因。

续表

调查手段	主要工作内容
监盘	监盘是运用较多的核实方法，即参与企业组织的现金、存货等资产的清查核对工作，主要对清查实施方案、人员安排、清查方式（逐项清查或者抽样清查）、清查结果等进行了解，判断清查结果能否反映实际状况，并根据清查结果对资产的数量、质量、金额等做出恰当的判断。
勘查	勘查是对实物资产的数量、质量、分布、运行和利用情况（经营情况）等所做的调查，对相关技术检测结果的收集、观察，对其运行记录和定期专业检测报告的收集和分析等工作。在评估实务中，对特殊资产实施勘查可以聘请行业专家协助开展工作，但应当采取必要措施以确信专家工作的合理性。

5.3 现场调查的内容

现场调查包括评估对象现状调查和法律权属调查两项内容。

5.3.1 评估对象现状调查

评估对象现场调查主要包括两个方面：一是核实评估对象的存在性和完整性；二是了解评估对象的现实状况。

1. 核实评估对象的存在性和完整性

（1）评估对象的存在性是指委托人委托评估的评估对象是否真实存在。对于存货、动产、不动产等实物资产，资产评估专业人员可通过实地查看、核查合同、盘点、函证等方式核实其存在性；对于知识产权等无形资产，资产评估专业人员可通过核查权属文件、申请登记材料、技术文件、第三方证明文件等核实其存在性；对于应收账款、股权或其他经济权益，资产评估专业人员可通过核查会计记录、公司章程、权益证明、股权转让协议及函证等方式核实其存在性。

（2）评估对象的完整性要求评估对象符合相关经济行为对资产范围的要求，能够有效实现其预定功能。资产评估专业人员核实资产的完整性时，既要关注资产物理意义上的完整性，也要关注资产功能上的完整性。

2. 了解评估对象的现实状况

资产评估专业人员要根据评估对象的类型和特点，判断资产价值的影响因素，进而确定资产状况的现场调查内容。资产评估专业人员确定资产状况的调查内容，既要与资产价值的影响因素相关，支持资产价值的评定和估算，也要能系统、全面、充分反映资产价值影响因素的实际状况，没有遗漏。

5.3.2 法律权属调查

资产的法律权属，包括所有权、使用权及对资产占有、使用、收益、处分的权利。资产的权属状态会影响资产的价值，资产的权属状态不同，资产的价值通常也不相同。例如：对于无形资产，企业拥有的和授权许可使用的，价值不同；授权使用的无形资产中，独家许可的和非独家许可的，价值也不同。因此，在现场调查中，资产评估专业人员要关注评估对象的权属状态，以保障评估结论的合理性。

资产评估专业人员在现场调查时，应当取得评估对象的权属证明，并根据《资产评估法》的规定，对取得的权属证明进行核查验证。不同类别资产的权属证明文件存在差异，资产评估专业人员应当针对不同类别的评估对象，取得相应的有效权属证明文件。

关于资产现场调查的主要内容见表3-3。

表3-3 不同资产现实状况的调查内容

资产类型	现场调查内容	
	现实状况	法律权属状况
房地产	土地：土地面积、土地形状、地形地势、水文地质、土壤、土地开发程度等；建筑物：建筑规模、建筑结构、设备设施、装饰装修、空间布局、建筑功能、外观、建筑用途、建成时间、新旧程度等	相应的产权登记文件，如房地产产权证、房屋所有权证、国有土地使用权证等；对于在建工程，重点核实国有土地使用权证书、建设用地规划许可证、建设工程规划许可证等
机器设备	设备名称、生产厂家、规格型号、安装地点、规定使用年限、购置日期、启用日期、已经使用年限、设备使用状况、设备维修情况	购置合同、购置发票、付款证明、出入库记录等
存货	名称及规格型号、计量单位、存放地点、数量、单价等	购置合同、购置发票、付款证明、出入库记录等
应收账款等债权、债务	债权及债务人名称、业务内容、发生日期、履约及回收情况等	采购合同等
森林资产	林木资产应按用材林、竹林的不同要求分别进行调查；经济林应重点调查树种、品种、产期、生长阶段、冠幅、单位面积株数、生长状况、单位面积产量、产品品质等；林地主要调查：林地类型、森林类别、林种、树种、林下资源、使用期限、使用方式（指地租支付方式）、面积、位置、立地等级、地利条件等；森林景观重点核查与观赏、游憩、保健、娱乐等方面相关的服务和特色以及交通条件、周边环境、旅游开发程度及建设条件等内容	林权证书（不动产权证、林木权证）
矿产资源	地形、地貌等自然地理条件；交通、供电、供水等基础社会条件及区域经济发展状况；勘查、开发历史及现状；矿山建设和生产经营状况；周边的勘查、开发活动等	采矿许可证、勘探许可证等
无形资产	无	专利权证、著作权登记证书、特许使用权证明等
整体企业	企业的历史沿革、主要股东及其持股比例、主要的产权和经营管理结构；企业的资产、财务、经营管理状况；企业的经营计划、发展规划；影响企业经营的宏观、区域经济因素；企业所在行业现状与发展前景等内容	主要包括公司章程、工商登记材料、股东登记名册、出资证明、出资协议等，涉及国有资产的，还包括国有资产产权登记证

5.4 现场调查工作受限及其处理

现场调查应当在评估对象或评估业务涉及的主要资产所在地进行。但是在评估实务中，经常会遇到因客观原因无法进行实地勘查的情形，也就是现场调查程序受到了限制，也叫评估受限。这时，资产评估专业人员应当在不违背资产评估准则基本要求的前提下，采取必要的替代程序，并保证程序和方法的合理性。实务中存在的应当、能够履行的程序，而以“受限”为由不履行的，不属于准则认可的程序履行受限情形。

5.4.1 现场调查工作受限的情形

现场调查工作受限的原因可以划分为资产自身的原因和相关当事人的原因。

1. 资产自身的原因

（1）含义：资产自身原因导致的现场调查工作受限，是指由于资产本身的特征、存放地点、法律限制等导致资产评估专业人员无法采用常规的调查技术手段对资产的数量、品质等进行实地勘查的情形。

（2）主要情形：1）由于资产性能、资产放置地点等原因限制现场调查，如地下深埋管线、放置在危险地带的资产等；2）涉及商业、国家秘密等原因限制现场调查，如军工企业的涉密资产等；3）调查技术手段限制现场调查，如空中架设输配电线路的材质、输油管道中的存货、鉴定环境危害性和合规性、房屋建筑物沉降、地基损伤检测、危房鉴定等；4）诉讼保全限制，如法院查封的资产等。

2. 相关当事人的原因

（1）含义：相关当事人原因导致的现场调查工作受限，通常包括委托人或者其他相关当事人不提供资产明细资料、产权持有人或者被评估单位不配合进行现场调查工作等导致的现场调查工作受限。

（2）主要情形：1）评估非控制型的长期股权投资时，被投资单位不配合，资产评估专业人员不能进入现场获取有关资料；2）分支机构在境外且无法履行调查程序；3）金融不良资产处置、司法纠纷所涉及资产等评估业务，债务（或担保人）、涉案资产产权持有人等不配合评估。

5.4.2 现场调查工作受限的处理

当无法履行现场调查程序时，资产评估专业人员应当重点考虑以下因素，判断是否继续执行或中止评估业务：一是所受限制是否对评估结论造成重大影响或者无法判断其影响程度；二是能否采取必要措施弥补不能实施调查程序的缺失。

如果无法采取替代措施对评估对象进行现场调查，或者即使履行替代程序，也无法消除对评估结论产生重大影响的事实，则评估机构应当终止执行评估业务。如果通过实施替代程序之后，受限事项并不会对评估结论产生重大影响，则评估机构可以继续执行评估业务，但是资产评估专业人员应当在工作底稿中予以说明，分析其对评估结论的影响程度，并在资产评估报告中以恰当方式说明所受限制情况、所采取的替代程序的合理性及对评估结论合理性的影响。

第 6 节 收集整理评估资料

《资产评估基本准则》规定，资产评估专业人员应当根据资产评估业务具体情况收集资产评估业务需要的资料。委托人和其他相关当事人依法提供并保证资料的真实性、完整性、合法性。

评估资料可分为权属证明、财务会计信息和其他评估资料。权属证明是指能够证明评估对象产权归属的材料。财务会计信息是指会计凭证、会计账簿、财务会计报告及其他会计资料。其他评估资料包括查询记录、询价结果、检查记录、行业资讯、分析资料、鉴定报告、专业报告及政府文件等。权属证明、财务会计信息主要通过现场调查程序取得，其他评估资料主要通过收集评估资料程序取得。

收集整理评估资料，一方面是为后面的资产评估准备素材和依据，另一方面也是资产评估机构编制评估工作底稿的需要。

6.1 评估资料的收集

6.1.1 评估资料收集的渠道

评估资料收集的渠道主要有：一是由委托人、产权持有人等相关当事人提供；二是从公开市场等渠道获取；三是从政府部门、各类专业机构和其他相关部门获取。

6.1.2 评估资料收集的内容

（1）直接从公开市场独立获取的资料。

市场信息资料包括交易所公布的股票交易信息、上市公司公开披露的资料、各类资产交易所公布的交易信息和各类资产市场交易信息等。

资产评估专业人员应当掌握必要的市场信息渠道，在日常工作中收集必要的市场信息，并积累形成市场信息库，在具体开展评估业务时，根据评估对象的特征，查询信息库或者通过市场渠道取得并更新相关的市场信息。

(2) 从委托人、产权持有人等相关当事人获取的资料。

一是反映资产状况的相关资料，如资产权属证明、资产现状的资料等，资产评估专业人员主要通过现场调查获取；二是用于评定估算的相关资料，如资产评估明细资料、企业经营模式、收益预测等，主要由委托人、产权持有人等相关当事人提供。

为了保证资料的合法性、真实性，资产评估专业人员应当要求委托人等相关当事人对其提供的评估资料以签字、盖章及法律允许的其他方式等进行确认。

(3) 从政府部门、各类专业机构和其他相关部门获取的资料。

从政府部门、各类专业机构和其他相关部门获取的资料，主要涉及各级政府部门、证券交易机构、金融信息服务提供商、媒体、行业协会或管理机构及其出版物、学术出版物等，其获取资料的途径和内容具体见表3-4。

表3-4 从政府部门、各类专业机构和其他相关部门获取的资料

获取渠道	主要内容	主要特点
政府部门	从政府部门获取的资料包括宏观经济信息、产业统计数据（如库存、生产情况、需求情况）等	从政府部门获取的资料一般比较正式，具有较高的权威性和可信度，但在时效性方面可能存在一定的问题
证券交易机构	有关上市公司的资料可在证券交易所查询。上市公司必须向监管部门和有关证券交易所提交定期（年度报告和中期报告）和临时性报告，并予以公告	上市公司的财务公开信息一般要接受注册会计师审计，反映的情况相对而言较为可靠，资产评估专业人员查询收集这些信息也较为方便
金融信息服务提供商	例如从汤森路透、彭博资讯、道琼斯、Capital IQ、Factset等国际财经资讯服务商，以及Wind资讯、同花顺、大智慧、CVSource、清科研究中心等国内金融数据提供商获取的资料	随着金融信息服务行业的快速发展，一批信息质量高、时效性强、数据翔实的信息服务商或数据提供商涌现，已经成为获取评估资料的重要来源
有关网站、报刊等媒体	媒体的信息不仅包含原始信息，还有一些分析信息，有助于资产评估专业人员加深对所需信息的理解，并能节约分析时间	对资产评估来说，权威的专业杂志具有重要价值，这些杂志上发表的文章专业性强，披露的信息也更详细，分析也较有深度。但应注意，媒体对一些产业、公司和政府机构的报道是否具有倾向性，引用相关信息时需要进行甄别
行业协会或管理机构及其出版物	行业协会或管理机构及其出版物是资产评估信息的重要来源，例如我国证券交易机构出版的行业分析报告	资产评估专业人员通常可从行业协会得到有关产业结构与发展情况、市场竞争情况等信息，还能获得有关专家的意见
学术出版物	已出版的有关国内外资产评估和经济分析的学术文章和书籍，可以通过标准索引进行查询。这些标准索引可以从绝大部分的公共和学术图书馆中查阅	利用国外的信息资料时要注意研究其适用条件，分析是否需要做出恰当调整

6.2 评估资料的分析、归纳与整理

在履行了核查验证程序后，资产评估专业人员需要对从各个渠道收集的评估资料进行

必要的分析、归纳和整理，形成评定估算的依据。

6.2.1 评估资料的分析

1. 含义

对评估资料的分析，就是根据资产价值评定估算和评估报告编制及信息披露对资料的使用要求，对已收集资料的相关性、逻辑性进行分析和甄别。

2. 分析的具体要求

（1）相关性，就是分析资料与评估需要解决问题的相关性和适用性。

（2）逻辑性，就是梳理评估资料之间所存在的相互支持、印证等关系的逻辑关联性。

6.2.2 评估资料的归纳与整理

1. 含义

归纳和整理，就是在分析的基础上，通过归集、加工和分类使评估资料成为支持评定估算、信息披露的基础信息和支持依据，以便后续评估流程的使用。

2. 分类

评估资料一般可以按照可用性原则和加工处理程度划分。

（1）按照可用性原则，评估资料可以划分为可用性评估资料、有参考价值的评估资料、不可用评估资料。

可用性评估资料是指在某一具体评估项目中可以作为评估依据的资料。有参考价值的评估资料是指与评估项目有一定联系、部分可以参考借鉴的资料。不可用评估资料是指与评估项目没有直接联系或根本无用的资料。

（2）按照加工处理程度，评估资料可以划分为未经处理的资料和有选择地加工或按一定目的改动过的资料。

未经处理的资料，如公司的年度报告、证券交易所的报告或其他出版物的资料等，没有经过中间处理、过滤，来源直接，能客观反映资料的原貌。有选择地加工或按一定目的改动过的资料，如报纸、杂志、行业协会出版物、学术论文和证券分析师的分析报告等，是在更大的信息源中有选择地加工过的，或按一定思想倾向改动过的资料，具有重点突出、容易理解的特征。

6.3 评估资料的核查验证及核查验证受限的处理

6.3.1 评估资料核查验证的含义

评估资料的核查验证，是指资产评估专业人员依法对资产评估活动中所使用资料的真实性、准确性和完整性，采取各种方式进行必要的、审慎的核查审验，从中筛选出合格的资料作为评估依据，以保证评估结果的合理性。

资产评估专业人员对收集的评估资料进行核查验证，既是《资产评估法》的要求，也是合理得出评估结论的需要。

6.3.2 各类资料的核查验证重点和方式

对评估资料进行核查验证的方式通常包括观察、询问、书面审查、实地调查、查询、函证、复核等。资产评估专业人员应当根据各类资料的特点，确定核查验证的重点和方式，具体如表3-5所示。

表3-5 不同类型评估资料检查验证的方法与内容

资料类型	验证方法	主要内容
权属证明	书面审查、查询、函证、复核等	(1) 投资性股权、债权的权属证明，如合作协议、股票、债券、借款合同等，可以通过书面审查、查询工商档案、查询股东登记名册等方式进行核查验证； (2) 专利技术资产的产权证明文件，如专利证书、专利申请文件等，可以通过书面审查以及通过国家知识产权局网站查询核实专利的产权状态等信息进行核查验证； (3) 银行存款，可以通过复核银行对账单、向银行函证等方式进行核查验证。
财务会计信息	询问、书面审查、实地调查、查询、函证、复核等	(1) 委托人或产权持有人提供的评估清查明细表，可以通过审查财务报表、复核明细账、实地调查等方式进行核查验证； (2) 审计报告，可以通过书面审查、复核等方式核查审计范围与评估范围是否一致，审计报告附注中披露的相关事项与实地调查了解到的情况是否一致等内容。
其他相关资料	询问、书面审查、实地调查、查询、函证、复核等	(1) 通过公开市场获取的询价资料、交易案例等资料，可以实地调查、查询、多渠道复核等方式进行核查验证； (2) 检查记录、鉴定报告等资料，可以通过书面审查、询问、查询等方式核查验证； (3) 行业资讯、分析资料、政府文件等资料，可通过查询、书面审查、复核等方式进行核查验证； (4) 来自专业中介机构的专业报告，可以通过书面审查、查询、复核等方式进行核查验证。

核查验证也是对所收集资产评估资料的可靠性和合理性进行识别的过程。由于收集的资料难免存在失真的情况，资产评估专业人员要对失真的材料进行鉴别和剔除；同时还要对所收集的评估资料信息、数据的可靠性进行判断，发现和剔除不可靠的评估资料。

评估资料的可靠性可以通过信息源的可靠性和信息本身的准确度来衡量。信息源的可靠性可通过如下因素的考察进行判断：(1) 该渠道过去提供的信息的质量；(2) 该渠道提供信息的动因；(3) 该渠道是否被通常认为是该种信息的合理提供者；(4) 该渠道的可信度。信息本身的准确度可通过参考其他来源查证，必要时也可以进行适当的调查验证，实践中常采用电话、网络等其他途径查询佐证和扩大调查范围的做法。

6.3.3 评估报告的引用和核实

《资产评估执业准则——利用专家工作及相关报告》指出，资产评估机构在执行资产评估业务过程中，可以聘请专家个人协助工作，也可以利用专业报告和引用单项资产评估报告作为评估依据。

资产评估专业人员在引用其他专业领域评估报告之前，应当完成以下工作：

（1）引用单项资产评估报告应当与委托人事先约定。

（2）获取完整的单项报告并充分理解。获取正式出具的单项资产评估报告，充分理解单项资产评估报告以及相关附件，并核实单项资产评估机构资质。

（3）核实报告性质、评估目的、评估基准日、评估结论使用有效期与资产评估报告的一致性。如不一致，不得引用。

（4）确认评估对象和范围的适应性。确认拟引用单项资产评估报告的评估对象与资产评估报告的一致性；确认单项资产评估范围包括在资产评估范围内，与资产评估报告相适应。

（5）分析评估结论的内涵，并考虑引用方式。分析拟引用单项资产评估报告载明的评估结论，判断其对应的资产类型与资产评估资产类型的一致性；对于账面无记录的单项资产，应当考虑引用或者确认的资产类型是否符合相关规定；分析是否存在相关负债，并予以恰当处理。

（6）分析评估参数的匹配性和评估依据的一致性。关注拟引用单项资产评估报告与资产评估相关评估参数的匹配性，分析拟引用单项资产评估报告的评估依据是否与资产评估报告一致。

（7）关注并取得应当取得的备案审核文件。对于需要进行备案审核的单项资产评估报告，资产评估专业人员需要检查拟引用单项资产评估报告的相关备案审核文件，分析其可能对拟引用单项资产评估报告评估结论产生的影响。

（8）关注假设前提、特别事项以及报告使用限制，合理引用。通常包括：

1）对假设前提与资产评估报告相矛盾的单项资产评估结论，不得引用。比如对于一宗土地使用权，截至评估基准日或报告日，尚未签订土地出让合同，也无国有土地使用权证，而土地估价机构或者专家出具了土地估价报告，并在其价值定义中说明了土地价值内涵为最高出让年限的某用途、“七通一平”土地使用权价格。由于假设前提不符，无法引用。

2）对单项资产评估报告中存在假设前提与资产评估不同，但属于单项资产评估所必需的假设前提的情形，应当在资产评估报告中补充单项资产评估的假设前提。

3）对单项资产评估报告中存在限制使用评估结论的情形，应当分析其与资产评估报告限制使用的关联性，恰当引用单项资产评估报告。

（9）客观分析增减值原因。资产评估专业人员应当对所引用单项资产评估报告的评估结论与账面价值的变动情况进行客观分析，不得发表超出自身执业能力和范围的意见，关注所引用单项资产评估报告披露的特殊事项说明，判断其是否可以引用及其对资产评估结论的影响。

（10）将所引用的单项资产评估报告作为报告附件。

6.3.4 核查验证程序受限的处理方式

对于超出资产评估专业人员专业能力范畴的核查验证事项以及法律法规规定、客观条件限制无法实施核查验证的事项，应当采取以下应对措施：

（1）对于超出资产评估专业人员专业能力范畴的核查验证事项，资产评估专业人员应当委托或要求委托人委托其他专业机构或者专家出具意见。

比如对于某项对外投资的在建工程项目进行评估，资产评估专业人员无法对委托人或其他相关当事人提供的成本进行验证，也无法确定付款进度和工程进度的一致性，可以委托建设项目审计机构出具专项报告，说明在建工程成本确认及实际支出情况。资产评估专业人员经过核查验证后，在评估报告中进行披露。

（2）对于因法律法规规定、客观条件限制无法实施核查验证的事项，资产评估专业人员应当在工作底稿中予以说明，分析其对评估结果的影响程度。如果无法核查验证的资料是评估结论的重要依据，该资料的不确定性将较大程度影响评估结论的合理性或者无法判断其影响程度，则评估机构不得出具资产评估报告。如果无法验证的资料对评估结论的影响不重大，评估机构可以出具资产评估报告，但是需要在评估报告中予以披露，并提示报告使用人关注。

第7节 评定估算形成结论

资产评估专业人员在收集整理评估资料的基础上，进入评定估算形成结论程序，该程序主要包括恰当选择评估方法、形成初步评估结论、综合分析确定资产评估结论等具体工作。

7.1 评估方法的选择

资产评估方法包括收益法、市场法和成本法三种基本方法及其衍生方法。每种基本方法下还有具体的评估方法，资产评估专业人员应当根据评估目的、评估对象、价值类型、资料收集情况恰当选择评估方法。

有关资产评估方法选择的具体内容详见第 4 章第 4 节。

7.2 评定估算形成结论

在选定评估方法之后，资产评估专业人员还需要合理选择技术参数，应用评估模型等，形成初步评估结论。

资产评估专业人员应当对形成的初步评估结论进行分析，判断采用该种评估方法形成的评估结论的合理性。例如，采用收益法，应当合理预测未来收益、折现率以及收益期限，通过折现计算，得出评估对象的评估值；采用市场法，应当合理选择可比案例，分析评估对象和可比参照物的相关资料及价值影响因素，通过可比因素的差异调整，得出评估对象的价值；采用成本法，应当合理确定重置成本和实体性贬值、功能性贬值与经济贬值，合理确定评估对象的价值。

确定评估结论时，资产评估专业人员首先应当对评估资料的充分性、有效性、客观性以及评估参数的合理性、评估模型推算和应用的正确性进行判断；其次对评估结论与评估目的、价值类型、评估方法的适应性进行分析；再次对评估增减值进行分析，确定资产评估增值或者减值的原因，并判断其合理性；最后可以通过对类似资产交易案例的分析，对评估结论的合理性进行判断。当采用两种以上评估方法时，资产评估专业人员应当对采用各种方法评估形成的初步结论进行分析比较，对所使用评估资料、数据、参数的数量和质量等进行分析。在此基础上，分析采用不同方法得出评估结论的合理性以及评估结论产生差异的原因，综合考虑评估目的、价值类型、评估对象现实状况等因素，确定最终的评估结论。需要特别指出的是，单项资产评估的结论可以根据采用不同评估方法得出的评估结果，加权平均计算得出最终的评估结论；但是在企业价值评估时，应对采用不同评估方法得出的结论进行分析比较，选取一种作为最终评估结论。

第 8 节　编制出具评估报告

《资产评估基本准则》指出，资产评估专业人员应当在评定、估算形成评估结论后，编制初步资产评估报告，资产评估机构在对初步资产评估报告进行内部审核之后出具资产评估报告。

8.1 编制评估报告

资产评估专业人员在履行评定估算程序后，应当按照法律、行政法规以及资产评估准则的规定，编制评估报告。

关于资产评估报告编制内容和规范要求的相关规定文件主要包括《资产评估报告准则——资产评估报告》《企业国有资产评估报告指南》《金融企业国有资产评估报告指南》。

有关资产评估报告的内容及编制要求，详见第5章。

8.2 评估报告的内部审核

《资产评估执业准则——资产评估程序》指出，资产评估专业人员完成初步评估报告编制后，资产评估机构应当根据相关法律、行政法规、资产评估准则和评估机构内部质量控制制度，对初步资产评估报告进行必要的内部审核。

8.2.1 内部审核的主要内容

评估机构对评估报告的审核应注重审核的内容及效果，而不应局限于审核的层次和形式。评估机构对评估报告审核的内容主要包括：(1) 对评估程序履行情况的复核；(2) 对评估资料完整性、客观性、适时性的复核；(3) 对评估方法、评估技术思路合理性的复核；(4) 对评估目的、价值类型、评估假设、评估参数以及评估结论在性质和逻辑上一致性的复核；(5) 对计算公式及计算过程正确性的复核；(6) 对技术参数选取合理性的复核；(7) 对计算表格之间连接关系正确性的复核；(8) 采用多种方法进行评估时，对各种评估方法所依据的假设、前提、数据、参数进行复核，并对不同评估方法结论的合理性以及差异合理性进行复核；(9) 对最终评估结论合理性的复核；(10) 对评估报告合规性的复核。

8.2.2 评估机构内部审核的安排

评估机构应当根据内部机构设置及人员安排，合理设计评估项目的质量审核制度。质量审核体系通常包括项目团队内部相关层级的审核以及独立于项目团队之外的质量控制部门或其他审核人员的审核。必要时，也可引入外部审核资源。

评估机构的内部审核可以采用多种层次和形式，目前，实践中多实行两级或三级审核制度。通常设两级审核制度的第一级审核以及设三级审核制度的第一、第二级审核为项目团队层级的审核。各级审核的内容详见表3-6。

表 3-6 评估机构内部不同层级审核的内容

审核层级	主要内容
项目团队层级审核	(1) 对企业经营状况是否进行了必要的了解，对评估风险是否有正确的评价； (2) 评估程序是否按计划要求进行； (3) 原始资料及收集的评估资料是否满足评估要求，是否由资料提供方以盖章等方式确认； (4) 评估调查过程是否记录在工作底稿中； (5) 评估依据是否充分； (6) 评估方式的选择及运用是否正确； (7) 评估模型应用、表格连接关系是否正确； (8) 评估报告的格式、内容是否符合规定要求； (9) 评估结论是否合理，表格与报告的相关数据和信息是否一致； (10) 重大问题是否按规定进行请示汇报和处理，重大问题的处理结果是否合理； (11) 各项内容是否完整，有无遗漏事项。
质量控制部门审核	(1) 评估程序是否完整履行，是否形成了相应的工作底稿； (2) 整体报告的内容及格式是否符合相关法规及评估准则的规定； (3) 评估目的、价值类型、评估假设、评估方法、评估结论的逻辑关系是否一致； (4) 重大问题的处理是否适当； (5) 评估结论是否有合理的依据支持，影响评估结果的特别事项是否完整披露； (6) 对于外部审核的意见答复和报告修改是否合理有据。

8.3 与委托人或者相关当事人沟通

《资产评估执业准则——资产评估程序》指出，资产评估机构提交正式评估报告前，在不影响对评估结论进行独立判断的前提下，可以与委托人或者委托人许可的相关当事人就评估报告有关内容进行沟通，对沟通情况进行独立分析，并决定是否对资产评估报告进行调整。沟通工作通常在完成必要的内部审核之后进行。

8.3.1 沟通的主要内容

与委托人或者委托人许可的相关当事人沟通的内容包括但不限于：

(1) 是否存在与评估对象实际情况不一致的情况；

(2) 是否履行了评估委托合同约定的内容；

(3) 评估方法的适用性，参数选取的合理性，模型计算的正确性，评估目的、价值类型和评估方法的匹配性等；

(4) 评估报告披露信息的正确性和恰当性。

8.3.2 沟通中的独立性

资产评估机构及资产评估专业人员与委托人或者委托人许可的相关当事人就评估报告

有关内容所进行的沟通，应当在不影响其对最终评估结论进行独立判断的前提下进行。

资产评估机构和资产评估专业人员保证其独立性的措施通常包括：

（1）在沟通时，资产评估专业人员需要表明：目前沟通的意见为初步结果，最终资产评估报告完成后，内容与结果可能会发生变化；建议沟通的信息仅为委托人内部使用，任何初稿不能对外公布或者披露。

（2）在沟通过程中，如果发现差错或者疏漏，资产评估专业人员可以同意对相关内容进行查证、核实。

（3）对沟通内容形成必要的记录。

（4）沟通如果导致资产评估专业人员修改评估结论或者评估报告，需要详细说明理由，并履行必要的内部审核程序。

8.4 提交评估报告

按照约定的时间和方式向委托人提交资产评估报告，是评估机构履行评估委托合同约定责任的要求。评估机构应当以资产评估委托合同约定的方式向委托人提交资产评估报告。

8.5 外部审核意见的处理

对于涉及企业国有资产管理部门、金融企业国有资产管理部门和文化企业国有资产管理部门等管理的国有资产评估项目，在资产评估机构提交评估报告后，相关管理部门按国家有关规定组织专家对资产评估报告进行外部审核。

例如，根据现行国有资产评估管理规定，对国有资产评估项目实行“核准备案”管理制度，国有资产评估项目的核准备案通常实行专家评审制度，由国有资产管理部门组织专家对资产评估报告进行评审。审核主要包括以下内容：

（1）资产评估所涉及的经济行为批准情况；

（2）评估基准日的选择是否适当，评估基准日的选择是否符合有关评估准则的规定要求；

（3）资产评估范围与经济行为批准文件确定的资产范围是否一致；

（4）评估方法运用的合理性和评估依据的适当性；

（5）企业是否就所提供的资产权属证明文件、财务会计资料及生产经营管理资料的真实性、合法性和完整性做出承诺；

（6）评估程序是否符合相关评估准则的规定；

（7）评估报告是否符合相关评估准则的规定和要求。

资产评估机构及资产评估专业人员应当对外部审核意见进行分析，形成意见回复，并根据需要对评估报告的相关内容进行补充或修改。

评估报告如有修改，应按评估机构内部的审核要求履行审核程序，重新出具评估报告，并按规定提交资产评估报告委托人。

第 9 节　整理归集评估档案

《资产评估基本准则》明确规定，资产评估机构应当对工作底稿、资产评估报告及其他相关资料进行整理，形成资产评估档案。

9.1 整理归集评估档案的意义

评估档案是评价、考核资产评估专业人员专业能力和工作业绩的依据，是判断评估机构和承办评估业务的资产评估专业人员执业责任的重要证据，也是维护评估机构及资产评估专业人员合法权益的重要依据。评估档案的整理归集是资产评估工作不可忽视的环节，是资产评估程序的重要组成部分。

9.2 整理归集评估档案的要求

资产评估专业人员通常应当在资产评估报告日后 90 日内整理工作底稿，并与其他相关资料形成评估档案，交由所在资产评估机构妥善管理。重大或者特殊项目的归档时限不晚于评估结论使用有效期届满后 30 日。

资产评估专业人员应当整理归集的评估档案包括工作底稿、评估报告和其他相关资料。工作底稿的整理和评估档案的归集应当符合法律、行政法规和资产评估准则的规定。有关评估工作底稿、评估档案的详细内容详见第 5 章。

本章小结

如图 3-1 所示，对资产评估程序进行归纳总结可知，资产评估程序共有八个步骤。前三个步骤是项目承接和组织阶段需要履行的工作；第四～七个步骤是评估项目的实施阶段，主要包括进行评估现场调查、收集整理评估资料、评定估算形成结论和编制出具评估报告；第八个步骤是对已经履行的各项工作内容的归纳整理，包括评估工作底稿的整理与档案建设等工作。

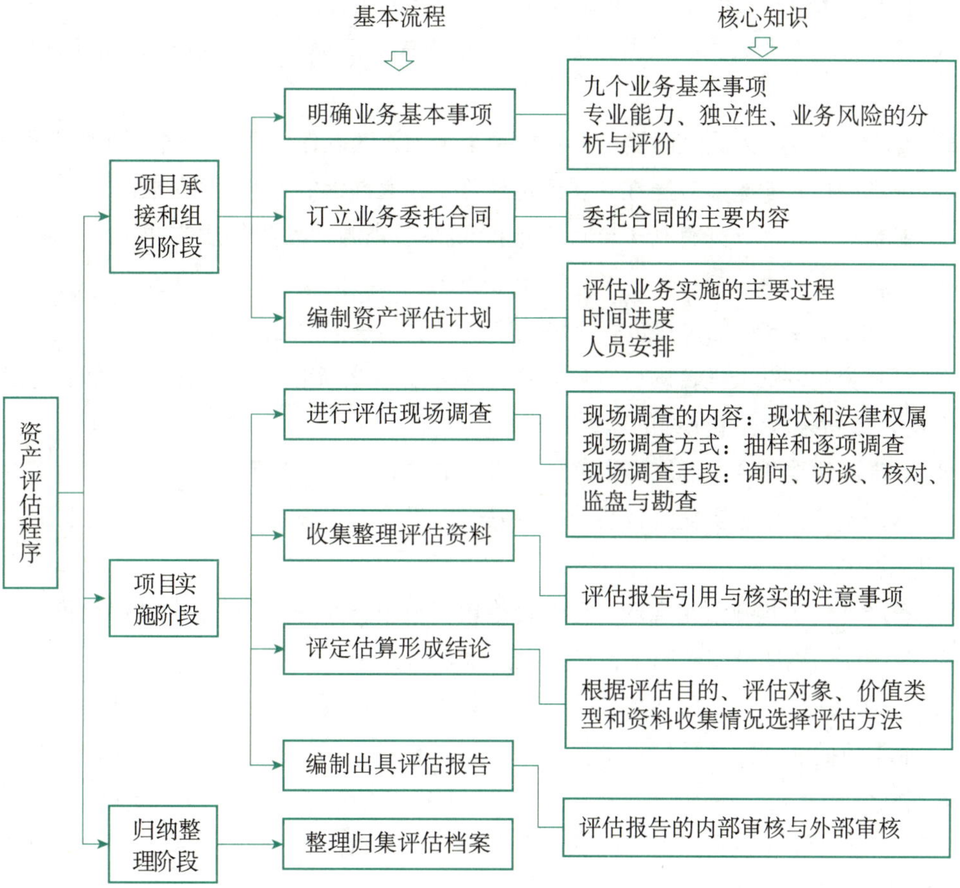

图 3-1 资产评估程序总结

练习题

一、单项选择题

1. 评估项目承接和组织阶段需要履行的资产评估基本程序包括明确业务基本事项、(　　)和编制资产评估计划。

A. 订立业务委托合同　　B. 进行评估现场调查

C. 收集整理评估资料　　D. 评定估算形成结论

2. 下列事项中，不属于受理资产评估业务前必须明确的基本事项是(　　)。

A. 评估方法　　B. 评估目的

C. 评估基准日　　D. 价值类型

3. 资产评估专业人员在承接资产评估业务时，应当按准则规定进行综合分析与评价的事项中，一般不包括(　　)。

A. 独立性分析与评价　　B. 评估方法实用性分析与评价

C. 专业能力分析与评价　　D. 业务风险分析与评价

4. 下列关于编制资产评估计划的说法中，错误的是(　　)。

A. 资产评估专业人员可以根据资产评估业务具体情况合理确定资产评估计划的繁简程度

B. 资产评估专业人员应同委托人及相关当事人沟通以保证资产评估计划的可操作性

C. 资产评估专业人员应当在开展评定估算工作之前编制资产评估计划

D. 编制资产评估计划有利于合理有效配置各项资源，高效保质完成评估任务，更好地服务于委托人

5. 下列关于资产评估委托合同的说法中，错误的是(　　)。

A. 订立资产评估委托合同后需要对约定事项做出补充的，可以签署补充合同或重新订立合同，或者采取法律允许的其他方式做出补充

B. 资产评估委托合同应当由资产评估机构的法定代表人签名，不得授权他人签名

C. 承接资产评估业务需订立资产评估委托合同，或以符合法律规定的其他形式建立资产评估业务委托关系

D. 资产评估机构在法定情形下可以拒绝履行或单方面解除资产评估委托合同

6. 资产评估委托合同应当采用(　　)形式。

A. 书面　　B. 口头　　C. 电子　　D. 其他

7. 最常见的调查方式是(　　)。

A. 访谈　　B. 核对　　C. 监盘　　D. 询问

8. 下列各项中，资产评估专业人员根据评估项目的具体情况收集评定估算所需要的相关资料的过程指的是(　　)。

A. 收集评估资料　　B. 现场调查

C. 编制资产评估计划　　D. 评定估算

9. 下列各项中，不属于通常对评估资料进行核查验证的方式的是(　　)。

A. 观察　　B. 盘点　　C. 书面审查　　D. 实地调查

10. 在评估现场调查程序受限的情况下，资产评估专业人员确定是否继续执行资产评估业务所考虑的因素中，一般不应当包括(　　)。

A. 判断所受限制是否对评估结论的合理性产生重大影响

B. 能否采取必要的措施弥补不能实施调查程序的缺失

C. 能否取得委托方关于同意资产评估机构可以不执行相关程序的承诺

D. 无法判断所受限制对评估结论的影响程度

11. 当采用两种以上评估方法时，(　　)应当对采用各种方法评估形成的初步结论进行分析比较，对所使用评估资料、数据、参数的数量和质量等进行分析。

A. 资产评估机构　　B. 委托人

C. 资产评估专业人员　　D. 财务经理

12. 下列各项中，在评定估算形成评估结论后，应当编制、审核和出具资产评估报告

的是(　　)。

A. 资产评估机构及资产评估专业人员　　B. 资产评估机构

C. 资产评估师　　D. 产权持有人

13. 下列关于评估报告审核的说法中，错误的是(　　)。

A. 评估报告按照国有资产监管机构的审核意见进行修改后，不需要再履行内部审核程序

B. 评估报告的审核体系应当包括独立于项目团队的专业审核

C. 内部质量控制制度是国家对资产评估机构的法定要求

D. 对资产评估报告进行内部审核是对资产评估机构的法定要求

14. 下列各项中，通常应当在资产评估报告日后(　　)内，整理工作底稿，并与其他相关资料形成评估档案，交由所在资产评估机构妥善管理。

A. 30日　　B. 60日　　C. 90日　　D. 120日

15. 重大或者特殊项目的归档时限不晚于评估结论使用有效期届满后(　　)。

A. 30日　　B. 60日　　C. 90日　　D. 120日

二、多项选择题

1. 评估项目进入实施阶段需要履行的资产评估基本程序包括(　　)。

A. 进行评估现场调查　　B. 收集整理评估资料

C. 评定估算形成结论　　D. 编制出具评估报告

E. 评估报告归档

2. 下列事项中，属于资产评估业务基本事项的有(　　)。

A. 明确评估目的　　B. 明确评估基准日

C. 明确价值类型　　D. 明确评估服务费及其支付方式

E. 明确评估方法

3. 资产评估委托合同的主要内容包括(　　)。

A. 资产评估机构和委托人的名称、住所、联系人及联系方式

B. 评估目的

C. 评估对象和评估范围

D. 评估方法

E. 评估报告提交期限和方式

4. 下列关于评估基准日的说法中，正确的有(　　)。

A. 评估基准日由资产评估专业人员确定

B. 资产评估专业人员为评估基准日的确定提供专业建议

C. 评估基准日是需要明确的业务基本事项之一

D. 评估基准日需要反映在资产评估委托合同中

E. 一个评估项目的评估基准日应该是唯一的

5. 资产评估专业人员在编制资产评估计划时，一般包括(　　)。

A. 资产评估业务实施的主要过程　　B. 时间进度

C. 人员安排　　D. 资金安排

E. 收集评估资料

6. 现场调查的手段通常包括(　　)。

A. 询问　　B. 访谈　　C. 核对

D. 监盘　　E. 问卷调查

7. 因资产自身原因无法进行勘查的情形通常有(　　)。

A. 资产性能、资产放置地点限制现场调查

B. 因涉及商业、国家秘密限制现场调查，如军工企业的涉密资产等

C. 清查技术手段限制现场调查

D. 诉讼保全限制

E. 委托人或者其他相关当事人不提供资产明细资料

8. 下列关于引用其他专业领域单项资产评估报告的要求中，正确的有(　　)。

A. 引用单项资产评估报告应当与委托人事先约定

B. 对拟引用报告所涉及的资产评估进行全面的现场勘查、核实，收集评估作价所需的资料，并对其核查验证

C. 检查假设前提与资产评估报告是否相同，与资产评估报告相矛盾的不得引用

D. 分析评估参数的匹配性和评估依据的一致性

E. 确定资产评估对象和范围的适应性

9. 资产评估专业人员应当根据(　　)恰当选择评估方法。

A. 评估目的　　B. 评估对象

C. 价值类型　　D. 资料收集情况

E. 评估基准日

10. 资产评估专业人员完成评估报告编制后，资产评估机构应当根据(　　)对资产评估报告进行必要的内部审核。

A. 相关法律　　B. 行政法规

C. 资产评估准则的规定　　D. 评估机构内部质量控制制度

E. 财务制度

第4章

资产评估方法

学习目标

通过本章的学习，学生应当了解资产评估基本方法的含义和前提条件；掌握资产评估的主要技术方法；能够利用价值评估基本公式计算被评估资产的价值；会结合实际情况选择相应的资产评估方法对被评估资产进行价值评估。

引例

大洋科技有限公司资产评估

大洋科技有限公司是一家上市公司，该公司的主营业务为电动车和汽车配件的生产销售。在评估基准日2019年9月6日，该公司所持资产情况如下：

（1）拥有海尔智家股票15 000股，评估基准日该股票的收盘价为每股16.02元。

（2）华兴公司是大洋科技有限公司的子公司，该公司因经营不善准备破产还债，该公司拥有2019年5月购买的沃尔沃XC60轿车一辆。

（3）大洋科技有限公司的机加工车间因设备升级，拟转让2014年启用的电子压力机一台，2017年3月启用的慢走丝线切割机床一台。

（4）新引进一条具有独立获利能力的电动车生产线。

（5）拥有一组5台刨床设备。

思考： 应如何估算这些资产的价值？

第1节　市场法

1.1 市场法的含义和前提条件

1.1.1 市场法的含义

市场法，是利用市场上同样或类似资产的近期交易价格，经过直接比较或类比分析以估算资产价值的各种评估技术方法的总称。

市场法以同类或类似资产的市场交易价格为基础，根据替代原则，采用比较与类比的思路和方法判断被评估资产的价值。市场法操作简单、易行，以市场价格为基础的资产评估结果容易被当事人所接受，是资产评估中最为直接、最具说服力的评估方法之一。

1.1.2 应用市场法的前提条件

应用市场法进行资产评估，必须具备下述两个基本条件。

1. 要有一个活跃、公开的市场

公开市场是一个充分竞争的市场，市场上有自愿的买者和卖者，他们之间进行平等交易。这就排除了个别交易的偶然性，市场成交价格基本上可以公正地反映市场行情。按市场行情估测被评估资产价值，评估结果会更贴近实际，更容易被资产交易各方接受。

2. 公开市场上要有可比的资产及其交易活动

资产及其交易的可比性，是指选择的可比资产及其交易活动在近期公开市场上发生过，且与被评估资产及资产业务相同或者相似。这些已经完成交易的资产就可以作为被评估资产的参照物，其交易数据是进行比较分析的主要依据。资产及其交易活动的可比性具体体现在以下几个方面：

（1）参照物与评估对象在功能上具有可比性，包括用途、性能上的相同或者相似。一般情形下，功能越强，价值越大。但是，在考虑功能对价格的影响时，有时需要考虑评估的价值类型是市场价值还是投资价值，针对特定主体来做评判。比如，某一具有特殊功能的机器设备，对于特定的使用者具有特殊的用途和价值，但是对于另外一类市场主体，其特殊功能并非所需。因此，该设备对于这部分购买主体来说就没有特殊的价值。

（2）参照物与被评估对象面临的市场条件具有可比性，包括市场供求关系、竞争状况和交易条件等。

（3）参照物成交时间与评估基准日间隔不能过长，应在一个适度的时间范围内；同时，时间对资产价值的影响是可以调整的。

参照物与被评估资产的可比性是运用市场法评估资产价值的重要前提。把握参照物与被评估资产功能上的一致性，可以避免张冠李戴；把握参照物与被评估资产所面临的市场条件，可以明确评估结果的价值类型；选择近期交易的参照物，可以降低调整时间因素对资产价值影响的难度。

1.2 市场法的基本程序和考虑因素

1.2.1 市场法的基本程序

应用市场法进行资产评估一般包括下述几个步骤。

1. 选择参照物

在市场上能否找到与被评估资产相同或相似的参照物，是决定能否采用市场法进行资产评估的关键，在找不到相同的资产时，确定参照物的关键是参照物与被评估资产之间的可比性问题，其次是参照物的数量问题。

运用市场法进行资产评估时，参照物的市场价格直接影响被评估资产的评估价值，而参照物的市场交易价格不仅是参照物自身功能的市场体现，还受到双方交易地位、交易动机、交易时限等因素的影响。为避免某个参照物受偶然因素影响的个别交易价格对被评估资产价值的影响，运用市场法评估资产价值时应尽可能选择多个参照物。

2. 参照物选择的基本要求

参照物的选择是影响被评估资产价值的重要因素之一，一般要符合以下几个方面的要求：

（1）参照物与被评估资产的用途相同。

（2）参照物与被评估资产处在同一市场中。

（3）参照物的交易日期与被评估资产的评估基准日尽量接近。

（4）参照物的交易目的与被评估资产的评估目的相同。

（5）参照物的交易属于正常交易。

3. 确定被评估资产与参照物之间的选择比较因素

从理论上讲，影响资产价值的基本因素大致相同，如资产性质、市场条件等，但具体到每一种资产时，影响资产价值的因素又各有侧重。如影响房地产价值的主要因素是地理位置、环境状况等；而技术水平则是影响机器设备价值的主要因素；收入状况、盈利水平、企业规模等因素在企业价值评估中相对更突出。因此，在应用市场法评估资产价值时，应根据不同类型资产的价值形成特点，选择影响资产价值的主要因素作为对比指标，在参照物与被评估资产之间进行比较。

4. 对比指标差异并量化

根据所确定的影响资产价值的主要因素，比较被评估资产与参照物之间的差异，并将两者的差异进行量化。这是应用市场法进行资产评估的重要环节。

例如，在不动产评估中，要求参照物与被评估资产应在同一供需圈内、处于相同区域或近邻地区等，但其交易情形、交易时间、建筑特征等方面可能存在差异；在机器设备评估中，尽管要求资产功能指标，包括规格型号、出厂日期等相同或相似，但在生产能力、产品质量以及资产运营过程中的能耗、料耗和工耗等方面可能有不同程度的差异；在企业价值评估中，虽然要求参照物与被评估资产在所属行业、生产规模、收益水平、市场定位、增长速度、企业组织形式、资信程度等方面相同或相似，但在企业所在地区经济环境、产品结构、资产配置、销售渠道等方面可能存在差异。运用市场法的一个重要环节就是将参照物与被评估资产对比指标之间的上述差异数量化和货币化。

5. 初步确定被评估资产的价值

市场法以参照物的近期市场成交价格为基础，通过比较被评估资产与参照物之间的差异并进行差异调整，初步确定被评估资产的价值。

6. 确定被评估资产的评估价值

按照资产评估的一般要求，运用市场法进行资产价值评估时，资产评估专业人员通常要选择三个以上参照物，以降低偶然因素对被评估资产价值的影响，同时也得到三个以上的初步评估结果，而资产评估正式结果只能有一个，这就需要资产评估专业人员综合分析初步评估结果，并采用相应的计算方法确定最终评估结果。

在所选择的各参照物与被评估资产差异程度基本相同或没有明显区别，且资产评估过程也无明显缺陷或疏漏的情况下，可以对初步评估结果利用基本平均法或加权算术平均法确定被评估资产价值。

1.2.2 应用市场法评估单项资产价值时应考虑的因素

应用市场法评估单项资产价值时应考虑的因素主要有下述几个方面。

1. 资产的功能

资产的功能是影响资产价值的重要因素之一。资产的买方之所以购买某项资产，是因为该项资产在企业的生产经营活动中具有某种特定的功能，失去这一功能，资产的价值和使用价值就不复存在。

同一项资产对不同的买方来讲，其功能和使用价值是不同的，资产的评估价值也不同。因此，资产评估不是抽象的研究资产的功能，而是根据资产的不同需求和效用判断资产的价值。如一台机器设备，就特定资产实体而言，效能高，用途广泛，但购买者未来使用并不需要如此高的效能，或者购买者也可能有超出特定资产现有条件的要求，因而产生实体功能对价格的影响。一般情况下，资产的效能越高，售价越高，但购买者未来若对资产的特定效能没有需求，就不愿多花钱去购买这项资产，特殊功能的资产对所有者来讲并没有特殊价值。

2. 资产的实体特征和质量

资产的实体特征主要是指资产的外观、结构、役龄和规格型号等；资产的质量主要是指资产本身的建造或制造工艺水平。

3. 市场条件

主要是考虑参照物成交时与评估时市场条件的变化情况。一般情况下，供不应求时，资产的价格偏高；供过于求时，资产的价格偏低。市场条件的差异对资产价值的影响应引起资产评估专业人员足够的关注。

4. 交易条件

交易条件主要包括交易动机、交易时间和交易量等。交易动机不同，资产的交易价格也不同；在不同的时间，市场条件是不同的，交易价格也不同；而在相同条件下，交易量对交易对象的价格也有明显影响。

此外，针对不同资产进行价值评估时，还应考虑该类资产所具有的特殊因素，如房地产的环境因素、机器设备的品牌和产地等。

1.2.3 应用市场法评估企业价值时应考虑的因素

运用市场法评估企业价值时，资产评估专业人员应当重点考虑所选取参照企业的可比性。企业可比性可以通过以下两个标准来判断：

(1) 行业标准。处于同一行业的企业具有一定的可比性，在确认被评估企业所属行业时，资产评估专业人员可以参考国民经济行业分类、证监会的上市公司行业分类、国际通用的标准行业代码等。但需要注意的是，在依照行业标准时，资产评估专业人员应当尽量选取与被评估企业在主营业务收入结构、利润结构、经营模式等方面相似的参照物。

(2) 财务标准。资产评估专业人员需要通过必要的分析从业务类型及资本构成、财务指标等方面进行比较，以此体现被评估企业和可比案例之间的风险和成长差异。

除此之外，资产评估专业人员还应当考虑股权交易的背景、交易日期、交易价格、收购股权的比重，影响交易价格的其他重要交易条款等。

1.3 市场法的主要技术方法

市场法是在一种评估思路下的若干具体评估方法的集合，它可以根据不同的划分标准进行分类。按照参照物与被评估资产载体的近似程度以及需要调整的范围，可以划分为直接比较法和间接比较法。

1.3.1 直接比较法

直接比较法是指利用参照物的近期交易价格，以被评估资产的某一或若干特征与参照物的同一或若干特征直接进行比较，得到两者的特征修正系数或特征差额，在参照物交易价格的基础上进行修正，从而得到被评估资产价值的方法。其基本计算公式为：

被评估资产价值＝参照物成交价格×修正系数1×修正系数2×…×修正系数n

或

被评估资产价值＝参照物成交价格±特征差额1±特征差额2±…±特征差额n

直接比较法直观简单，便于操作，但通常对参照物与被评估资产之间的可比性要求较高。参照物与被评估资产要达到相同或基本相同的程度，或参照物与被评估资产之间的差异主要体现在某一明显的因素上，如新旧程度或交易时间差异等。

当参照物与被评估资产的差异仅仅体现在某一基本特征上的时候，直接比较法还可以演变为现行市价法、市价折扣法、功能价值类比法、价格指数法（物价指数法）、成新率价格调整法、市场售价类比法和价值比率法。

1. 现行市价法

现行市价法是指用参照物的现在市场交易价格作为被评估资产价值的方法。应用该方法的前提条件是：被评估资产与参照物相同，其差异可以忽略不计。例如，对于可上市流通的股票和债券，可将其在评估基准日的收盘价作为评估价值；对于批量生产的设备、汽车等，可按同品牌、同型号、同规格、同厂家、同批量的设备、汽车等的现行市场价格作为评估价值。

例 4-1

沿用本章引例（1）提供的资料，评估基准日该股票的收盘价为16.02元/股，评估该种股票的价值。

解：股票评估价值＝持股数量×股票价格＝15 000×16.02＝240 300（元）。

2. 市价折扣法

市价折扣法仅适用于清算假设前提下的资产评估。当市场上与被评估资产完全相同的资产具有市场交易价格或与被评估资产基本相同的参照物具有市场交易价格，且被评估资产的假设前提是清算或快速变现时，利用市场上与被评估资产完全相同的资产的成交价格或以与被评估资产基本相同的参照物具有市场交易价格为基础，考虑评估对象在交易条件，特别是交易时限等方面的不利因素，根据市场数据及资产评估专业人员的经验或有关部门的规定，设定一个价格折扣率来估算被评估资产价值。其基本计算公式为：

被评估资产价值＝参照物交易价格×（1－价格折扣率）

例 4-2

沿用本章引例（2）提供的资料，在评估基准日，与被评估资产完全相同的轿车正常变现价格为32万元，经资产评估师综合分析，认为快速变现的折扣率应为30%。因此，确定该拟快速变现资产的评估价值为：

资产评估价值 $=32\times(1-30\%)=22.4$(万元)

3. 功能价值类比法

功能价值类比法也称为类比估价法，是以参照物的近期成交价格为基础，根据参照物与被评估资产之间的功能差异对参照物近期交易价格进行调整，确定被评估资产价值的方法。

功能价值类比法根据资产的功能与价值之间的关系，分为线性关系法和指数关系法。

（1）线性关系法。当资产的价值与其功能呈线性关系时，根据被评估资产的功能与参照物的功能和价格之间的关系，确定被评估资产的价值。其计算公式为：

$$被评估资产价值=参照物成交价\times\frac{被评估资产功能值}{参照物功能值}$$

其中，功能包括资产的生产能力、产品合格率、设备使用期限等。

例 4-3

某被评估资产的生产能力为 5 000 件，参照资产的年生产能力为 6 000 件，在评估基准日，参照物的市场交易价格为 12 万元，采用功能价值类比法确定被评估资产的价值。

解：假设资产的价值与其生产能力呈线性关系，则被评估资产的价值为：

$$被评估资产价值=参照物成交价\times\frac{被评估资产功能值}{参照物功能值}=12\times\frac{5\ 000}{6\ 000}=10(万元)$$

即被评估资产的价值为 10 万元。

（2）指数关系法。当资产价值与其功能呈指数关系时，根据被评估资产的功能与参照物的功能和价格之间的指数关系，确定被评估资产的价值。指数关系法又称规模经济效益指数法。其计算公式为：

$$被评估资产价值=参照物成交价\times\left(\frac{被评估资产功能值}{参照物功能值}\right)^x$$

式中，x 为资产的功能价值指数。

例 4-4

某被评估资产的生产能力为 5 000 件，参照资产的年生产能力为 6 000 件，在评估基准日，参照物的市场交易价格为 12 万元，该资产的功能价值指数为 0.8。采用功能价值类比法确定被评估资产的价值。

解：由于资产的价值与其生产能力呈指数关系，则被评估资产的价值为：

$$被评估资产价值=12\times\left(\frac{5\ 000}{6\ 000}\right)^{0.8}=10.37(万元)$$

即被评估资产的价值为 10.37 万元。

4. 价格指数法（物价指数法）

价格指数法也称为物价指数法，是指在资产评估时，根据评估基准日与参照物交易日之间的时间差，结合同期的物价指数对参照物成交价进行调整以得到被评估资产价值的方法。使用该方法时，影响被评估资产价值的主要因素是交易时间。其计算公式为：

$$被评估资产价值=参照物成交价\times(1+物价变动率)$$

或

$$被评估资产价值=参照物成交价\times\frac{评估基准日被评估资产价格指数}{交易日参照物价格指数}$$

例 4－5

沿用本章引例（3）提供的资料，大洋科技有限公司拟转让电子压力机一台，评估人员获取以下资料：

制造商：盛泰机械股份有限公司

功能用途：普通多用途锻压设备

型号：J53－160B

公称压力：1 600N

滑块行程：360mm

最小封闭高度：260mm

安装与调试：无须安装

启用日期：2014 年 8 月

账面原值：300 000 元

折旧年限：10 年

残值率：0%

账面净值：210 000 元

评估基准日为 2019 年 9 月 6 日，计算该电子压力机在评估基准日的购置费用。

解：在市场未能找到同类设备，根据所获得的资料，确定采用物价指数法估算该设备的购置费用。经调查，该地区同类资产的定基物价指数如表 4－1 所示。

表 4－1 定基物价指数表

年份	2014 年	2015 年	2016 年	2017 年	2018 年	2019 年
定基物价指数(%)	101	104	106	108	112	115

$$购置费用=\begin{matrix}被评估\\资产的原值\end{matrix}\times\frac{评估基准日物价指数}{被评估资产购置时的物价指数}=300\ 000\times\frac{115}{101}$$

$$=341\ 584.16(元)$$

该电子压力机在评估基准日的购置费用为 341 584. 16 元。

5. 成新率价格调整法

成新率价格调整法是以参照物的成交价格为基础，考虑参照物与被评估资产新旧程度上的差异，通过成新率调整估算出被评估资产的价值。使用该方法时，资产的使用年限是影响资产价值的主要因素，参照物与被评估资产的使用年限应相同或基本相同。成新率价格调整法的计算公式为：

$$被评估资产价值=参照物成交价\times\frac{被评估资产成新率}{参照物成新率}$$

其中，资产的成新率是资产尚可使用年限占总使用年限的比率，即：

$$资产成新率=\frac{资产尚可使用年限}{资产已使用年限+资产尚可使用年限}$$

例 4-6

沿用本章引例（3）提供的资料，该电子压力机尚可再使用 5 年，资产评估专业人员调查到市场上八成新的同类资产交易价格为 272 000 元，采用成新率价格调整法确定被评估资产价值（评估基准日为 2019 年 9 月 6 日）。

解：首先，确定被评估资产的成新率：

$$被评估资产成新率=\frac{5}{5+5}=0.5$$

其次，计算被评估资产价值：

$$\begin{matrix}被评估资产\\价值\end{matrix}=\begin{matrix}参照物\\成交价\end{matrix}\times\frac{被评估资产成新率}{参照物成新率}=272\ 000\times\frac{0.5}{0.8}=170\ 000(元)$$

6. 市场售价类比法

市场售价类比法是以参照物的市场交易价格为基础，通过分析和量化参照物与被评估资产在功能、市场条件、交易时间等方面的差异，确定被评估资产价值的方法。市场售价类比法的计算公式为：

$$资产评估价值=参照物售价+功能差异值+时间差异值+\cdots\cdots+交易情形差异值$$

或：

$$资产评估价值=参照物售价\times功能价值修正系数\times交易时间修正系数\times\cdots\cdots\times交易情形修正系数$$

当参照物与被评估资产的差异不仅仅体现在某一特征上的时候，上述评估方法，如现行市价法、市价折扣法、功能价值类比法、价格指数法和成新率价格调整法等的运用就可以演变成参照物与被评估资产各个特征修正系数的计算。

例 4-7

沿用本章引例（3）提供的资料，对慢走丝线切割机床进行评估，资产评估专业人员经过市场调查，选择本地区近几个月已经成交的同型号慢走丝线切割机床的 3 个交易案例作为参照，被评估设备及参照物的有关情况见表 4-2。

表 4-2 被评估设备及参照物的有关情况

项目	参照物 A	参照物 B	参照物 C	被评估设备
交易价格(元)	98 000	71 000	99 000	
交易状况	公开市场	公开市场	公开市场	公开市场
成新率(%)	75	65	67	70
生产厂家厂址	苏州	东莞	苏州	东莞
交易时间	6 个月前	5 个月前	1 个月前	

评估人员经过对市场信息进行分析得知，3 个交易案例都是在公开市场条件下销售的，不存在受交易状况影响价格偏高或偏低的现象，影响售价的主要因素是生产厂家（品牌）、成新率和交易时间。

（1）生产厂家（品牌）因素分析和调整。经分析，参照物 A 和参照物 C 是苏州一家机械公司生产的名牌产品，其价格比一般厂家生产的同型号慢走丝线切割机床贵 25%左右，则参照物 A、B、C 的修正系数分别为 100/125、100/100、100/125。

（2）成新率调整。参照物 A、B、C 的成新率修正系数分别为 70/75、70/65、70/67。

（3）交易时间因素调整。经分析，评估时该类设备的价格水平与参照物 A、B、C 交易时相比分别上涨了 18%、15%和 3%，则参照物 A、B、C 的修正系数分别为 118/100、115/100、103/100。

（4）计算参照物 A、B、C 修正后的价格，得出初评结果：

$$参照物\ A\ 修正后的价格=98\ 000\times\frac{100}{125}\times\frac{118}{100}\times\frac{70}{75}=86\ 344.5(元)$$

$$参照物\ B\ 修正后的价格=71\ 000\times\frac{100}{100}\times\frac{115}{100}\times\frac{70}{65}=87\ 930.8(元)$$

$$参照物\ C\ 修正后的价格=99\ 000\times\frac{100}{125}\times\frac{103}{100}\times\frac{70}{67}=85\ 228.7(元)$$

（5）确定评估值。对参照物 A、B、C 的修正后的价格进行简单算术平均，求得：

$$被评估设备的评估值=\frac{86\ 344.5+87\ 930.8+85\ 228.7}{3}=86\ 501.3(元)$$

7. 价值比率法

价值比率法，是指利用参照物的市场交易价格，将其与某一经济参数或经济指标相比较形成的价值比率作为乘数或倍数，乘以被评估资产的同一类经济参数或经济指标，从而得到被评估资产价值的一种评估方法。价值比率法中的价值比率种类非常多，包括盈利类指标的价值比率，如息税前收益价值比率、税后现金流量价值比率和每股收益价值比率（市盈率）等；收入类指标的价值比率，如销售收入价值比率（市销率）；资产类指标的价值比率，如净资产价值比率、总资产价值比率等；其他类指标的价值比率，如成本市价比率、矿山可开采储量价值比率等。这里只介绍两种简单的价值比率。

（1）成本市价法。

成本市价法是以被评估资产的现行合理成本为基础，利用参照物的近期交易价格与现行合理成本的比率（成本市价比率）来估算被评估资产价值的方法。使用这种方法的条件是资产评估专业人员能够得到被评估资产和参照物的合理成本。

成本市价法的计算公式为：

被评估资产价值＝被评估资产现行合理成本×成本市价比率

其中：

$$成本市价比率=\frac{参照物市场成交价格}{参照物现行合理成本}$$

例 4-8

被评估全新住宅为 100 m²，该类住宅的现行合理造价（成本）为 1 500 元/m²，评估基准日该地区同类住宅的成本市价比率为 200%，计算该住宅的评估价值。

解：该住宅的评估价值为：

评估价值＝100×1 500×200%＝300 000(元)

（2）市盈率倍数法。

市盈率倍数法亦称市盈率乘数法，该方法是价值比率法中具有代表性的一种方法，主要适应于企业价值评估。简单地讲，市盈率乘数法是以参照物（企业）的市盈率作为乘数（倍数），以此乘数与被评估企业的同口径的收益额相乘估算被评估企业价值的方法。其基本计算公式为：

被评估企业价值＝被评估企业收益额×参照物（企业）市盈率

例 4-9

被评估企业的年净利润为 1 000 万元，评估基准日资本市场上同类上市公司同口径的平均市盈率为 20 倍，计算被评估企业的价值。

解：被评估企业的价值为：

企业的评估价值＝1 000×20＝20 000(万元)

小资料 4-1

市盈率与市净率

市盈率是股票每股市场价格与每股年收益的比率，用公式表示为：

$$市盈率=\frac{股票每股市场价格}{每股年收益}$$

市盈率通常被用来评价某股票的投资价值，或用该指标在不同股票之间进行比较。一般来讲，市盈率越低，股票的投资价值相对就越高；市盈率越高，股票的投资价值相对就越低。

市净率是股票每股市场价格与每股净资产的比率。用公式表示为：

$$市净率=\frac{股票每股市场价格}{每股净资产}$$

净资产的多少取决于公司的经营状况和经营业绩，是股票投资价值的基础。一般来讲，股票的市净率越低，投资价值越高；股票的市净率越高，投资价值越低。

直接比较法简单易行，但对参照物与被评估资产之间的可比性要求较高，参照物的选择受到一定限制，特别是交易量较少的资产。因此，直接比较法的应用也受到一定制约。

1.3.2 间接比较法

间接比较法也是市场法中最基本的评估方法。该方法是将资产的国家标准、行业标准或市场标准作为基准，分别将评估对象与参照物整体或分项对比打分，从而得到评估对象和参照物各自的分值，再利用参照物的市场交易价格，以及评估对象分值和参照物的分值比值（系数）求得评估对象价值的一种评估方法。该方法并不要求参照物与评估对象必须一样或基本一样。只要参照物与评估对象在大的方面基本相同或相似，通过评估对象和参照物与国家、行业或市场标准的对比分析，掌握参照物与评估对象之间的差异，就可在参照物成交价格的基础上调整估算评估对象的价值。

由于间接比较法需要利用国家、行业或市场标准，应用起来有较多的局限，在资产评估实践中应用并不广泛。

资产评估的方法多种多样，采用何种评估方法，关键在于被评估资产的特点和资产评估专业人员所能获得的有效资料。应用市场法必须满足两个最基本的条件：一是选择的参照物与被评估资产必须相同或相似，即具有可比性；二是参照物的交易时间与被评估基准日接近，即时间间隔不能过长以至影响资产的价值。

小资料 4-2

市场法中到底有多少种具体方法？

关于市场法中到底有多少种具体方法，并没有人刻意统计过。除了以上介绍的具体评估方法之外，还有相对估值法、清算价格法等。可以这样讲，凡是按照市场法评估思路进行评估的所有具体方法都可以归类到市场法中，也都可以称为市场法中的具体方法。刻意统计市场法中有多少种具体评估方法是没有实际意义的。

第 2 节　收益法

2.1 收益法的含义和前提条件

2.1.1 收益法的含义

收益法是指通过估测被评估资产未来预期收益的现值，来判断资产价值的各种评估方法的总称。该方法采用资本化或折现的途径及方法来判断和估算资产的价值，基本计算公式为：

$$P=\sum_{i=1}^{n}\frac{R_i}{(1+r)^i}$$

式中：P——评估价值；

R_i——未来第 i 年的预期收益；

r——折现率；

i——年序号；

n——收益年限。

该评估方法认为，任何一个理智的投资者在购置或投资于某项资产时，所愿意支付或投资的货币数额不会高于所购置或投资的资产在未来能给其带来的回报，即收益额。收益法利用投资回报和收益折现等技术手段，把评估对象的预期获利能力和获利风险作为两个相辅相成的关键指标来估测评估对象的价值。

根据评估对象的预期收益来评估其价值，容易被资产评估业务各方所接受。所以，从理论上讲，收益法是资产评估中较为科学合理的评估方法之一。当然，运用收益法评估尚需要满足一些基本条件。

2.1.2 应用收益法的基本前提

收益法以被评估资产的预期收益为基础，通过折现求和来估测资产的价值。采用收益法时，资产评估专业人员必须解决三个方面的问题，即预测被评估资产的预期收益、确定折现率或资本化率、确定被评估资产取得预期收益的持续时间。

应用收益法必须具备以下三个前提条件：一是能够较为准确地预测被评估资产的预期收益；二是资产所有者为获得预期收益所承担的风险可以预测和用货币衡量；三是被评估资产取得预期收益的年限可以预测。

条件一是应用收益法的基础，它要求资产评估专业人员能够根据社会经济发展趋势和经济周期性变化，结合行业和资产特征，预测被评估资产的预期收益。

条件二是对预测资产预期收益的进一步要求。既然是预期收益，就必然存在不确定性，这就要求资产评估专业人员在预测被评估资产的预期收益时，充分考虑行业风险、地区风险及经营风险等。

条件三是对被评估资产持续性的考虑，在年预期收益相同的情况下，被评估资产获利的期限越长，其内在价值就越高。

2.2 收益法的基本程序和主要参数

2.2.1 收益法的基本程序

采用收益法进行评估，一般按照下述基本程序开展工作。

1. 收集资料

收集资料是资产评估工作的基础。采用收益法，需要资产评估专业人员收集与被评估资产预期收益有关的数据资料，包括经济发展前景、企业经营前景预测、财务状况、市场形势和各种风险等。

2. 预测收益

根据所收集到的有关资料，通过分析研究，预测出被评估资产在获利期限内的预期收益。

3. 确定折现率或资本化率

折现率的高低直接影响预期收益现值的大小，从而影响资产的评估价值，通常用行业平均收益率、投资报酬率或一年期市场利率作为折现率。

4. 计算现值

用折现率或资本化率将被评估资产未来预期收益折算成现值。

5. 分析确定评估结果

对计算所得的预期收益现值进行分析，确定其合理性后将其作为被评估资产的价值。

2.2.2 收益法的主要参数

运用收益法进行评估涉及许多经济技术参数，其中最重要的参数有三个，分别是收益额、折现率和收益期限。

1. 收益额

收益额是收益法的主要参数之一。在资产评估中，资产的收益额是指根据投资回报的原理，资产在正常情况下所能得到的归其产权主体的所得额，它包含两方面的含义：

（1）收益额是将来某段时期内的收益，是资产评估专业人员预测的结果，不是资产的历史收益额或现实收益额，与资产将来的真实收益存在一定的偏差。

（2）用于资产评估的收益额通常是资产的客观收益，而不一定就是资产的实际收益。

因资产种类较多，不同种类资产的收益额表现形式亦不完全相同，如企业的收益额通常表现为净利润和净现金流量，而房地产的收益额则通常表现为纯收益等。

2. 折现率

折现率是根据货币的时间价值理论，将未来某一时点的资金价值折算为现在时间的资金价值的比率。从本质上讲，折现率是投资人在风险预期一定的情况下的投资报酬率，它由无风险报酬率和风险报酬率组成。无风险报酬率一般用同期国库券利率表示。风险报酬率是指对超过无风险报酬率部分给予风险补偿的投资回报率。在资产评估中，因资产的行业分布、种类、市场条件等的不同，其折现率亦不相同。资本化率在本质上是与折现率相同的。习惯上，人们把将未来有限期预期收益折算成现值的比率称为折现率，而把将未来永续性预期收益折算成现值的比率称为资本化率。至于折现率与资本化率在量上是否恒等，主要取决于同一资产在未来长短不同的时期所面临的风险是否相同。

小资料 4-3

投资报酬率与风险报酬率的确定

1. 投资报酬率

投资报酬率是投资人因其投资行为而应当获得的收益率。投资报酬率由两部分构成，即无风险报酬率和风险报酬率。

无风险报酬率，是在投资者风险系数为零的情况下的投资报酬率，一般以同期银行存款利率或同期国债收益率为参考。

2. 风险报酬率

风险是企业在未来经营过程中遭受损失的可能性。根据企业风险的来源，可将企业风险分为经营风险、行业风险、财务风险、政策风险及其他风险。风险报酬率的确定方法有两种：风险累加法（加和法）和β系数法（资本资产定价模型）。

风险累加法（加和法）是将企业在持续经营中所面临的各种风险量化并累加，将其作为风险报酬率的方法。用公式表示为：

风险报酬率＝经营风险报酬率＋行业风险报酬率＋财务风险报酬率＋政策及其他风险报酬率

β系数法（资本资产定价模型）是以社会平均投资报酬率（社会平均投资收益率）和行业平均收益率为基础，通过收益调整确定风险报酬率的方法。用公式表示为：

$$R=(R_m-R_f)\times\beta\times\alpha$$

式中：R_m——社会平均投资报酬率；

R_f——无风险报酬率；

β——风险系数；

α——企业在所处行业中的地位。

在资产评估中，由于不同行业的投资报酬率是不同的，因而采用不同的折现率。

从本质上讲，折现率与资本化率都是回报率，都是将未来的预期收益折算成现值的比率，只是适用场合不同。折现率是将未来有限年期的预期收益折算成现值的比率；资本化率是将未来永续性预期收益（年金）转化为现值的比率。

3. 收益期限

收益期限是指资产具有获利能力并产生资产净收益的持续时间，通常以年为时间单位。

收益期限由资产评估专业人员根据被评估资产自身效能、相关条件以及有关法律、法规、契约、合同等加以测定。

2.3 收益法的主要技术方法

收益法的基本思路是预期收益还原。在资产评估中，按照不同的划分标准，对收益法的具体技术方法有不同的分类：一是根据被评估资产未来预期收益期限，分为有限期收益法和无限期收益法；二是按被评估资产预期收益额变动情况，分为等额收益法和非等额收益法。

为了便于学习收益法中的各种具体方法，先对这些具体方法中所用的字符含义做统一的定义。

P ——评估值；

i ——年序号；

P_i ——未来第 i 年的预计变现值；

R_i ——未来第 i 年的预期收益；

r ——折现率或资本化率；

r_i ——第 i 年的折现率或资本化率；

n,t ——收益年期；

A ——年金；

$(P/A,r,n)$—— 年金现值系数；

$(P/F,r,n)$—— 复利现值系数。

2.3.1 净收益不变

（1）在收益永续、各因素不变的条件下，有以下计算公式：

$$P=\frac{A}{r}$$

例 4-10

被评估资产为一项未公开的食品配方，预计在未来无限年期其所产生的年收益为 100 万元，资本化率为 10%，计算该食品配方的价值。

解：该食品配方的价值为：

$$P=100\div 10\%=1\ 000(\text{万元})$$

（2）在收益年期有限、折现率大于零的条件下，有以下计算公式：

$$P=\frac{A}{r}\left[1-\frac{1}{(1+r)^n}\right]$$

这是一个在评估实务中经常运用的计算公式，其成立条件是：净收益每年不变；r 大于零；收益年期有限，为 n。

例 4-11

被评估资产为某一服装品牌的特许经营权，根据许可方与被许可方签订的合同，在评估基准日，该品牌的尚可使用年限为 5 年，根据以往的经营数据和市场对该品牌的认可程度，预计其未来年收益将会维持在 20 万元。假定折现率为 15%，计算该品牌特许经营权的价值。

解：该品牌特许经营权的价值为：

$$P=\frac{A}{r}\left[1-\frac{1}{(1+r)^n}\right]=\frac{200}{15\%}\times\left[1-\frac{1}{(1+15\%)^5}\right]=670.43\text{（万元）}$$

（3）在收益年期有限、资本化率等于零的条件下，有以下计算公式：

$$P=A\times n$$

该公式的成立条件是：净收益每年不变；$r=0$；收益年期有限，为 n。

2.3.2 净收益在若干年后保持不变

（1）无限年期收益，其计算公式为：

$$P=\sum_{i=1}^{n}\frac{R_i}{(1+r)^i}+\frac{A}{r(1+r)^n}$$

该公式的成立条件是：净收益在 n 年（含第 n 年）以前有变化；净收益在 n 年（不含第 n 年）以后保持不变；r 大于零；收益年期无限。

（2）有限年期收益，其计算公式为：

$$P=\sum_{i=1}^{t}\frac{R_i}{(1+r)^i}+\frac{A}{r(1+r)^n}\left[1-\frac{1}{(1+r)^{n-t}}\right]$$

这里要注意的是，净收益 A 的收益年期是 $(n-t)$，而不是 n。

该公式的成立条件是：净收益在 t 年（含第 t 年）以前有变化；净收益在 t 年（不含第 t 年）以后保持不变；r 大于零；收益年期有限，为 n。

例 4-12

某收益性资产预计未来 5 年的收益额分别是 12 万元、15 万元、13 万元、11 万元和 14 万元，假定从第 6 年开始，以后各年收益均为 14 万元，确定的折现率和资本化率均为 10%，计算该收益性资产在持续经营下和 50 年收益的评估值。

解：（1）持续经营条件下的评估过程：

1）确定未来 5 年收益额的现值：

$$\begin{aligned}\text{现值总额}&=\frac{12}{1+10\%}+\frac{15}{(1+10\%)^2}+\frac{13}{(1+10\%)^3}+\frac{11}{(1+10\%)^4}+\frac{14}{(1+10\%)^5}\\&=12\times0.9091+15\times0.8264+13\times0.7513+11\times0.6830+14\times0.6209\\&=49.2777\text{（万元）}\end{aligned}$$

计算中的现值系数，可从复利现值系数表（见附表二）中查得。

2）将第 6 年以后的收益进行资本化处理，即：

14÷10%=140(万元)

3）确定该资产评估值：

资产评估值=49.277 7+140×0.620 9=136.20(万元)

（2）50 年的收益价值评估过程：

$$评估价值=\frac{12}{1+10\%}+\frac{15}{(1+10\%)^2}+\frac{13}{(1+10\%)^3}+\frac{11}{(1+10\%)^4}+\frac{14}{(1+10\%)^5}+\frac{14}{10\%\times(1+10\%)^5}\times\left[1-\frac{1}{(1+10\%)^{50-5}}\right]$$

$$=49.277\,7+140\times0.620\,9\times(1-0.013\,7)$$

$$=135.01(万元)$$

2.3.3 净收益按等差级数变化

(1) 在净收益按等差级数递增、收益年期无限的条件下，有以下计算公式：

$$P=\frac{A}{r}+\frac{B}{r^2}$$

该公式的成立条件是：净收益按等差级数递增；净收益逐年递增额为 B；r 大于零；收益年期无限。

(2) 在净收益按等差级数递增、收益年期有限的条件下，有以下计算公式：

$$P=(\frac{A}{r}+\frac{B}{r^2})\left[1-\frac{1}{(1+r)^n}\right]-\frac{B}{r}\times\frac{n}{(1+r)^n}$$

该公式的成立条件是：净收益按等差级数递增；净收益逐年递增额为 B；r 大于零；收益年期有限，为 n。

(3) 在净收益按等差级数递减、收益年期无限的条件下，有以下计算公式：

$$P=\frac{A}{r}-\frac{B}{r^2}$$

该公式的成立条件是：净收益按等差级数递减；净收益逐年递减额为 B；r 大于零；收益年期无限；收益额递减到零为止。

注：该数学计算公式是成立的，但完全套用于资产评估是不合适的，因为资产产权主体会根据替代原则，在资产收益递减为零之前停止使用该资产或变现资产，不会无限制地永续使用下去。

(4) 在净收益按等差级数递减、收益年期有限的条件下，有以下计算公式：

$$P=\left(\frac{A}{r}-\frac{B}{r^2}\right)\left[1-\frac{1}{(1+r)^n}\right]+\frac{B}{r}\times\frac{n}{(1+r)^n}$$

该公式的成立条件是：净收益按等差级数递减；净收益逐年递减额为 B；r 大于零；

收益年期有限，为 n。

例 4 - 13

根据被评估企业的章程，其于评估基准日的剩余经营年期为 10 年，且实际控制方也没有继续经营的意思。根据资产评估专业人员的分析，该企业未来 10 年的年净利润将保持每年减少 10 万元，且当年的年收益为 1 000 万元。假定折现率为 10%，求该企业的全部股东权益。

解：该企业的全部股东权益为：

$$P=\left(\frac{A}{r}-\frac{B}{r^2}\right)\left[1-\frac{1}{(1+r)^n}\right]+\frac{B}{r}\times\frac{n}{(1+r)^n}$$

$$=\left(\frac{1\ 000}{10\%}-\frac{10}{10\%^2}\right)\times\left[1-\frac{1}{(1+10\%)^{10}}\right]+\frac{10}{10\%}\times\frac{10}{(1+10\%)^{10}}$$

$$=5\ 915.65\text{（万元）}$$

2.3.4 净收益按等比级数变化

（1）在净收益按等比级数递增、收益年期无限的条件下，有以下计算公式：

$$P=\frac{A}{r-s}$$

该公式的成立条件是：净收益按等比级数递增；净收益逐年递增比率为 s；r 大于零；$r>s>0$；收益年期无限。

（2）在净收益按等比级数递增、收益年期有限的条件下，有以下计算公式：

$$P=\frac{A}{r-s}\times\left[1-\left(\frac{1+s}{1+r}\right)^n\right]$$

该公式的成立条件是：净收益按等比级数递增；净收益逐年递增比率为 s；r 大于零；$r>s>0$；收益年期有限。

（3）在净收益按等比级数递减、收益年期无限的条件下，有以下计算公式：

$$P=\frac{A}{r+s}$$

该公式的成立条件是：净收益按等比级数递减；净收益逐年递减比率为 s；r 大于零；$r>s>0$；收益年期无限。

（4）在净收益按等比级数递减、收益年期有限的条件下，有以下计算公式：

$$P=\frac{A}{r-s}\times\left[1-\left(\frac{1+s}{1+r}\right)^n\right]$$

该公式的成立条件是：净收益按等比级数递减；净收益逐年递减比率为 s；r 大于零；$0<s\leqslant 1$；收益年期有限。

2.3.5 已知未来若干年后资产价格

在已知未来若干年后资产价格的条件下，有以下计算公式：

$$P=\frac{A}{r}\times\left[1-\frac{1}{(1+r)^n}\right]+\frac{P_n}{(1+r)^n}$$

该公式的成立条件是：净收益在第 n 年（含第 n 年）前保持不变；预知第 n 年的价格为 P_n；r 大于零且固定。

2.4 收益法的应用

例 4－14

沿用本章引例（4）提供的资料，该电动车生产线预计未来 5 年的年收益额分别为 160 万元、200 万元、250 万元、280 万元和 300 万元，折现率和资本化率均为 10%，根据下列条件分别估算该生产线的评估价值：

（1）从第 6 年开始年收益均为 320 万元，收益期为 10 年。

（2）从第 6 年开始年收益每年递增 20 万元，收益期无限。

（3）从第 6 年开始年收益每年递增 20 万元，收益期为 10 年，同时第 10 年收回本金 1 500 万元。

解：根据已知资料，列表 4－3。

表 4－3　该生产线未来 5 年的预期收益

时间	第 1 年	第 2 年	第 3 年	第 4 年	第 5 年	合计
收益额(万元)	160	200	250	280	300	—
折现系数	0.909 1	0.826 4	0.751 3	0.683 0	0.620 9	—
现值(万元)	145.46	165.28	187.83	191.24	186.27	876.08

（1）从第 6 年开始年收益均为 320 万元，收益期为 10 年，即第 6 年至第 10 年年均收益均为 320 万元。

$$\text{生产线评估值}=\sum_{i=1}^{t}\frac{R_i}{(1+r)^i}+\frac{A}{r\ (1+r)^n}\times\left[1-\frac{1}{(1+r)^{n-t}}\right]$$

$$=876.08+\frac{320}{10\%\times(1+10\%)^5}\times\left[1-\frac{1}{(1+10\%)^{10-5}}\right]$$

$$=1\ 629.31(\text{万元})$$

（2）从第 6 年开始年收益每年递增 20 万元，收益期无限，该项资产第 6 年至第 10 年收益折现为第 5 年的现值为：

$$P_1=\frac{A}{r}+\frac{B}{r^2}=\frac{300}{10\%}+\frac{20}{10\%^2}=5\ 000(\text{万元})$$

该生产线的评估值为：

$$生产线评估值=\sum_{i=1}^{t}\frac{R_i}{(1+r)^i}+P_1\frac{1}{(1+r)^t}$$

$$=876.08+5\ 000\times\frac{1}{(1+10\%)^5}$$

$$=3\ 980.58(万元)$$

（3）从第 6 年开始年收益每年递增 20 万元，收益期为 10 年，同时第 10 年收回本金 1 500万元，该项资产第 6 年至第 10 年收益折现为第 5 年的现值为：

$$P_1=\left(\frac{A}{r}+\frac{B}{r^2}\right)\times\left[1-\frac{1}{(1+r)^n}\right]-\frac{B}{r}\times\frac{n}{(1+r)^n}$$

$$=\left(\frac{300}{10\%}+\frac{20}{10\%^2}\right)\times\left[1-\frac{1}{(1+10\%)^5}\right]-\frac{20}{10\%}\times\frac{5}{(1+10\%)^5}$$

$$=1\ 274.47(万元)$$

该生产线的评估值为：

$$生产线评估值=\sum_{i=1}^{t}\frac{R_i}{(1+r)^i}+P_1\times\frac{1}{(1+r)^t}+P_0\times\frac{1}{(1+r)^n}$$

$$=876.08+2\ 516.4\times\frac{1}{(1+10\%)^5}+1\ 500\times\frac{1}{(1+10\%)^{10}}$$

$$=876.08+2\ 516.4\times0.620\ 9+1\ 500\times0.385\ 5$$

$$=3\ 016.76(万元)$$

第 3 节 成本法

3.1 成本法的含义和前提条件

3.1.1 成本法的含义

成本法是资产评估的基本方法之一。成本法，是指通过估测被评估资产的重置成本，然后估测被评估资产业已存在的各种贬值，并将其从重置成本中予以扣除而得到被评估资产价值的各种评估方法的总称。成本法的基本思路是重建或重置被评估资产。在条件允许的情形下，任何潜在的投资者在决定投资某项资产时，所愿意支付的价格不会超过构建该项资产的现行构建成本。如果投资对象并非全新，投资者愿意支付的价格为投资对象全新购建成本扣除各种贬值。上述评估思路可概括为：

评估价值＝重置成本－实体性贬值－功能性贬值－经济性贬值

成本法是以被评估资产的重置成本为基础的评估方法。由于被评估资产的再取得成本数据和信息来源较广泛，并且资产的重置成本与资产的现行市价及收益现值也存在着内在联系和替代关系，因而，成本法是一种被广泛应用的评估方法。

3.1.2 成本法的应用前提

成本法以资产的重置成本为基础，通过资产的重置成本扣减各种贬值反映资产的价值。只有当被评估资产能够继续使用，并在继续使用中能为资产所有者或控制者带来经济利益时，资产的重置成本才能被资产所有者或资产交易当事人所接受。重置成本是由目前市场状况所确定的，资产贬值情况应以历史资料为依据来确定，为提高资产评估价值的合理性和可靠性，采用成本法需要具备下述三个条件。

1. 被评估资产处于继续使用状态或被假定处于继续使用状态

成本法主要适用于继续使用前提下的资产评估；对于非继续使用前提下的资产，如果运用成本法进行评估，需要对成本法的基本要素做必要的调整。资产的继续使用不仅是一个物理上的概念，而且包含着有效使用的经济意义。只有当资产能够继续使用并且在持续使用中为潜在所有者或控制者带来经济利益，资产的重置成本才能为潜在投资者和市场所承认和接受。把继续使用作为运用成本法的前提会使评估结果相对准确合理，减少评估风险，提高评估效率。

2. 具备可利用的历史资料

在现时资产与历史资产具有相同性或可比性的情况下，许多信息资料、指标可以通过历史资料获得。成本法的应用是建立在历史资料基础上的。

3. 形成资本价值的耗费是必需的

耗费是形成资产价值的基础，耗费包括有效耗费和无效耗费。采用成本法评估资产，不仅要确定哪些耗费是必需的，而且要确定耗费是否体现社会或行业平均水平。

3.1.3 成本法的基本要素

从理论上讲，成本法的运用涉及四个基本要素，即资产的重置成本、资产的实体性贬值、资产的功能性贬值和资产的经济性贬值。在评估实践中，不是所有的评估项目都存在这三种贬值，需要根据评估项目的具体情况确定。下面我们从严格定义的角度来介绍每一个参数。

1. 资产的重置成本

简单地说，资产的重置成本就是再取得该资产的现行成本。重置成本分为复原重置成本和更新重置成本两种。

复原重置成本是指采用与被评估资产相同的材料、制造标准、规格等技术标准，以现时价格水平重新购建与被评估资产相同的全新资产所发生的各种费用总和，即以现行的费用标准重新构建与被评估资产相同的全新资产的成本。

更新重置成本是指采用新材料、新标准、新设计、新规格等新的技术标准，以现行价格水平购建与评估对象具有同等功能的全新资产所需的各种费用总和。

一般来讲，在估算重置成本时，如果能同时获得复原重置成本和更新重置成本，则选用更新重置成本；如果不能获得更新重置成本，则选用复原重置成本。

2. 资产的实体性贬值

资产的实体性贬值，是指因被使用和受自然因素的影响，导致资产的物理性能的损耗或下降所引起的资产的价值损失，即资产的有形损耗。

在资产评估中，通常依据被评估资产的新旧程度确定其实体性贬值。

3. 资产的功能性贬值

资产的功能性贬值，是指因技术进步引起被评估资产功能相对落后，导致资产的价值损失。技术进步因素包括新技术、新工艺、新材料等。

与实体性贬值不同，资产的功能性贬值体现在两个方面：一是复原原有资产的成本费用超过采用新技术构建新资产的金额；二是原有资产的运行费用超过采用新技术构建新资产的运行费用。

4. 资产的经济性贬值

资产的经济性贬值，是指受市场等外部因素的影响，引起资产闲置、收益下降等现象而导致的资产价值损失。

经济性贬值存在于任何行业或资产，导致经济性贬值的因素包括产品需求下降、行业生产能力过剩或原材料供应短缺等。从某种程度上讲，经济性贬值类似于机会成本的概念，当资产的收益率低于社会平均投资报酬率时，资产的经济性贬值就产生了。

3.2 成本法的主要技术方法

资产评估成本法以被评估资产的重置成本、实体性贬值、功能性贬值和经济性贬值四大因素为基础，采用不同的方式方法测算各要素值，形成了不同的具体评估方法。

3.2.1 重置成本的估算方法

1. 重置核算法

重置核算法，是利用成本核算的原理，逐项核算重新取得资产所需的各项目费用并累加，得到被评估资产重置成本的评估方法。

在资产评估中，根据重新取得资产的不同方式，重置核算法又分为购买型和自建型两种。购买型是以购买资产的方式作为资产的重置途径，资产的重置成本包括资产的购买价格、运杂费、安装调试费和其他必要的相关费用；自建型是以自建方式作为资产的重置途径，资产的重置成本包括重新建造资产所需的材料费用、人工费用、必要的资金成本和开发者（或建造者）的合理收益等，合理收益以现行行业或社会平均资产收益水平为依据来确定。

例 4-15

某企业拟重置购建一台设备，该设备现行市场价格为 20 万元/台，设备运杂费率为 5%，安装费率为 8%，基础费率为 3%，计算该设备的重置成本。

解：该设备采用购买型重置，重置成本包括购买价格、运杂费、安装费等，即：

重置成本＝购买价格＋运杂费＋安装费＋基础费

＝购买价格＋购买价格×(运杂费率＋安装费率＋基础费率)

＝20＋20×(5%＋8%＋3%)

＝23.2(万元)

即该设备的重置成本为 23.2 万元。

例 4-16

某企业重置购建一台设备，现行市场价格为每台 5 万元，运杂费为 1 000 元，直接安装成本为 800 元，其中原材料 300 元、人工成本 500 元。根据统计分析，计算求得安装成本中的间接成本为每人工成本 0.8 元，求该机器设备的重置成本。

解：

直接成本＝50 000＋1 000＋800＝51 800(元)

其中：

买价 50 000 元

运杂费 1 000 元

安装成本 800 元

其中：原材料 300 元

人工成本 500 元

间接成本（安装成本）400 元

重置成本合计 52 200 元

2. 价格指数法

价格指数法，是基于物价水平的变动，利用与被评估资产有关的价格指数，将被评估资产的历史成本（账面价值）调整为重置成本的一种方法，其计算公式为：

重置成本＝资产的历史成本×价格指数

或

重置成本＝资产的历史成本×(1＋价格变动指数)

式中，价格指数可以是定基价格指数或环比价格指数。

定基价格指数是指在一定时期内对比基期固定不变的价格指数，即：

定基价格指数＝（评估基准日价格指数÷资产购建时点的价格指数）×100%

环比价格指数可考虑按下式求得：

$$X=(1+a_1)\times(1+a_2)\times(1+a_3)\times\cdots\times(1+a_n)\times100\%$$

式中，X 为环比价格指数；a_n 为第 n 年环比价格变动指数，$n=1,2,3\cdots$

例 4-17

某被评估资产购建于 2014 年，账面原值为 50 000 元，当时该类资产的价格指数为 95%，评估基准日该类资产的定基价格指数为 160%，则：

$$被评估资产重置成本=50\,000\times\frac{160\%}{95\%}\times100\%=84\,211(元)$$

又如，某被评估资产历史成本（账面价值）为 200 000 元，于 2014 年建成，2019 年进行评估，经调查，已知同类资产 2015 年至 2019 年的环比价格指数分别为 11.7%、17%、30.5%、6.9%、4.8%，则：

$$\begin{aligned}被评估资产重置成本&=200\,000\times(1+11.7\%)\times(1+17\%)\times(1+30.5\%)\\&\quad\times(1+6.9\%)\times(1+4.8\%)\times100\%\\&=382\,137\ (元)\end{aligned}$$

价格指数法与重置核算法是重置成本估算较常用的方法，但二者具有明显的区别：

（1）价格指数法估算的重置成本仅考虑了价格变动因素，因而确定的是复原重置成本；而重置核算法既考虑了价格因素，也考虑了生产技术进步和劳动生产率的变化因素，因而可以估算更新重置成本。

（2）价格指数法建立在不同时期的某一种或某类甚至全部资产的物价变动水平上；而重置核算法建立在现行价格水平与购建成本费用核算的基础上。

价格指数法和重置核算法也有相同点，即都是建立在利用历史资料的基础上。明确价格指数法和重置核算法的区别，有助于重置成本估算方法的判断和选择。一项科学技术进步较快的资产，采用价格指数法估算的重置成本往往会偏高。因此，注意分析、判断资产评估时重置成本口径与委托方提供历史资料（如财务资料）口径的差异，是上述两种方法应用时需要注意的共同问题。

3. 功能价值类比法

功能价值类比法，是指根据某些资产的功能（生产能力）变化与其价格或重置成本的变化呈某种指数关系或线性关系，通过参照物的价格或重置成本以及功能价值关系估测被评估资产价格或重置成本的技术方法（该方法亦称类比估价法）。当资产的功能变化与其价格或重置成本的变化呈线性关系时，人们习惯把线性关系条件下的功能价值类比法称为生产能力比例法，而把非线性关系条件下的功能价值类比法称为规模经济效益指数法。

（1）生产能力比例法。生产能力比例法是寻找一个与被评估资产相同或相似的资产为参照物，根据参照物的重置成本及参照物与被评估资产生产能力的比例，估算被评估资产的重置成本。计算公式为：

$$\text{被评估资产重置成本}=\frac{\text{被评估资产年产量}}{\text{参照物年产量}}\times\text{参照物重置成本}$$

这种方法运用的前提条件和假设是资产的成本与生产能力呈线性关系，而且是成正比例变化，生产能力越大，成本越高。

例 4-18

某企业重置一台全新的机器设备的价格为 5 万元，年产量为 5 000 件。已知被评估资产的年产量为 4 000 件，由此可以确定其重置成本为：

$$\text{被评估资产重置成本}=\frac{4\ 000}{5\ 000}\times 50\ 000=40\ 000(\text{元})$$

（2）规模经济效益指数法。通过不同资产的生产能力与其成本之间关系的分析，可以发现，许多资产的成本与生产能力之间不存在线性关系，如当资产 A 的生产能力比资产 B 的生产能力高 1 倍时，其成本却不一定大 1 倍，也就是说，资产的生产能力和成本之间只呈同方向变化，而不是等比例变化，这是规模经济效益作用的结果。两项资产的重置成本和生产能力相比较，其关系可用下列公式来表示：

$$\text{被评估资产重置成本}=\text{参照物资产重置成本}\times\left(\frac{\text{被评估资产的生产能力}}{\text{参照物的生产能力}}\right)^{x}$$

公式中的 x 被称为规模经济效益指数，事实上它是靠统计分析得到的。目前在我国，这样的统计分析并不多见，实践中通常采用的是一个经验数据。在美国，这个经验数据一般为 0.4～1.2，这个数据也会随着社会经济和行业的发展等而发生变化。我国到目前为止尚未有统一的经验数据，评估过程中要谨慎使用这种方法。公式中的参照物一般可选择同类资产中的标准资产。

上述三种方法均可用于成本法下重置成本的测算。至于选用哪种方法，应根据具体的评估对象和可以收集到的资料确定。这些方法，对某项资产可能都可用，有的则不然，应用时必须注意分析方法运用的前提条件，否则将得出错误的结论。

小资料 4-4

整体资产重置成本的估算

在资产评估中，对企业整体资产或某一相同类型资产进行重置成本估算时，可采用统计分析法，估算步骤如下：

第一步：对被评估资产进行合理分类。通过核实被评估资产的项目和数量，把全部资产按照适当的标准划分为若干类别。例如，房屋建筑物按结构划分为钢结构、钢筋混凝土结构等；机器设备可按用途分为专用设备、通用设备、运输设备、仪器仪表等。

第二步：针对不同类型的资产项目，选择合适的方法分类抽样估算资产的重置成本。

第三步：依据资产的重置成本与账面历史成本，计算出分类资产的调整系数。其计算公式为：

$$K=\frac{R'}{R}$$

式中：K——资产重置成本与历史成本的调整系数；

R'——某类抽样资产的重置成本；

R——某类抽样资产的历史成本。

第四步：根据调整系数计算被评估资产的重置成本，基本计算公式为：

$$\text{被评估资产重置成本}=\sum(\text{某类资产的账面历史成本}\times\text{调整系数})$$

例 4-19

某企业拟转让一批账面历史成本为400万元的通用设备，资产评估专业人员从中抽取5台具有代表性的设备，估算其重置成本之和为42万元，其账面历史成本之和为60万元。计算该批设备的重置成本。

解：该批设备的调整系数为：

$$K=\frac{42}{60}=0.7$$

该批设备的重置成本=400×0.7=280(万元)

3.2.2 实体性贬值的估算方法

资产的实体性贬值亦称有形损耗，是指资产由于使用及自然力的作用导致的因资产物理性能的损耗或下降而引起的资产的价值损失。资产的实体性贬值通常采用相对数计量，即实体性贬值率，用公式表示为：

$$\text{实体性贬值率}=\frac{\text{资产的实体性贬值}}{\text{资产的重置价值}}$$

资产的实体性贬值的估算方法包括观察法、使用年限法（年限法）和修复费用法三种。

1. 观察法

观察法是指由资产评估专业人员或专业技术人员，对被评估资产实体的各主要部位进行现场勘查，并综合分析资产的设计、制造、使用、磨损、维护、修理、大修理、改造情形和物理寿命等因素，将评估对象与其全新状态相比较，考察由于使用磨损和自然损耗对资产的功能、使用效率带来的影响，判断被评估资产的成新率，从而估算资产的实体性贬值。计算公式为：

$$资产的实体性贬值=重置成本\times实体性贬值率$$

其中：

$$实体性贬值率=1-实体性成新率$$

例 4-20

沿用本章引例（3）提供的资料，慢走丝线切割机床于 2017 年 3 月 7 日启用，其购置成本为 18 万元，该设备于评估基准日 2019 年 9 月 6 日的全新购置价格为 20 万元。经专家鉴定，该设备由于使用磨损所造成的贬值率为 30%。在不考虑其他因素的条件下，估算该设备的实体性贬值。

解：该设备的实体性贬值为：

$$资产的实体性贬值=重置成本\times实体性贬值率=20\times30\%=6(万元)$$

即该设备的实体性贬值为 6 万元。

2. 使用年限法（年限法）

使用年限法（年限法）是将被评估资产的实际已使用年限与其总使用年限的比值作为被评估资产的实体性贬值率，进而估测资产的实体性贬值。

使用年限法的计算公式为：

$$资产的实体性贬值=(重置成本-预计残值)\times实体性贬值率$$

其中：

$$实体性贬值率=\frac{实际已使用年限}{总使用年限}$$

预计残值是被评估资产在清理报废时净收回的金额；总使用年限为资产的设计使用寿命或自然寿命，由已使用年限和尚可使用年限两部分构成，尚可使用年限是根据资产的有形损耗预计的资产继续使用年限。

由于资产在使用中负荷程度不同的影响，必须将资产的名义已使用年限调整为实际已使用年限。名义已使用年限是指资产从购进使用时起到评估时止的年限，可以通过会计记录、资产登记簿、登记卡片等查询确定。实际已使用年限是指根据资产在使用中实际损耗确定的年限。实际已使用年限可以根据名义已使用年限和资产利用率来计算。相关计算公式为：

$$实际已使用年限=名义已使用年限\times资产利用率$$

$$资产利用率=\frac{截至评估基准日资产的实际利用时数或产量}{资产的设计总利用时数或产量}\times100\%$$

当资产利用率>100%时，表明该资产处于超负荷运转状态，资产损耗较快；
当资产利用率=100%时，表明该资产处于满负荷运转状态，资产损耗符合设计要求；
当资产利用率<100%时，表明该资产处于开工不足状态，资产损耗较慢。

例 4-21

某资产于 2009 年 2 月购进，2019 年 2 月评估时，其名义已使用年限是 10 年。根据该资产技术指标，在正常使用情况下，每天应工作 8 小时，而该资产每天实际工作 7.5 小时。假设全年按 360 天计算，由此可以计算资产利用率：

$$资产利用率=\frac{10\times360\times7.5}{10\times360\times8}\times100\%=93.75\%$$

由此确定该资产的实际已使用年限为 9.4 年。

例 4-22

一台大型挖掘机的预计使用寿命为 10 年，年工作时间为 1 500 小时，现该设备已使用 5 年，实际工作时间为 9 000 小时，估算该设备的实体性贬值率。

解：计算该设备的年均工作时间：

$$年均工作时间=\frac{9\ 000}{5}=1\ 800(小时)$$

计算该设备的利用率：

$$设备的利用率=\frac{1\ 800}{1\ 500}\times100\%=120\%$$

计算该设备的实际使用时间：

$$设备的实际使用年限=5\times120\%=6(年)$$

计算该设备的实体性贬值率：

$$设备的实体性贬值率=\frac{6}{10}\times100\%=60\%$$

即该设备的实体性贬值率为 60%。

在实际评估过程中，由于企业基础管理工作较差，再加上资产运转中的复杂性，资产利用率指标往往很难确定。资产评估专业人员应综合分析资产的运转状态，诸如资产开工情形、大修间隔期、原材料供应情形、电力供应情形、是否为季节性生产等各方面因素确定。

使用年限法所显示的评估技术思路是较为广泛的，在资产评估实际工作中，资产评估专业人员可以利用使用年限法的基本原理，根据被评估资产的设计总工作量和评估对象已经完成的工作量、评估对象设计行驶里程和已经行驶的里程等指标，利用使用年限法的技术思路测算资产的实体性贬值。因此，使用年限法可以利用许多指标来评估资产的实体性贬值。

小资料 4-5

加权投资年限法

在资产评估中，我们经常遇到被评估资产是经过更新改造过的情形。对于更新改造过的资产而言，其实体性贬值的计量还应考虑更新改造投入的资金对资产寿命的影响；否则，可能会过高地估计实体性贬值。对于更新改造问题，一般采取加权法来确定资产的实体性贬值。也就是说，先计算加权更新成本，再计算加权平均已使用年限。其计算公式为：

$$加权更新成本=已使用年限\times更新成本（或构建成本）$$

$$加权平均已使用年限=\frac{\sum加权更新成本（或构建成本）}{\sum更新成本（或构建成本）}$$

需要注意的是，这里所涉及的成本可以是原始成本，也可以是复原重置成本。尽管各时期的投资或更新金额并不具有可比性，但从方便以及获得数据而言，采用原始成本比重新确定成本更具可行性，同时反映了各特定时期的构建或更新所经历的时间顺序。

例 4-23

沿用本章引例（5）提供的资料，该组刨床于 2009 年 9 月购入，账面原值为 15 万元，2014 年 9 月和 2016 年 9 月对该组设备进行两次升级改造，主要是添置一些自动化控制装置，当年投资分别为 1.5 万元和 1 万元，2019 年对该设备进行评估。假定从 2009 年至 2019 年通货膨胀率为 10%，经检测和鉴定，该组设备的尚可使用年限为 7 年，试估算该组设备的成新率。

解：调整计算更新成本，见表 4-4。

表 4-4 更新成本资料

投资日期	原始投资额(万元)	已投资年限	价格变动系数	原始投资的更新成本(万元)
2009.9	15	10	$(1+10\%)^{10}=2.60$	39.000
2014.9	1.5	5	$(1+10\%)^{5}=1.61$	2.415
2016.9	1	3	$(1+10\%)^{3}=1.33$	1.330
更新成本合计				42.745

计算加权更新成本，见表 4-5。

表 4-5 加权更新成本资料

投资日期	原始投资额(万元)	已投资年限	原始投资的更新成本(万元)	加权重置成本(万元)
2009.9	15	10	39.000	390.000
2014.9	1.5	5	2.415	12.075
2016.9	1	3	1.330	3.990
加权更新成本合计				406.065

计算加权投资年限：

$$加权投资年限=\frac{406.065}{42.745}=9.5(年)$$

计算该组设备的成新率：

$$成新率=\frac{7}{9.5+7}\times 100\%=42.42\%$$

即该组设备的成新率为42.42%。

3. 修复费用法

修复费用法是用修复实体性损耗所发生的费用作为设备的贬值，以此来确定机器设备的实体性贬值。

例4-24

一台数控车床已使用5年，其重置成本为300万元，经济寿命约为20年。现该设备部分齿轮损坏严重，估计修复费用约40万元，其他部分工作正常。请试估算该数控车床的贬值率。

解：被评估车床的重置成本为300万元，可修复性损耗引起的设备贬值为40万元，计算不可修复性损耗引起的设备贬值：

$$\begin{aligned}不可修复性损耗引起的设备贬值&=\frac{重置成本-可修复性贬值}{经济使用寿命}\times 已使用年限\\&=\frac{300-40}{20}\times 5\\&=65(万元)\end{aligned}$$

该数控车床的实体性贬值为：

$$设备的实体性贬值=40+65=105(万元)$$

该数控车床的贬值率为：

$$设备的贬值率=\frac{设备贬值额}{重置成本}\times 100\%=\frac{105}{300}\times 100\%=35\%$$

即该数控车床的贬值率为35%。

3.2.3 功能性贬值的估算方法

资产的功能性贬值是指由于技术相对落后而造成的贬值。估算功能性贬值时，主要根据资产的效用、生产加工能力以及工耗、物耗、能耗水平等功能方面的差异造成的成本增加或效益降低，相应确定功能性贬值；同时，还要考虑技术进步因素，注意替代设备、替代技术、替代产品的影响以及行业技术装备水平现状和资产更新换代速度。

通常情形下，功能性贬值的估算可以按下列步骤进行：

第一步：比较被评估资产与功能相同的全新同类资产（参照物）的年运营成本。

第二步：计算被评估资产与参照物的营运成本差异，确定净超额运营成本。考虑到营运成本对所得税的影响，净超额运营成本等于超额营运成本与其抵减的所得税的差额。

第三步：估计被评估资产的尚可使用年限（剩余使用寿命）。

第四步：计算被评估资产的功能性损耗，即资产在尚可使用年限内所产生的超额营运成本的折现值的总和。

资产功能性贬值的计算公式为：

$$\text{被评估资产的功能性贬值} = \sum(\text{被评估资产年净超额营运成本} \times \text{折现系数})$$

例 4-25

沿用本章引例（3）提供的资料，大洋科技有限公司拟转让慢走丝线切割机床一台，资产评估专业人员根据被评估资产的情况选择同类全新设备作为参照物，有关资料如表4-6所示。适用的所得税税率为25%。估算该慢走丝线切割机床的功能性贬值（剩余使用年限为5年）。

表 4-6 设备技术资料

项目	被评估设备	参照物设备
年生产能力	1 900 件	2 000 件
单位产品物料消耗	20 元/件	18 元/件
单位产品人工消耗	25 元/件	23 元/件

解：根据表4-6中的资料，与参照物相比，被评估资产的功能性贬值体现在单位产品消耗的增加上，以次列表，如表4-7所示。

表 4-7 慢走丝线切割机床功能性贬值的估算

项目	被评估设备	参照物设备
年生产能力(件)	1 900	2 000
单位产品物料消耗(元/件)	20	18
年物料超额支出(元)	1 900×20−2 000×18=2 000	
单位产品人工消耗(元/件)	25	21
年人工消耗超额支出(元)	1 900×25−2 000×21=5 500	
年净超额营运成本(元)	(2 000+5 500)×(1−25%)=5 625	
剩余使用年限(年)	5	
5 年年金现值系数(折现率 8%)	$(P/A,8\%,5)=3.992\,7$	
功能性贬值(元)	5 625×3.992 7=22 458.94	

应当指出，新老技术设备的对比，除生产效率影响工资成本超额支出外，还可将原材

料消耗、能源消耗以及产品质量等指标进行对比，计算被评估资产的功能性贬值。

此外，功能性贬值的估算还可以通过超额投资成本的估算进行，即超额投资成本可视同功能性贬值。计算公式为：

被评估资产的功能性贬值＝复原重置成本－更新重置成本

在实际评估工作中也有功能性溢价的情况，即当评估对象功能明显优于参照资产功能时，评估对象就可能存在功能性溢价。

3.2.4 经济性贬值的估算方法

就表现形式而言，资产的经济性贬值主要表现为运营中的资产利用率下降甚至闲置，并由此引起资产的运营收益减少。资产的经济性贬值有两种：一是资产利用率下降甚至闲置等；二是资产的运营收益减少。因此，经济性贬值的估算也有两个途径。当有确实证据表明资产已经存在经济性贬值时，可参考采用下面两种方法估测其经济性贬值率或经济性贬值额。

1. 间接计算法

间接计算法以被评估资产的重置成本为基础，通过计算资产的经济性贬值率估算资产的经济性贬值，其计算公式为：

被评估资产的经济性贬值＝被评估资产的重置成本×经济性贬值率

其中：

$$经济性贬值率=\left[1-\left(\frac{资产预计可利用生产能力}{资产原设计生产能力}\right)^{x}\right]\times 100\%$$

式中，x 为资产功能价值指数，取值为 0.6～0.7。

例 4－26

沿用本章引例（3）提供的资料，被评估资产（慢走丝线切割机床）在 2019 年 9 月 6 日的重置成本为 20 万元，原设计生产能力为 2 000 件/年，预计年可利用生产能力为 1 550 件/年，该类资产的功能价值指数为 0.7，计算该被评估资产的经济性贬值。

解：计算被评估资产的经济性贬值率：

$$\begin{aligned}经济性贬值率&=\left[1-\left(\frac{资产预计可利用生产能力}{资产原设计生产能力}\right)^{x}\right]\times 100\%\\&=\left[1-\left(\frac{1\,550}{2\,000}\right)^{0.7}\right]\times 100\%\\&=16.34\%\end{aligned}$$

计算被评估资产的经济性贬值：

$$\begin{aligned}被评估资产的经济性贬值&=被评估资产的重置成本\times 经济性贬值率\\&=20\times 16.34\%\\&=3.27(万元)\end{aligned}$$

即该资产的经济性贬值为3.27万元。

2. 直接计算法

该方法主要测算的是因收益额减少所导致的经济性贬值。计算公式为：

$$被评估资产的经济性贬值=\sum[资产年收益损失额\times(1-所得税税率)\times现值系数]$$

例4-27

沿用本章引例（5）提供的资料，该组刨床设备在剩余10年可使用期限内的年生产能力为5万件，由于消耗费用提高导致单件产品收益减少8元，折现率为8%，计算该组刨床设备的经济性贬值。

解：计算被评估资产（5组刨床）年收益减少额：

$$资产年收益减少额=5\times8=40(万元)$$

计算该组刨床设备的经济性贬值：

$$\begin{aligned}被评估资产的经济性贬值&=\sum[资产年收益损失额\times(1-所得税税率)\times现值系数]\\&=40\times(1-25\%)\times(P/A,8\%,10)\\&=201.30(万元)\end{aligned}$$

在实际评估工作中也有经济性溢价的情况，即当评估对象及其产品有良好的市场及市场前景或有重大政策利好时，评估对象就可能发生经济性溢价。

3.2.5 综合成新率的估算方法

年限成新率的确定考虑了资产的经济寿命。在使用过程中，资产的价值随着使用年限的消耗降低。

勘查成新率是资产评估专业人员通过现场勘查、查阅资产的历史资料，向操作人员询问资产的使用情形、维修保养情形等，对所获得信息进行分析后综合确定的成新率。

在资产评估实践中，综合成新率可以通过将年限成新率和勘查成新率加权平均得到。

第4节 评估方法的选择

2016年7月2日通过的《资产评估法》第26条规定，评估专业人员应当恰当选择评估方法，除依据评估执业准则只能选择一种评估方法的外，应当选择两种以上评估方法，经综合分析，形成评估结论，编制评估报告。可见，评估专业人员恰当选择资产评估方法已上升为法律的要求。恰当选择评估方法是资产评估程序中必不可少的一个关键步骤，资产评估程序准则对资产评估方法的选择和运用做出了原则性规定，进一步细化和落实了《资产评估法》相关规定的要求。

资产评估方法是指确定资产价值的途径、手段及各种技术方法，主要包括市场法、收益法和成本法三种基本方法及其衍生方法。资产评估方法的选择和运用是从事资产评估业务的重要环节，也是影响资产评估结论和资产评估报告质量的重要因素。规范资产评估方法的选择、运用和披露，有利于促进资产评估机构和资产评估专业人员在资产评估执业实践中合理使用资产评估方法，提高资产评估执业质量。

4.1 评估方法选择的要求

资产评估专业人员在选择评估方法时，应当充分考虑影响评估方法选择的因素。所考虑的因素主要包括：(1) 评估目的和价值类型；(2) 评估对象及预期用途；(3) 可行的评估方法的优势和劣势；(4) 评估方法应当所依据数据的质量和数量等。

当满足采用不同评估方法的条件时，资产评估专业人员应当选择两种以上评估方法，通过综合分析形成评估结论。

4.1.1 评估方法应当与评估目的和评估价值类型相适应

评估价值类型的确定首先取决于评估目的，评估目的是根本，评估方法作为获得特定资产价值的技术方法，需要与价值类型相适应。例如，对一项以成本模式进行后续计量的投资性房地产进行评估，为减值测试提供价值参考，评估目的为财务报告目的，价值类型应当为会计准则所要求的特定价值（可收回金额），在确定预计未来现金流量的现值时，应当选择收益法；在确定公允价值减处理费用，估算公允价值时可以选择市场法。

4.1.2 评估方法应当与评估对象的类型和现实状态相适应

不同的评估方法有不同的条件要求和程序要求。比如，收益法主要适用于持续使用前提下的资产评估，并且评估对象具有预期获利能力；而市场法要求在公开市场上有可比的交易案例，并且评估对象与案例的价值影响因素差异可以合理比较和量化。这就要求资产评估专业人员充分分析评估对象的类型和现实状态，考虑各种评估方法的适应性和局限性，恰当选择评估方法，避免在评估对象不具备合理条件的情况下滥用评估方法。

4.1.3 评估方法应当与资料收集情况相适应

评估方法的应用会涉及特定的数据、参数，只有评估过程中所收集的资料和确定的依据可靠、合理、有效、充分，才能保证评估结果的合理性。在评估实践中，条件的制约往往会导致某种评估方法所需资料的数量和质量达不到要求，那么资产评估专业人员应当考虑采用其他替代的评估方法进行评估。

4.2 可以采用一种评估方法的情形

资产评估专业人员在评估实践中，当存在下列情形时，可以采用一种评估方法：

（1）基于相关法律、行政法规、规章的要求或者限制而采用一种方法。

（2）由于评估对象仅满足一种评估方法的适用条件而采用一种评估方法。例如，交易不活跃、无法单独产生收益的非标准工业建筑或专用设备等，一般选择成本法。

（3）因操作条件限制而采用一种评估方法。因评估方法的适应性或操作条件限制导致无法采用两种以上评估方法进行评估的，资产评估专业人员可以采用一种方法进行评估，但需要在评估报告中说明理由。操作条件限制应当是资产评估行业通常的执业方式普遍无法排除的，而不以个别资产评估机构或者个别资产评估专业人员的操作能力及条件作为判断标准。

（4）依据资产评估执业准则，经分析现有评估方法的适应性，只能选择一种评估方法的，应当在资产评估报告中说明理由。

4.3 评估方法选择的披露

资产评估专业人员应该在资产评估报告中对评估方法的选择及其理由进行披露。因适用性受限而选择一种评估方法的，应当在资产评估报告中披露其他基本方法不适用的原因；因操作条件受限而选择一种评估方法的，应当对所受的操作条件限制进行分析、说明和披露。

本章小结

如图4-1所示，资产评估方法包括市场法、收益法和成本法。本章从每种方法的定义、思路入手，详细讲解了基本公式及其含义，结合不同的具体方法，综合测算各方法的参数，进行资产评估方法的介绍。

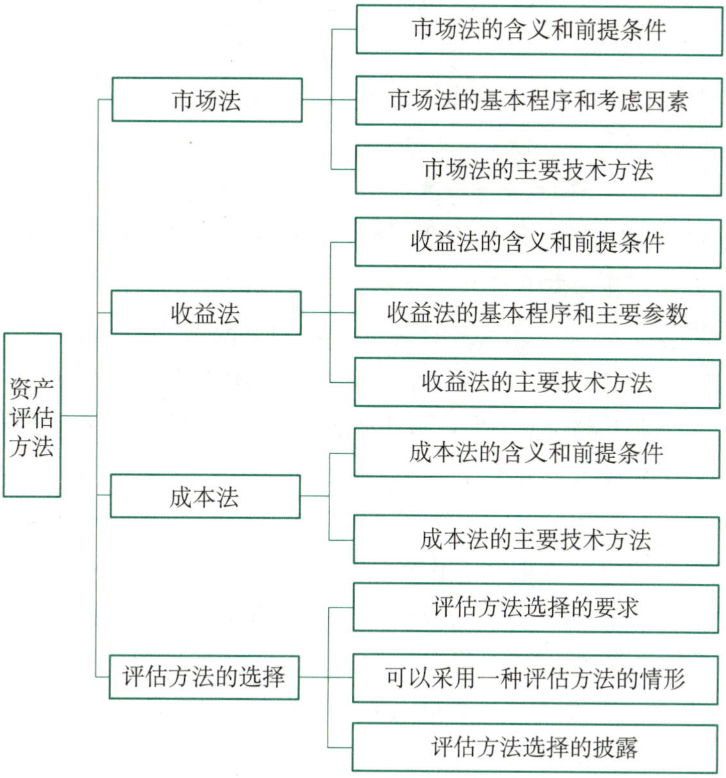

图 4-1　资产评估方法

练习题

一、单项选择题

1. 资产评估的基本方法不包括（　　）。

A. 市场法　　B. 成本法　　C. 交易法　　D. 收益法

2. 市场法以同类或类似资产的（　　）为基础，根据替代原则，采用比较与类比的思路和方法判断被评估资产的价值。

A. 市场阶段价格　　B. 市场重置价格

C. 市场交易价格　　D. 抵押价格

3. 按照资产评估的一般要求，运用市场法进行资产价值评估时，评估人员通常要选择三个以上参照物的原因是（　　）。

A. 便于计算　　B. 使参照物具有可比性

C. 容易得出评估值　　D. 降低偶然因素对资产评估价值的影响

4. 功能性贬值是指受（　　）的影响造成的资产贬值。

A. 技术进步　　B. 市场供求关系改变

C. 行业的产能过剩　　D. 资产利用率下降或闲置

5. 交易条件不包括（　　）。

A. 交易动机　　B. 交易时间　　C. 交易量　　D. 交易价格

6. 现行市价法属于（　　）。

A. 类比调整法　　B. 直接比较法　　C. 功能类别法　　D. 价值比率法

7. 成本法中的价格指数法是基于物价水平的变动，利用与被评估资产有关的价格指数，将被评估资产的历史成本调整为（　　）的一种方法。

A. 公允价值　　B. 公允成本　　C. 重置成本　　D. 市场价格

8. 某被评估资产年生产能力为 400 件，参照物的年生产能力为 600 件，在评估基准日，参照物的市场交易价格为 6 万元，该资产的功能价格指数为 0.8。根据功能价值类比法确定被评估资产的价值最接近于（　　）万元。

A. 6　　B. 4　　C. 4.3　　D. 4.5

9. 资产实体性贬值的估算方法，通常不采用（　　）。

A. 观察法　　B. 使用年限法　　C. 修复费用法　　D. 间接估算法

10. 某企业拟转让收益性资产，经资产评估专业人员预测，在评估基准日后该资产可使用年限为 30 年，每年收益为 20 万元，折现率为 10%，其评估价值最接近于（　　）万元。

A. 178　　B. 180　　C. 188　　D. 200

二、多项选择题

1. 应用市场法评估单项资产价值时应考虑的因素是（　　）。

A. 资产的功能　　B. 资产的质量和实体特征

C. 市场条件的一致性　　D. 交易条件

E. 资产所处的地理位置

2. 参照物选择的基本要求是（　　）。

A. 参照物与被评估资产的用途相同

B. 参照物与被评估资产处在同一市场中

C. 参照物的交易目的与被评估资产的评估目的相同

D. 参照物的交易属于正常交易

E. 参照物的交易日期与被评估资产的评估基准日尽量接近

3. 应用市场法进行资产评估必须具备的条件是（　　）。

A. 存在发育完善、交易活跃的公开资产市场

B. 存在与被评估资产相同或相类似的资产交易

C. 参照物必须是与被评估资产相同或相类似的全新资产

D. 参照物与被评估资产之间的差异能够确定

E. 参照物与被评估资产之间的功能必须相同

4. 在资产评估中，根据所选择的参照物与被评估资产之间的差异程度，将市场法分为（　　）。

A. 直接比较法　　B. 折扣比较法　　C. 类比调整法
D. 功能价值类比法　　E. 间接比较法

5. 直接比较法主要包括（　　）。

A. 现行市价法　　B. 市价折扣法　　C. 功能价值类比法
D. 价格指数法　　E. 成本率价格调整法

6. 从理论上讲，折现率的基本组成因素包括（　　）。

A. 超额收益率　　B. 无风险报酬率　　C. 风险报酬率
D. 价格变动率　　E. 平均收益率

7. 运用收益法涉及的基本要素或参数包括（　　）。

A. 被评估资产的实际收益　　B. 被评估资产的预期收益
C. 折现率或资本化率　　D. 被评估资产的折旧年限
E. 被评估资产的预期获利年限

8. 在正常情况下，运用收益法评估资产价值时，资产的收益额应该是资产的（　　）。

A. 历史收益额　　B. 未来预期收益额　　C. 现实收益额
D. 实际收益额　　E. 客观收益额

9. 从理论上讲，成本法涉及的基本要素包括（　　）。

A. 资产的重置成本　　B. 资产的有形损耗
C. 资产的功能性贬值　　D. 资产的经济性贬值
E. 资产的获利年限

10. 在估算资产的功能性贬值时，要考虑资产的替代性、新资产的技术水平和资产更新换代的速度等因素，其中资产的替代性包括（　　）等因素。

A. 设备替代　　B. 技术替代　　C. 生产工艺替代
D. 产品替代　　E. 管理水平替代

三、计算题

1. 已知资产的价值与功能之间存在线性关系，参照物与评估对象仅在功能方面存在差异，参照物的年生产能力为 1 200 件，成交价格为 1 500 元，评估对象的年生产能力为 1 000件。计算评估对象的价值。

2. 被评估企业在未来 5 年的预期收益分别为 100 万元、120 万元、150 万元、160 万元和 200 万元。假定折现率和资本化率均为 10%，企业经营期永续。假定被评估企业从第 6 年开始，企业的年收益维持在 200 万元水平，试估测该企业的整体价值。

3. 评估对象为某企业 2016 年购进的一条生产线，账面原值为 150 万元，2019 年进行评估。经调查分析确定，该生产线的价格每年比上一年增长 10%，专业人员勘察估算后认为，该生产线还能使用 6 年。又知目前市场上已出现功能更先进的类似生产线，并被普遍运用，新生产线与评估对象相比，可节省人员 3 人，每人的月工资水平为 2 万元（该企业适用的所得税税率为 25%，假设折现率为 10%）。根据上述资料，采用成本法对该生产线进行评估。

第5章 资产评估报告

学习目标

通过本章的学习，学生应全面理解《资产评估执业准则——资产评估报告》，掌握资产评估报告和档案的基本要求、基本内容，工作底稿的编制要求，资产评估档案的归集和管理；熟悉资产评估报告的分类、国有资产评估报告的特殊要求、工作底稿的分类与内容；了解资产评估报告及规范要求、评估档案的保密与查阅。

第1节 资产评估报告概述

1.1 资产评估报告的概念及制度

为了规范资产评估执业行为，保证资产评估执业质量，保护资产评估当事人合法权益和公共利益，我国于2007年发布了《资产评估准则——评估报告》，在财政部的指导下，中国资产评估协会根据《资产评估基本准则》，于2017年、2018年两次修订了《资产评估执业准则——资产评估报告》，现阶段使用的准则为2018年10月修订版，自2019年1月1日起施行，要求资产评估机构及其资产评估专业人员以“资产评估报告”名义出具书面专业报告，执行该准则。

根据《资产评估执业准则——资产评估报告》，资产评估报告是指资产评估机构及其资产评估专业人员遵守法律、行政法规和资产评估准则，根据委托履行必要的评估程序后，由资产评估机构对评估对象在评估基准日特定目的下的价值出具的专业报告。资产评估专业人员应当根据评估业务的具体情况，提供能够满足委托人和其他评估报告使用人合理需求的评估报告，并在评估报告中提供必要信息，使评估报告使用人能够合理理解评估结论。资产评估报告应当按照一定格式和内容进行编写，反映评估目的、假设、程序、标准、依据、方法、结果及适用条件等基本信息。

狭义的资产评估报告即资产评估结果报告书，既是资产评估机构与资产评估师完成对资产作价，就被评估资产在特定条件下的价值所发表的专家意见，也是评估机构履行评估合同情况的总结，还是评估机构与资产评估师为资产评估项目承担相应法律责任的证明文件。广义的资产评估报告是一种工作制度。它规定评估机构在完成评估工作之后必须按照一定程序的要求，用书面形式向委托方及相关主管部门报告评估过程和结果。

1.2 资产评估报告的作用

资产评估报告有以下几方面的作用：

（1）资产评估报告对委托评估的资产提供价值意见。

资产评估报告是经具有资产评估资格的机构根据委托评估资产的特点和要求，由资产评估师及相应的专业人员组成评估队伍，遵循评估原则和标准，履行必要的评估程序，运用科学的方法对被评估资产价值进行评定和估算后，通过报告书的形式提出的价值意见。该价值意见是被委托评估资产作价的重要参考依据。

（2）资产评估报告是反映和体现资产评估工作情况，明确委托方、受托方及有关方面责任的依据。

资产评估报告用文字的形式，对受托资产评估业务的目的、背景、范围、依据、程序、方法等过程和评定的结果进行说明和总结，体现了评估机构的工作成果。同时，资产评估报告也反映和体现了受托的资产评估机构与执业人员的权利与义务，并以此来明确委托方、受托方等有关方面的法律责任。在资产评估现场工作完成后，评估人员就要根据现场工作取得的有关资料和估算数据，撰写评估结果报告，向委托方报告。负责评估项目的资产评估师同时在报告书上行使签字的权利，并提出报告使用的范围和评估结果实现的前提等具体条款。当然，资产评估报告也是评估机构履行评估协议和向委托方或有关方面收取评估费用的依据。

（3）资产评估报告是管理部门监督评估业务开展情况，完善资产评估管理的重要手段。

资产评估报告是反映评估机构和评估人员职业道德、执业能力水平以及评估质量高低和机构内部管理机制完善程度的重要依据。有关管理部门通过审核资产评估报告，可以有效地对评估机构的业务开展情况进行监督和管理，并对评估工作中出现的问题给予指导，使评估工作得以不断完善。

（4）资产评估报告是建立评估档案、归集评估档案资料的重要信息来源。

评估机构和评估人员在完成资产评估任务之后，都必须按照档案管理的有关规定，将评估过程中收集的资料、工作记录以及资产评估过程的有关工作底稿进行归档，以便进行评估档案的管理和使用。由于资产评估报告是对整个评估过程的工作总结，其内容包括了评估过程的各个具体环节、各有关资料的收集和记录。因此，不仅评估报告的底稿是评估档案归集的主要内容，而且撰写资产评估报告过程中用到的各种数据、各个依据、工作底稿和资产评估报告制度中形成的有关文字记录（如主管部门的审核意见和报告确认书）等都是资产评估档案的重要信息来源。

1.3 资产评估报告的种类

国际上对资产评估报告有不同的分类，如美国专业评估执业统一准则将评估报告分为完整型评估报告、简明型评估报告、限制型评估报告等。随着我国资产评估业务种类的不断增加，我国的资产评估报告种类也在不断地丰富与完善。资产评估报告可按不同的标准进行分类。

1.3.1 按法律定位划分

（1）法定评估业务评估报告，是指评估机构开展涉及国有资产或者公共利益等事项，法律、行政法规规定需要评估的法定评估业务所出具的评估报告，比如国有资产评估报告。

（2）非法定评估业务评估报告，是指除法定评估业务以外开展的评估业务所出具的评估报告。

1.3.2 按资产评估对象划分

评估报告分为整体资产评估报告和单项资产评估报告，二者的基本格式一样，但因评估具体业务存在差别，导致在报告内容上存在差别。

（1）整体资产评估报告，是指对（企业、单位或业务等）整体资产进行评估所出具的资产评估报告。报告内容不仅包括资产，也包括负债和股东权益（所有者权益）。

（2）单项资产评估报告，是指对一项资产，或若干项以独立形态存在、可以单独发挥作用或以个体形式进行交易的资产进行评估所出具的资产评估报告。报告内容一般不考虑负债。

1.3.3 按报告的繁简程度划分

按照繁简程度不同，评估报告分为完整型评估报告、简明型评估报告和限制型评估报告。要求资产评估师在评估报告中明确说明评估报告的类型。三种评估报告的根本区别在于所提供信息的详细程度不同。

完整型评估报告应当包括解决评估问题所需要的所有重要信息的完整描述。

简明型评估报告应该包括对解决评估问题具有重要意义的信息的简要说明。

当评估报告的预定使用者不包括除评估委托方之外的人员时，可以提供限制型评估报告，限制型评估报告仅仅为委托人使用。

1.3.4 按评估基准日划分

按照评估基准日不同，评估报告分为评估基准日为现在时点的现时性评估报告、评估基准日为未来时点的预测性评估报告、评估基准日为过去时点的追溯性评估报告。

如某法院委托进行司法诉讼评估，法院欲了解诉讼标的在两年前某一时点的市场价值，委托评估机构进行评估，此时出具的评估报告即追溯性评估报告。又如某银行发放抵押贷款，银行欲了解抵押物在两年后某一时点的市场价值，委托评估机构进行评估，此时出具的评估报告即预测性评估报告。

1.4 资产评估报告的基本要求

1.4.1 陈述的内容应当清晰、准确，不得有误导性的表述

评估报告作为一个具有法律意义的文件，用语必须清晰、准确，不应有意或无意地使用存在歧义或误导性的表述。因为除委托人以外，其他评估报告使用人可能没有机会与资产评估专业人员进行充分沟通，而仅能依赖评估报告中的文字性表述来理解和使用评估结论，所以资产评估专业人员必须特别注意评估报告的表述方式，不应引起使用者的误解。

1.4.2 应当提供必要信息，使资产评估报告使用人能够正确理解和使用评估结论

资产评估专业人员应当根据每一个评估项目的具体情况和委托方的合理要求，确定评估报告中所提供信息的范围和程度，使评估报告使用人能够正确理解和使用评估报告的结论。

判定一份评估报告是否提供了必要的信息，就要看评估报告使用人（可能具有评估专业知识，也可能不懂评估专业知识）在阅读评估报告后能否对评估结论有正确的理解。这虽然是一个原则性的外部标准，但对于评估报告是一个合理的要求。只有这样，才能体现资产评估专业人员是否尽到了勤勉尽责的义务。

1.4.3 详略程度可以根据评估对象的复杂程度、委托人的要求合理确定

资产评估报告的详略程度是以评估报告中提供的必要信息为前提的。

作为理性的评估报告使用人，可能会要求资产评估专业人员在评估报告中不仅提供评估结论，还要提供形成评估结论的详细过程，或者要求在评估报告中对某些方面提供更为详细的说明。因此，资产评估报告的详略程度应当根据评估对象的复杂程度、委托人的合理需求来确定。

1.4.4 说明评估程序受限对评估报告出具的影响

因法律法规规定、客观条件限制，无法或者不能完全履行资产评估基本程序，经采取措施弥补程序缺失，且未对评估结论产生重大影响的，可以出具资产评估报告，但应当在评估报告中说明资产评估程序受限情况、处理方式及其对评估结论的影响。

如果程序受限对评估结论产生重大影响或者无法判断其影响程度，不应出具资产评估报告。

1.4.5 签字印章要求

资产评估报告应当由至少两名承办该项业务的资产评估专业人员签名并加盖资产评估机构印章。法定评估业务的资产评估报告应当由至少两名承办该项业务的资产评估师签名并加盖资产评估机构印章。

1.4.6 语言及汇率要求

资产评估报告应当使用中文撰写。需要同时出具中外文资产评估报告的，以中文资产评估报告为准。

资产评估报告一般以人民币为计量币种，使用其他币种计量的，应当注明该币种在评估基准日与人民币的汇率。

1.4.7 评估结论的使用有效期

评估结论反映评估基准日的价值判断，仅在评估基准日成立，所以资产评估报告应当明确评估结论的使用有效期。超过有效期限，评估基准日的评估结论很可能不能反映经济行为发生日的评估结论。

在评估基准日后的某个时期，经济行为发生时，市场环境或资产状况未发生较大变化，评估结论在此期间有效，一旦市场价格标准或资产状况出现较大变动，则评估结论失效。对于现时性资产评估业务，通常只有当评估基准日与经济行为实现日相距不超过一年时，才可以使用资产评估报告。当然，有时评估基准日至经济行为发生日尽管不到一年，但市场条件或资产状况发生了重大变化，评估报告的结论不能反映经济行为实现日价值，这时应该重新评估。

第 2 节　资产评估报告的基本内容

依照《资产评估执业准则——资产评估报告》的有关规定，资产评估报告的内容包括标题及文号、目录、声明、摘要、正文、附件。

2.1　资产评估报告的标题及文号、目录、声明、摘要

2.1.1　资产评估报告的标题

符合资产评估报告定义的评估报告，才能以“评估报告”标题出具。标题格式要求：企业名称＋经济行为关键词＋评估对象＋资产评估报告。

2.1.2　资产评估报告的文号

包括资产评估机构特征字、种类特征字、年份、报告序号。

2.1.3　资产评估报告的目录

包括每一部分的标题和相应页码。

2.1.4　资产评估报告的声明

1. 编制依据

资产评估报告依据财政部发布的资产评估基本准则、中国资产评估协会发布的资产评估执业准则和职业道德准则编制。

2. 按规定使用

（1）依法依范围使用：委托人或者其他资产评估报告使用人应当按照法律、行政法规规定和资产评估报告载明的使用范围使用资产评估报告。

（2）违规使用不担责：委托人或者其他资产评估报告使用人违反规定使用资产评估报告的，资产评估机构及其资产评估专业人员不承担责任。

3. 界定报告使用人

资产评估报告仅供委托人、资产评估委托合同中约定的其他资产评估报告使用人和法律、行政法规规定的资产评估报告使用人使用；除此之外，其他任何机构和个人不能成为资产评估报告的使用人。

4. 理解评估结论

资产评估报告使用人应当正确理解和使用评估结论，评估结论不等同于评估对象可实现价格，评估结论不应当被认为是对评估对象可实现价格的保证。

5. 原则及法律责任

资产评估机构及资产评估专业人员遵守法律、行政法规和资产评估准则，坚持独立、客观和公正的原则，并对所出具的资产评估报告依法承担责任。

6. 报告关注点（假设特别事项限制）

资产评估报告使用人应当关注评估结论成立的假设前提、资产评估报告特别事项说明和使用限制。

7. 其他需要声明的内容

需要注意的是，资产评估准则的要求仅是一般性声明内容，资产评估专业人员在执行具体评估业务时，还应根据评估项目的具体情况，调整或细化声明内容。

2.1.5 资产评估报告的摘要

评估报告的摘要通常提供资产评估业务的主要信息及评估结论。

每份资产评估报告的正文之前应有表达该报告关键内容的摘要，以便各方面了解该评估报告的主要信息。该摘要与资产评估报告正文具有同等法律效力，由资产评估师、评估机构法定代表人及评估机构等签字盖章，并注明提交日期。该摘要还必须与评估报告的结论一致，不得有误导性内容，并应当采用提醒文字提醒使用者阅读全文。

2.2 资产评估报告正文的基本内容

资产评估报告正文应当包括下列内容：（1）委托人及其他资产评估报告使用人；（2）评估目的；（3）评估对象和评估范围；（4）价值类型；（5）评估基准日；（6）评估依据；（7）评估方法；（8）评估程序实施过程和情况；（9）评估假设；（10）评估结论；（11）特别事项说明；（12）资产评估报告使用限制说明；（13）资产评估报告日；（14）资产评估专业人员签名和资产评估机构印章。

2.2.1 委托人及其他资产评估报告使用人

资产评估报告使用人包括委托人、资产评估委托合同中约定的其他资产评估报告使用人和法律、行政法规规定的资产评估报告使用人。报告中需要阐明委托人和其他资产评估报告使用人的身份，包括名称或类型，可以是可确指的法人、自然人，如某某公司、某某自然人；也可以是不确指的一类群体，如国有资产管理部门、证券市场投资人等。

2.2.2 评估目的

资产评估目的是指评估委托人要求对评估对象的价值进行评估后所要从事的行为，即为什么要进行资产评估，是资产评估工作进入实质性阶段后首先要考虑的重要因素。资产评估的特定目的贯穿评估的全过程，影响评估对象的界定、价值类型的选择等，是必须首先明确的基本事项，资产评估目的应当唯一，结论服务于评估目的。

一般可以描述为：为＋委托方＋经济行为＋提供价值参考，如：为×××公司核定搬迁补偿损失提供价值参考。

例 5－1

××股份有限公司拟处置部分债权价值，需要确定评估基准日××股份有限公司在持续经营前提下部分债权的价值，本次资产评估的目的是为上述经济行为提供价值参考。

例 5－2

本次资产评估的目的是公允反映××集团投入拟设立的股份有限公司的资产、负债和净资产在评估基准日的公允价值，为××集团以实物资产出资提供价值参考。

2.2.3 评估对象和评估范围

资产评估报告中应当载明评估对象和评估范围，并描述评估对象的基本情况。

1. 企业价值评估

评估对象可以分为两类，即企业整体价值和股东权益价值（全部或部分），与此对应的评估范围是评估对象涉及的资产及负债。一般可以描述为：评估对象为××公司的股东全部权益。评估范围为涉及××公司的全部资产及相关负债，资产类型具体包括流动资产、非流动资产，相关负债包括流动负债。

2. 单项资产评估

对于单项资产评估，各资产评估具体准则中均对评估对象进行了规范，有关规定如表 5－1 所示。

表 5－1 评估对象相关规定

资产类别	评估对象
金融不良资产	可能是债权资产，也可能是用以实现债权清偿权利的实物类资产、股权类资产和其他资产
无形资产	单项无形资产或者无形资产组合的财产权益
机器设备	单台设备或设备组合对应的全部或者部分权益
实物期权	主要包括增长期权和退出期权等

例 5－3

企业价值的评估对象和评估范围：

评估对象为B公司100%的股权。

评估范围为涉及B公司的全部资产及相关负债，资产类型具体包括流动资产、非流动资产，相关负债包括流动负债。其中，非流动资产具体包括固定资产、在建工程、固定资产清理、无形资产、递延所得税资产。

例5-4

评估范围界定不清晰、不严谨：

如企业某项业务的资产转让，评估描述为“该项业务的相关资产”，仅写“相关”不严谨，应当明确该“相关”是由“谁申报、谁确认”的范围。

2.2.4 价值类型

资产评估报告应当说明选择价值类型的理由，并明确其定义。可以参考《资产评估价值类型指导意见》。

例5-5

《H公司所拥有的与××技术相关的无形资产作价投资资产评估报告》披露：“本报告评估结论的价值类型为委估无形资产的投资价值。投资价值是指评估对象对于具有明确投资目标的特定投资者或者某一类投资者所具有的价值估计数额，亦称特定投资者价值。”

分析：从评估目的、市场条件、评估对象等分析，评估报告使用人不能理解投资价值选择理由、投资价值是如何体现的。因此，该信息披露不充分。

例5-6

《×股份有限公司拟编制2017年12月31日合并报表进行减值测试涉及Y公司2017年12月31日会计报表所记载的著作权对应的资产组资产评估报告》在“价值类型”部分披露，“本项目的评估结论是为委托方编制合并会计报表对相关资产进行减值测试时提供参考依据。依据《企业会计准则第8号——资产减值》第六条的规定，资产存在减值迹象的，应当估计其可收回金额。

“可收回金额应当根据资产的公允价值减去处置费用后的净额与资产预计未来现金流量的现值两者之间较高者确定。处置费用包括与资产处置有关的法律费用、相关税费、搬运费以及为使资产达到可销售状态所发生的直接费用等。故本项目选取的价值类型为可收回价值。”

分析：资产减值测试中关于资产公允价值的确定，首先应遵循会计准则而不是评估准则。《以财务报告为目的的评估指南》第 18 条规定：“执行以财务报告为目的的评估业务，应当根据会计准则或者相关会计核算与披露的具体要求、评估对象等相关条件明确价值类型。会计准则规定的计量属性可以理解为相对应的评估价值类型。”该报告中对于价值类型的选择和披露是合理的。

2.2.5 评估基准日

资产评估报告载明的评估基准日应当与资产评估委托合同约定的评估基准日保持一致，可以是过去、现在或者未来的时点。应写明评估基准日的具体日期，确定评估基准日的理由或成立条件，揭示确定评估基准日对评估结果的影响程度。

2.2.6 评估依据

资产评估报告应当说明资产评估采用的法律法规依据、准则依据、权属依据及取价依据等。

1. 法律法规依据

法律法规依据应包括资产评估的有关法律法规等，如《资产评估法》《公司法》《证券法》《拍卖法》《国有资产评估管理办法》《资产评估行业财政监督管理办法》等。

2. 准则依据

准则依据主要包括财政部发布的作为我国资产评估准则体系基础的《资产评估基本准则》，以及中国资产评估协会发布的《资产评估职业道德准则》《资产评估执业准则——资产评估报告》《资产评估执业准则——资产评估程序》《资产评估执业准则——资产评估委托合同》等一系列程序性准则和《资产评估执业准则——企业价值》《资产评估执业准则——无形资产》等一系列实体性准则、指南和指导意见。

3. 权属依据

由于资产的价值与其法律权属状况有着密切关系，资产评估专业人员在执业过程中应当关注评估对象法律权属状况，收集评估对象的产权资料，对委托人和相关当事人提供的评估对象法律权属资料进行必要的核查和验证，并对资产评估专业人员履行相关资产评估程序情况、评估对象产权情况以及所存在瑕疵对评估结论和评估报告使用的影响等进行必要的披露。

资产评估专业人员在评估报告中对评估对象的法律权属及其证明资料来源予以必要说明。

权属依据通常包括国有资产产权登记证书，投资人出资权益的证明文件，与不动产、知识产权资产、资源性资产、运输设备等动产相关的权属证书或其他证明文件，债权持有证明文件，从事特定业务所需的经营许可证书等。需要根据资产评估对象、资产评估项目涉及的具体资产类型等有针对性地选用。

4. 取价依据

取价依据应包括资产评估中直接或间接使用的、企业提供的财务会计和经营方面的资料，国家有关部门发布的统计资料和技术标准资料，以及评估机构收集的有关询价资料和参数资料等。取价依据通常包括的资料如表 5-2 所示。

表 5-2 取价依据资料

资料提供者	取价依据资料
企业	提供的企业财务会计和经营方面的资料，资产购建、使用及管理等资料
国家有关部门	发布的统计资料、技术标准和政策文件等
评估机构	自行收集的市场交易、专业资讯、研究分析等资料

评估依据的披露应掌握以下原则：

(1) 表述方式应当明确、具体，具有可验证性。

任何评估报告阅读者可以根据报告中披露的评估依据的名称、发布时间或文号找到相应的评估依据。例如，取价依据应披露为“《××省建筑工程综合预算定额》(××年)”，而不是“××省及××市建设、规划、物价等部门关于建设工程相关规费的规定”。

(2) 评估依据应具有代表性，且在评估基准日是有效的。

评估依据的收集应满足相关、合理、可靠和有效的要求。相关是指所收集的价格信息与评估对象具有较强的关联性；合理是指所收集的价格信息能反映评估对象的特点，不能简单地用行业或社会平均的价格信息推理具有明显特殊性质的资产价值；可靠是指经过对信息来源和收集过程的质量控制，所收集的资料具有较高的置信度；有效是指所收集的资料能够有效地反映评估基准日评估对象在模拟条件下可能的价格水平。

2.2.7 评估方法

根据《资产评估基本准则》，确定资产价值的评估方法包括市场法、收益法和成本法三种基本方法及其衍生方法。资产评估专业人员应当根据评估目的、评估对象、价值类型、资料收集等情况，分析上述三种基本方法的适用性，合理选择评估方法。

资产评估报告应简单说明评估的总体思路和主要评估方法及适用原因，并按评估对象和所涉及的资产（负债）类型逐项说明所选用的具体评估方法。如披露三种评估方法运用实施的过程，可包含的内容如表 5-3 所示。

表 5-3 运用实施的过程披露内容

方法	运用实施的过程披露
成本法	介绍估算公式，并对所涉及资产的重置价值及成新率的确定方法做简要说明
市场法	简单介绍参照物（交易案例）的选择原则、比较分析与调整因素等
收益法	介绍采用收益法的技术思路，主要测算方法、模型或计算公式，明确预测收益的类型以及预测方法与过程，选择和确定的折现率等

选择评估方法的过程中，应注意以下因素：

（1）评估方法的选择要与评估目的、评估时的市场条件、评估对象的具体状况，以及由此所决定的资产评估价值类型相适应。

（2）评估方法的选择受各种评估方法运用所需的数据资料及主要经济技术参数能否收集的制约。

（3）资产评估专业人员在选择和运用某一方法进行评估时，应充分考虑该种方法在具体评估项目中的适用性、效率性和安全性，并注意满足该种评估方法的条件要求和程序要求。

（4）在一些情况下，可以采取排除、否定其他评估方法的做法，作为决定采取某种评估方法的理由。

资产评估报告应当说明所选用的评估方法及其理由。因适用性受限或者操作条件受限等原因而选择一种评估方法的，应当在资产评估报告中披露并说明原因。

例 5-7

在《甲公司拟收购 HL 药品研究院拥有的 A 药品技术价值评估项目资产评估报告》中，评估方法披露“收益法是通过估算被评估资产未来预期收益的现值来判断资产价值的评估方法。因委估的技术尚处于临床试验阶段，未来能否取得新药证书以及生产批文尚存在不确定性，未来产生的现金流属于或有现金流，因此只能按或有资产进行评估。根据上述分析实则属于看涨期权，采用实物期权法对委估技术进行评估。”

分析：该报告披露得比较完善，先分析了收益法的适用性，然后对使用实物期权法进行了合理的分析。

例 5-8

本次重大资产重组仅选用市场法一种方法进行评估的具体原因：本次出售股权为莱商银行少数股权，莱商银行不接受现场尽职调查，选用市场法进行评估是唯一可行的方法。本次股权出售标的为熊猫金控持有的 3.33%的莱商银行股权，由于股权比例较小，且熊猫金控未向莱商银行委派董事，熊猫金控与莱商银行没有控制或共同控制关系，也未产生重大影响，故在本次评估过程中，莱商银行未予接受资产评估师至现场进行现场资产清查核实工作，相关资料均通过熊猫金控或公开披露信息获取，现场尽职调查受限。

分析：一般而言，资产评估的方法包括市场法、收益法和成本法三种基本方法及其衍生方法。其中，收益法和成本法均需要现场尽职调查，在对标的公司的资产进行现场盘点和清查及对公司的未来盈利预测进行核验的基础上才能进行，由于本次无法现场完成尽职调查工作，因此本次评估无法采用收益法和成本法；同时，由于目前已在 A 股市场上市的城市商业银行较多，可比公司的选取较为便利和公开，且市场法具有评估角度和评估途径直接、评估过程直观、评估数据直接取材于市场、评估结果说服力强的特点，适宜作为本次评估的方法，故选取市场法进行评估。

综上所述，结合本次资产评估的评估目的、评估对象、价值类型、资料收集等情况，最终选择只采用市场法进行评估，是在标的公司现场尽职调查受限情况下唯一的选择。本次评估仅采用市场法一种方法进行评估符合《上市公司重大资产管理办法》和相关评估准则的要求。

例 5-9

广东梅雁吉祥水电股份有限公司拟收购五华县农村信用合作联社所持有的蕉岭县农村信用合作联社 688.8 万股。

（1）市场法：国内资本市场（深沪两市）历经多年发展已具规模，形成活跃的公开市场，且提供的市场数据比较充分；深交所上市的创业板及中小板公司中，有相当多的公司与蕉岭县农村信用社具备可比性；上市公司的资料可方便地在交易所指定披露媒体或国内各大网络运营商的网站取得，且经多年建设、多家网络运营商的竞争以及管理部门的监管，可以确信依据的信息资料是适当和可靠的。因此，本次评估采用市场法。

（2）收益法：虽然被评估企业提供了未来数年的经营预测数据，但因现场所能收集的资料有限，未能支撑未来预测的合理性，且在一定程度上影响了评估结果的合理性，故不采用收益法进行评估。

（3）成本法：被评估企业虽已经营多年，受国家管理部门的监管，其管理应该有序，可以认为会计核算健全，但基于本次评估对象的特殊情况，经综合分析评估人员认为：本次评估在理论上和实务上都难以采用资产基础法（成本法）进行评估，故不采用资产基础法。

2.2.8 评估程序实施过程和情况

评估报告应说明评估程序实施过程和评估的总体情况，包括现场调查、收集整理评估资料、评定估算等主要内容，一般包括：

（1）接受项目委托，确定评估目的、评估对象与评估范围、评估基准日，拟定评估计划等过程。

（2）指导被评估单位清查资产、准备评估资料，核实资产与验证资料等过程。

（3）选择评估方法、收集市场信息和估算等过程。

（4）汇总评估结论、分析评估结论、撰写报告和内部审核等过程。

通常情况下，资产评估专业人员在评估报告中披露评估方法运用实施过程时应当重点关注以下内容：

（1）评估方法的运用和逻辑推理计算过程。

（2）评估方法运用中折现率、资本化率、价值比率、重置全价、成新率等重要参数的获取来源和形成过程。

资产评估专业人员应当在遵守相关法律、法规和资产评估准则的基础上，根据委托人的要求，遵循各专业准则的具体规定，结合报告的繁简程度恰当考虑对评估程序实施过程和情况的披露的详细程度。

（3）对初步评估结论进行综合分析，形成最终评估结论的过程。

例 5-10

执行程序问题：

某中央企业转让所属资产给其境外上市的股份公司评估项目，涉及分布在全国 31 个省（自治区、直辖市）、500 多个地级市的资产，十分分散。现场投入评估人员不足 50 名，现场工作时间不足 20 天，显然采取的是抽样核实的现场程序。从评估工作底稿看出，抽查核实的资产数量不足 1%，评估说明和工作底稿中并没有设计样本，也未说明现场核实如何考虑样本的代表性。

分析：抽查比例过低，是否能够反映资产的存在和现状？

评估准则规定可以采取抽样的核实方法，但要求考虑抽样风险。如《资产评估执业准则——机器设备》规定“执行机器设备评估业务，应当对机器设备进行现场逐项调查或者抽样调查，确定机器设备是否存在、明确机器设备存在状态并关注其权属。如果采用抽样的方法进行现场调查，应当充分考虑抽样风险。因客观原因等因素限制，无法实施现场调查的，应当采取措施加以判断，并予以披露。”案例中的做法与评估准则要求不符。

例 5-11

评估假设与评估预测矛盾：

某制药有限公司股权转让涉及的股东权益价值评估，评估对象为某制药有限公司的股东全部权益价值，采用成本法与收益法进行评估，经分析确定，最终将收益法确定的评估结果作为最终评估结论。

收益预测使用了如下假设：假设企业的资本结构保持不变。

分析：（1）计算 WACC（加权平均资本成本）时，对于资本结构确定的三种思路：选取评估对象账面资本结构、目标公司资本结构、优化资本机构。实务界做法不一，实际上很复杂，不能简单说哪一种方法是对的，需要具体问题具体分析，区别对待。

（2）具体思路如下：首先，分析企业经营模式和盈利模式；其次，分析债务资本和股权资本的稳定性（不能根据一年或一个阶段的状况确定）；再次，对比同一行业、同一经营模式、相同规模企业的一般水平；最后，结合评估目的分析确定。

（3）本例中，企业的资本结构中账面成本负债价值与股权价值的比例为 0.54，选取对比公司的该指标为 0.087，二者的资本结构差距很大，资产评估师未进行分析，直接对比公司的资本结构，而在评估假设中假设企业的资本结构不变，与评估时采用的资本结构假设矛盾。

（4）如果假设的是目标公司的 D/E（资本结构）不变，是没有问题的；如果假设的是评估对象的 D/E 不变，则逻辑上是存在问题的。

2.2.9 评估假设

评估假设本质是评估条件的某种抽象。评估报告应当披露所使用的资产评估假设。资产评估专业人员应科学合理地设定和使用评估假设，假设需要与资产评估目的及其对评估市场条件的限定情况、评估对象自身的功能和在评估时点的使用方式与状态、产权变动后评估对象的可能用途及利用方式、利用效果等内容相联系和匹配。

例 5-12

A 公司拟以其持有的 B 公司股权对 C 进行增资，对此经济行为所涉及的 B 公司股东全部权益在评估基准日的市场价值进行评估。 采用资产基础法和收益法进行评估，选用收益法得出的评估结果。

收益预测中使用了如下假设：假设 B 公司能够继续垄断 N H 县医疗机构的医药供应，并稳步向外拓展。

分析：该案例的这一假设，实际成为 B 公司盈利的支撑点，即评估结论形成的前提条件。 这样的假设，如果有合理的依据，如政府扶持政策、准入限制等，应该属于合理假设范畴，问题不在假设主观性上，而是缺乏假设依据。

例 5-13

A 公司、B 公司均为民营制药企业。 B 公司拟收购 A 公司 80%的股权，本次评估目的是为 B 公司拟收购股权所涉及的 A 公司股东全部权益价值提供参考依据。

收益预测使用了如下假设：假设被评估单位在现有的管理方式和管理水平的基础上，经营范围、方式与目前方向保持一致。

分析：（1）对于存在准入条件且生产经营及盈利以此为前提的情况，相关批复和证书成为“持续经营”的重要依据。

（2）如果未来盈利预测涉及新的准入，如本例中假设还存在正在审批中的“若干中药独家剂型产品”，应首先做出审批通过的假设（合理性在于：可能通过，也可能不通过，目前未发现不通过的依据和理由）；其次才是市场的问题、资本投入的问题，等等。

（3）再假设本例中药品 GMP 证书有效期分别到 2017 年 6 月 22 日、2018 年 2 月 25 日止。 药品 GMP 证书（旧版）即将到期，同时正在申请新版 GMP 证书，评估假设应补充必要的假设。

（4）制药企业通常生产的胶囊类、颗粒类、片剂类、滴丸类四类药，也有很多的批文。最为理想的做法是：

1）设计尽职调查表，请公司列出所有药品明细及相应的批号；

2）不考虑公司研制的新药品（因为涉及取得批号）。

例 5-14

根据 B 公司与某某旅游度假区管委会签订的协议，将企业缴纳的增值税及城建税的 60%、企业所得税的 25%作为企业发展扶持基金予以返还。评估中假设未来年度该项企业发展扶持基金能够按期、足额返还给企业。

分析：对于上述优惠情形的处理：延长两段模型的预测期直至达到稳定状态；或者不采用两段模型而逐年折现。

2.2.10 评估结论

资产评估报告应当以文字和数字形式表述评估结论，并明确评估结论的使用有效期。评估结论是评估报告正文的重要部分，应使用表述性文字完整地叙述评估机构对评估结果发表的结论，对资产、负债、净资产的账面价值，调整后的账面价值，评估价值及其增减幅度进行表述，要有确定的数值、区间值、其他形式的表述。

2.2.11 特别事项说明

特别事项是指在已确定评估结果的前提下，资产评估专业人员在评估过程中已发现可能影响评估结果，但非执业水平和能力所能评定估算的有关事项。资产评估报告中应当包括对特别事项进行的说明，并重点提示评估报告使用人对其予以关注。资产评估报告的特别事项说明包括：

（1）权属等主要资料不完整或者存在瑕疵的情形。

1）说明法律权属瑕疵和设定产权前提的事实；

2）说明本次评估的处理方法及处理结果；

3）说明此种处理可能产生的后果；

4）提出企业做出承诺和声明的责任；

5）资产评估师披露此种处理不影响评估结论合理性。

（2）委托人未提供的其他关键资料情况。

（3）未决事项、法律纠纷等不确定因素。

1）说明不确定性因素本身的情况；

2）说明本次评估处理的方法及处理结果；

3）说明此种处理可能产生的后果；

4）提出此种处理的责任。

所有披露内容，不应与事实相矛盾。

（4）重要的利用专家工作及相关报告情况。资产评估专业人员在执行评估业务的过程中，由于特殊知识和经验限制等原因，需要利用专家工作或者相关报告协助完成评估业务，这是评估专业属性的体现，也是国际评估实践形成的共识。资产评估报告中应当披露重要的利用专家工作及相关报告的情况。

（5）重大期后事项。通常是指评估基准日至评估报告日之间发生的、可能对评估结论产生影响的事项，根据监管部门或委托人要求，资产评估专业人员可以对评估基准日期后重大事项做出披露。例如国家调整税收政策、中央银行调整存贷款利率等，都会对评估结论产生影响。资产评估专业人员应当在切实可行的情况下，在评估报告中充分披露评估基准日期后重大事项，说明其内容、估计其对资产价值的影响；如无法做出估计，应当说明原因。

（6）评估程序受限的有关情况、评估机构采取的弥补措施及对评估结论影响的情况。

（7）其他需要说明的事项。

评估报告应当说明对特别事项的处理方式、特别事项对评估结论可能产生的影响，并提示评估报告使用人关注其对经济行为的影响。对于客观存在的特殊事项，资产评估专业人员不同的处理方式对评估报告使用人的决策有直接影响。例如，当房屋所有权所载明的面积与实际面积不一致时，实务中存在按实际面积或按证载面积处理两种不同的方式，根据单位面积估算的房屋价值也会因此而不同。尽管资产评估处理的一般原则是根据证载面积确定评估价值，但当企业按测绘机构测量的面积重新确权，并正在办理房屋所有权证时，资产评估专业人员可以按照测绘机构测量的面积进行估算；当企业申报的面积明显比证载面积更为符合实际情况时，也可以按申报的面积确定其评估价值。不论进行何种合理的处理，资产评估专业人员都应当对事项本身以及对事项的处理方式做出说明，以使评估报告使用人全面了解评估信息。

例5-15

特别事项披露：

（1）产权瑕疵：根据甲有限公司的承诺，确定纳入评估范围的资产不存在产权瑕疵。

（2）未决事项、或有事项、法律纠纷等不确定因素：根据甲有限公司的承诺，确定纳入评估范围的资产不涉及未决事项、或有事项、法律纠纷等不确定因素。

（3）重大期后事项：根据甲有限公司的承诺，确定在评估基准日后，评估报告出具之前，无重大期后事项需要披露。

分析：披露甲有限公司出具了承诺即可，“确定……”，隐含着评估机构对法律权属发表专业意见。

建议披露内容改为：甲有限公司承诺，截至评估基准日，委托评估的 ICO 新技术无对外转让、投资、许可任何第三人使用等影响评估结果的事项，也未涉及质押、对外担保、未决诉讼等其他可能限制上述资产持续使用、自由转让或贬低资产价值的或有事项。

例 5-16

一个改制设立公司评估项目的土地使用权产权权属资料不完整的情形：假如已经签署土地出让合同，也已缴纳出让金，评估披露未取得国有土地使用权证的情形，并不说明产权存在瑕疵。

例如，一个改制设立公司的评估项目，评估报告出具时，土地使用权处置未取得批复，但在核准备案文件下发前，可以取得该土地处置方案批复文件，公司先行报审评估报告，评估报告应当将此事项可能对评估结论产生重大影响进行披露。

2.2.12 资产评估报告使用限制说明

资产评估报告的使用限制说明应当载明：

（1）使用范围。

（2）委托人或者其他资产评估报告使用人未按照法律、行政法规的规定和资产评估报告载明的使用范围使用资产评估报告的，资产评估机构及其资产评估专业人员不承担责任。

（3）除委托人、资产评估委托合同中约定的其他资产评估报告使用人和法律、行政法规规定的资产评估报告使用人之外，其他任何机构和个人不能成为资产评估报告的使用人。

（4）资产评估报告使用人应当正确理解和使用评估结论。评估结论不等同于评估对象可实现价格，评估结论不应当被认为是对评估对象可实现价格的保证。

2.2.13 资产评估报告日

资产评估专业人员应当在评估报告中说明资产评估报告日。资产评估报告载明的资产评估报告日通常为评估结论形成的日期，这一日期可以不同于资产评估报告的签署日。

2.2.14 资产评估专业人员签名和资产评估机构印章

资产评估报告编制完成后，经过对资产评估专业人员编制的评估报告实施内部审核，至少由两名承办该业务的资产评估专业人员签名，最后加盖资产评估机构的印章，声明、摘要和评估明细表上通常不需要另行签名和盖章。

2.3 资产评估报告的附件

资产评估报告的附件通常包括下述内容。

2.3.1 评估对象所涉及的主要权属证明资料

评估对象所涉及的主要权属证明资料包括房地产权证、无形资产权利（权属）证明、交通运输设备的行驶证及相关权属证明、重大机器设备的购置发票等。另外，资产评估专业人员应当收集委托人和被评估单位或产权持有人的营业执照复印件并装订在评估报告的附件中。

2.3.2 委托人和其他相关当事人的承诺函

在资产评估中，委托人和其他相关当事人的承诺是评估报告附件中不可缺少的一部分。为确保资产评估机构独立、客观、公正、科学地进行资产评估，委托人和被评估单位一般应当承诺如下内容，并承担相应的责任：

（1）资产评估所对应的经济行为符合国家规定。

（2）我方所提供的财务会计及其他资料真实、准确、完整、合规，有关重大事项如实地充分揭示。

（3）我方所提供的企业生产经营管理资料客观、真实、完整、合理。

（4）纳入资产评估范围的资产与经济行为涉及的资产范围一致，不重复、不遗漏。

（5）纳入资产评估范围的资产权属明确，出具的资产权属证明文件合法、有效。

（6）纳入资产评估范围的资产在评估基准日后发生影响评估行为及结果的事项，对其披露及时、完整。

（7）不干预评估机构和资产评估专业人员独立、客观、公正地执业。

（8）我方所提供的资产评估情况公示资料真实、完整。

2.3.3 资产评估机构及签名资产评估专业人员的备案文件或者资格证明文件

一般应包括评估机构的营业执照复印件、备案公告复印件、证券期货业务资格证书复印件（相关业务需要），资产评估师的职业资格证书登记卡复印件等。

2.3.4 资产评估汇总表或者明细表

为了让委托人和其他资产评估报告使用人能够更好地了解委托评估资产的构成及具体情况，资产评估专业人员应当以报告附件的形式提供资产评估汇总表或明细表。《资产评估执业准则——资产评估报告》要求评估报告的附件包括资产评估汇总表或明细表。

资产评估明细表一般反映评估对象评估前后的资产、负债明细情况。其基本内容一般包括以下几方面：

（1）资产及负债的名称、发生日期、账面价值、评估价值等。

（2）反映资产及负债特征的项目。

（3）反映评估增减值情况的栏目和备注栏目。

（4）反映被评估资产会计科目名称、资产占有单位、评估基准日、表号、金额单位、页码内容的资产评估明细表表头。

（5）写明清查人员、评估人员的表尾。

（6）资产评估明细表设立逐级汇总。

（7）资产评估明细表一般应按会计科目顺序排列装订。

资产评估明细表样表包括以下几个层次：资产评估结果汇总表、资产评估结果分类汇总表、各项资产清查评估汇总表及各项资产清查评估明细表。

2.3.5 资产账面价值与评估结论存在较大差异的说明

应说明评估结论与账面价值比较变动情况，包括绝对变动额和相对变动率；分析评估结论与账面价值比较变动的原因。

第3节 国有资产评估报告的特殊要求

3.1 国有资产评估报告管理制度

根据《资产评估法》《资产评估执业准则——资产评估报告》，2008年11月28日，中国资产评估协会发布了《企业国有资产评估报告指南》，并定于2009年7月1日起实施，2010年颁布了《金融国有资产评估报告指南》；中国资产评估协会于2017年9月修订了上述两个指南，并于2017年10月1日起实施。上述两个指南对资产评估机构及资产评估师根据企业国有资产评估管理的有关规定开展资产评估业务，编制和出具相关国有资产评估报告进行了规范，规范了资产评估执业行为，保证资产评估执业质量，保护资产评估当事人合法权益和公共利益。

《企业国有资产评估报告指南》要求资产评估机构及其资产评估专业人员根据企业国有资产评估管理的有关规定开展资产评估业务，编制和出具企业国有资产评估报告。

国有资产评估报告主要包括企业国有资产评估报告、金融企业国有资产评估报告、文化企业国有资产评估报告、行政事业单位国有资产评估报告等。

《企业国有资产评估报告指南》所指企业国有资产评估报告，由标题、文号、目录、声明、摘要、正文、附件、评估明细表和评估说明构成。

3.2 国有资产评估报告标题、文号、目录、声明和摘要的特殊要求

3.2.1 评估报告标题、文号及目录

资产评估报告标题应当简明清晰，一般采用“企业名称＋经济行为关键词＋评估对象＋资产评估报告”的形式。

资产评估报告文号包括资产评估机构特征字、种类特征字、年份、报告序号。

资产评估报告目录应当包括每一部分的标题和相应页码。资产评估报告一般分册装订，各册应当具有独立的目录。

3.2.2 评估报告声明

《企业国有资产评估报告指南》规定的评估报告声明的主要内容基本参考资产评估报告准则的要求。准则的要求仅是一般性声明内容，资产评估师在执行具体的国有资产评估业务时，还可以根据评估项目的具体情况，参考以下声明事项：

（1）评估对象涉及的资产、负债清单由委托人、被评估单位申报并经其采用签名、盖章或法律允许的其他方式确认；委托人和其他相关当事人依法对其提供资料的真实性、完整性、合法性负责。

（2）资产评估机构及资产评估师与资产评估报告中的评估对象没有现存或者预期的利益关系；与相关当事人没有现存或者预期的利益关系，对相关当事人不存在偏见。

（3）资产评估师已经（或者未）对资产评估报告中的评估对象及其所涉及资产进行现场调查；已经对评估对象及其所涉及资产的法律权属状况给予必要的关注，对评估对象及其所涉及资产的法律权属资料进行了查验，对已经发现的问题进行了如实披露，并且已提请委托人及其他相关当事人完善产权以满足出具资产评估报告的要求。

（4）资产评估机构出具的资产评估报告中的分析、判断和结果受资产评估报告中假设和限制条件的限制，资产评估报告使用人应当充分考虑资产评估报告中载明的假设、限制条件、特别事项说明及其对评估结论的影响。

3.2.3 评估报告摘要

资产评估报告摘要应当简明扼要地反映经济行为、评估目的、评估对象和评估范围、价值类型、评估基准日、评估方法、评估结论及其使用有效期、对评估结论产生影响的特别事项等关键内容。

1. 对评估结论产生影响的特别事项

无须将报告正文的“特殊事项说明”的全部内容反映在摘要中，而是反映在已确定评

估结论的前提下，已发现可能影响评估结论，但非评估执业水平和能力所能评定估算的有关重大事项。

2. 对资产评估结论影响程度较大的判断标准

在资产评估实践中，可以根据事项本身的性质和影响评估结论的事项金额进行判断。例如，一笔涉诉的、正处于审理阶段的大额应收款项，评估报告出具日，资产评估师无法判断其可回收的可能性和回收的具体数额，尽管以账面值列示，但其存在较大的不确定性，应提醒评估报告使用人注意，所列示的账面值（评估值）不能替代未来的法院裁定结果。

3. 期后重大事项

对评估结论影响重大的“评估基准日期后重大事项”，可能直接导致评估结论使用时的不确定性，也应提醒评估报告使用人，评估结论未反映该期后事项的影响。

4. 提醒

资产评估报告摘要应当采用下述文字提醒评估报告使用人阅读全文：“以上内容摘自资产评估报告正文，欲了解本评估业务的详细情况和正确理解评估结论，应当阅读资产评估报告正文。”

3.3 国有资产评估报告正文的要求

与《资产评估执业准则——资产评估报告》相比，国有资产评估报告除为了规范和统一企业国有评估报告格式，从而增加“绪言”格式内容外，其他构成基本一致。本部分主要介绍与《资产评估执业准则——资产评估报告》规定内容相比的特殊要求，规定一致的内容予以省略。

3.3.1 绪言

绪言一般采用包含下列内容的表述格式：

“×××（委托人全称）：

×××（资产评估机构全称）接受贵单位（公司）的委托，按照法律、行政法规和资产评估准则的规定，坚持独立、客观和公正的原则，采用×××评估方法（评估方法名称），按照必要的评估程序，对×××（委托人全称）拟实施×××行为（事宜）涉及的×××（资产——单项资产或者资产组合、企业整体价值、股东全部权益、股东部分权益）在××××年××月××日的××价值（价值类型）进行了评估。现将资产评估情况报告如下。”

3.3.2 委托人、被评估单位和资产评估委托合同约定的其他资产评估报告使用人的概况

(1) 委托人、被评估单位和资产评估委托合同约定的其他资产评估报告使用人概况一

般包括名称、法定住所及经营场所、法定代表人、注册资本及主要经营范围等。

（2）企业价值评估中，被评估单位概况一般包括：

1）名称、法定住所及经营场所、法定代表人、主要经营范围、注册资本、公司股东及其持股比例、股权变更情况及必要的公司产权和经营管理结构、历史情况等；

2）近三年的资产、财务、经营状况；

3）委托人和被评估单位之间的关系（如产权关系、交易关系）。

（3）单项资产或者资产组合评估中，被评估单位概况一般包括名称、法定住所及经营场所、法定代表人、注册资本及主要经营范围等。

（4）特殊情况：

1）委托人与被评估单位为同一企业，按对被评估单位的要求编写。

2）存在交叉持股的，应当列示交叉持股图并简述交叉持股关系及是否属于同一控制的情形。

3）存在关联交易的，应当说明关联方、交易方式等基本情况。

3.3.3 评估目的

资产评估报告应当说明本次资产评估的目的及其所对应的经济行为，并说明该经济行为获得批准（相应机构和单位按照权限签发的批复文件）的相关情况或者其他经济行为依据。

对应的经济行为依据包括两个方面：一是有效批复文件；二是可以说明经济行为及其所涉及的评估对象与评估范围的其他文件资料。

1. 有效批复文件

包括国务院、各级人民政府、国务院国有资产监督管理机构、地方国有资产监督管理机构、中央与地方国有企业及其各级子企业等按照规定权限签发的经济行为批准文件。

2. 可以说明经济行为及其所涉及的评估对象与评估范围的其他文件资料

（1）国有企业在诉讼过程中以及民事强制执行中，由人民法院委托资产评估机构评估涉诉国有资产价值的情形，人民法院出具的委托函。

（2）国有企业涉及经济行为决策的党组会议纪要。

（3）国有独资公司董事会决议，国有资本控股公司、国有资本参股公司的股东会、股东大会或者董事会决议。

（4）资产转让、置换合同协议。

（5）人民法院破产公告。

（6）可以说明经济行为及其所涉及的评估对象与评估范围的其他文件资料。

3.3.4 评估对象和评估范围

资产评估报告应当对评估对象进行具体描述，以文字、表格的方式说明评估范围。

（1）企业价值评估中，应当说明下列内容：

1）委托评估对象和评估范围与经济行为涉及的评估对象和评估范围是否一致，如果不一致，应当说明原因，并说明是否经过审计。

2）企业申报的表外资产的类型、数量。

3）引用其他机构出具的报告结论所涉及的资产类型、数量和账面金额（或者评估值）。

例如：被评估企业账面未记录的无形资产或者账面有记录，根据资产重组方案或类似文件不纳入评估范围，而采用收益法评估时进行收益预测难以分割的经营性资产，在分析确定评估结论时，应当考虑选择与资产重组方案或类似文件相一致的评估范围的评估结论。

（2）单项资产或者资产组合评估中，应当说明委托评估资产的数量（如土地面积、建筑物面积、设备数量、无形资产数量等）、法律权属状况、经济状况和物理状况等。

（3）评估范围。《企业国有资产评估管理暂行办法》（国资委令第 12 号）第 12 条规定，凡需经核准的资产评估项目，企业在资产评估前应当向国有资产监督管理机构报告“资产评估范围的确定情况”。

委托评估对象和评估范围与经济行为涉及的评估对象和评估范围的一致性，一般不应由资产评估师来确认，而是由委托人和相关当事人根据其经批准拟实施的经济行为确认并提供给评估机构。资产评估师一般应要求委托人和相关当事人在申报表或申报材料上以签名盖章等符合法律规定的方式，确认评估对象和评估范围。

3.3.5 评估基准日

资产评估报告应当说明评估基准日及确定评估基准日所考虑的主要因素，主要包括下列内容：

（1）本项目评估基准日是××××年××月××日。

（2）确定评估基准日所考虑的主要因素（如经济行为的实现、会计期末、利率和汇率变化等）。

3.3.6 评估方法

1. 相关法规

《关于加强企业国有资产评估管理工作有关问题的通知》（国资委产权〔2006〕274 号）规定，“涉及企业价值的资产评估项目，以持续经营为前提进行评估时，原则上要求采用两种以上方法进行评估，并在评估报告中列示，依据实际状况充分、全面分析后，确定其中一个评估结论作为评估报告使用结果。”

《企业国有资产评估报告指南》规定，未采用两种以上评估方法进行评估的，评估报告应当披露其他基本评估方法不适用的原因或所受的操作限制。采用两种以上评估方法进行评估的，还应当说明评估结论确定的方法。

2. 具体披露要求

应说明两种以上方法及其选取的理由，以及最终结论如何形成。其主要内容是说明评估方法选取的依据和理由，所选方法的总体思路和基本模型，在两个以上初步结果的基础上是如何得出最终评估结论的。评估实践中，通常是在综合考虑不同评估方法和初步评估结果的合理性，以及所使用数据的质量和数量的基础上确定其中一个评估结果，将其作为评估报告的评估结论。

例如：采用两种以上评估方法对所涉及的长期股权投资的评估，应当说明两种以上方法选取的理由以及评估结论确定的方法；同时，按长期股权投资清单，列示对各股权采用的两种以上评估方法以及确定最终评估结论的方法。

3.3.7 评估结论

资产评估报告应当以文字和数字形式清晰说明评估结论，并明确评估结论的使用有效期。评估结论通常是确定的数值。境外企业国有资产评估报告的评估结论可以用区间值表达。

1. 评估结论的表达方式

(1) 资产评估项目核准文件和备案表的重要作用。

国有资产监督管理机构下达的资产评估项目核准文件和经国有资产监督管理机构或所出资企业备案的资产评估项目备案表，是企业办理产权登记、股权设置和产权转让等相关手续的必备文件。

(2) 评估结论表达方式的法规。

1)《企业国有资产评估管理暂行办法》规定，企业进行与资产评估相应的经济行为时，应当以经核准或备案的资产评估结论为作价依据，当交易价格低于评估结论的90%时，应当暂停交易，在获得原经济行为批准机关同意后方可继续交易。

2)《企业国有产权转让管理暂行办法》第13条规定："在清产核资和审计的基础上，转让方应当委托具有相关资质的资产评估机构依照国家有关规定进行资产评估。评估报告经核准或者备案后，作为确定企业国有产权转让价格的参考依据。在产权交易过程中，当交易价格低于评估结论的90%时，应当暂停交易，在获得相关产权转让批准机构同意后方可继续进行。"

3)《中华人民共和国企业国有资产法》第42条规定："企业改制应当按照规定进行清产核资、财务审计、资产评估，准确界定和核实资产，客观、公正地确定资产的价值。企业改制涉及以企业的实物、知识产权、土地使用权等非货币财产折算为国有资本出资或者股份的，应当按照规定对折价财产进行评估，以评估确认价格作为确定国有资本出资额或者股份数额的依据。不得将财产低价折股或者有其他损害出资人权益的行为。"第55条规定："国有资产转让应当以依法评估的、经履行出资人职责的机构认可或者由履行出资人职责的机构报请本级人民政府核准的价格作为依据，合理确定最低转让价格。”

2. 企业价值评估和单项资产（或者资产组合）评估结论披露的不同要求

（1）采用资产基础法进行企业价值评估时，应当以文字形式说明资产、负债、所有者权益（净资产）的账面价值、评估价值及其增减幅度，并同时采用评估结果汇总表反映评估结论。

（2）单项资产或者资产组合评估，应当以文字形式说明账面价值、评估价值及其增减幅度。

（3）采用两种以上方法进行企业价值评估时，除单独说明评估价值和增减变动幅度外，应当说明两种以上评估方法得出结果的差异及其原因和最终确定评估结论的理由。

（4）存在多家被评估单位的项目时，应当分别说明评估价值。

（5）评估结论为区间值的，应当在区间之内确定一个最大可能值，并说明确定依据。

3.3.8 特别事项说明

资产评估报告应当说明评估程序受到的限制、评估特殊处理、评估结论瑕疵等特别事项，以及期后事项，通常包括下述内容。

1. 引用其他机构出具报告结论的情况，并说明承担引用不当的相关责任

国有资产评估项目存在同时委托资产评估机构、土地估价机构和矿业权评估机构以同一个评估基准日分别对企业重组行为涉及的资产、土地使用权和矿业权进行评估，然后由资产评估机构汇总评估结论的实际情况。

资产评估中引用其他机构评估结论的现象，是由我国评估行业的管理体制所决定的。资产评估报告中应当披露引用其他机构出具报告结论的情况，并说明承担引用不当的相关责任。

2. 关于担保、租赁及其或有负债（或有资产）的披露

担保、租赁及其或有负债（或有资产）等都有可能对确定企业价值以及参考企业价值交易价格产生影响，但这些事项在经济行为实现时、实现后的状况无法预知，也无法估计其对企业价值的影响程度，不是资产评估师执业水平和能力所能评定估算的有关事项，因此应当在评估报告中说明事项本身的性质、金额及与评估对象的关系，并提示评估报告使用人注意这些事项对评估结论可能产生的影响。

3. 经济行为本身对评估结论的影响

某些情况下，企业拟实施经济行为本身的进度和安排与评估工作的进度和安排衔接不紧密，可能影响评估工作甚至评估结论。因此，《企业国有资产评估报告指南》提出资产评估报告应当说明本次资产评估对应的经济行为中，可能对评估结论产生重大影响的瑕疵情形。

资产评估报告应当说明对特别事项的处理方式、特别事项对评估结论可能产生的影响，并提示评估报告使用人关注其对经济行为的影响。对于客观存在的特殊事项，资产评

估师不同的处理方式对评估报告使用人的决策有直接影响。但不论进行何种处理，资产评估师都应当对事项本身以及对事项的处理方式做出说明，以使评估报告使用人全面了解评估信息。

3.4 国有资产评估报告附件的要求

3.4.1 评估报告附件的基本要求

(1) 评估报告附件内容应当与本评估项目的评估目的、评估方法、评估结论相关联。

1) 评估报告附件应当列示评估目的对应的经济行为文件和资产评估委托合同；

2) 评估报告附件应当列示与实际相符的评估主体合法有效的资格文件；

3) 评估报告附件应当列示与评估对象一致的相关资产的权属文件资料；

4) 评估报告附件应当列示评估中实际所依据的重要的取价文件资料。

(2) 评估报告附件的签章应当清晰、完整。附件为复印件的，应当与原件一致。

(3) 附件的相关内容应当与评估报告的摘要、正文一致。

3.4.2 评估报告附件的内容与构成

评估报告附件通常包括下列内容：

(1) 与评估目的相对应的经济行为文件。

(2) 被评估单位专项审计报告。

(3) 委托人和被评估单位法人营业执照。

(4) 委托人和被评估单位（或者产权持有单位）产权登记证。

(5) 评估对象涉及的主要权属证明资料。

(6) 委托人和相关当事人的承诺函。

(7) 签名资产评估师的承诺函。

(8) 资产评估机构资格证书。

(9) 资产评估机构法人营业执照副本。

(10) 负责该评估业务的资产评估师资格证明文件。

(11) 资产评估委托合同。

(12) 其他重要文件。

3.4.3 关于将审计报告作为附件的要求

《企业国有资产评估报告指南》规定，按照法律、行政法规规定需要进行专项审计的，应当将企业提供的与经济行为相对应的评估基准日专项审计报告（含会计报表和附注）作为资产评估报告附件。按有关规定无须进行专项审计的，应当将企业确认的与经济行为相对应的评估基准日企业财务报表作为资产评估报告附件。

《企业国有资产评估管理暂行办法》规定，企业提出资产评估项目核准申请时，应当向国有资产监督管理机构报送与经济行为相对应的审计报告。

《关于加强企业国有资产评估管理工作有关问题的通知》规定，对企业进行价值评估，企业应当提供与经济行为相对应的评估基准日审计报告。同时在该文件附件“国有资产评估项目备案表”“接受非国有资产评估项目备案表”填报说明中提出，当评估对象为企业产权（股权）时，账面价值应当为审计后的账面价值。根据国有企业改制的相关规定，在资产评估前应聘请有资格的中介机构进行独立的财务审计。

《资产评估执业准则——企业价值》提出，“企业价值评估中的资产基础法，是指以被评估单位评估基准日的资产负债表为基础，合理评估表内及可识别的表外各项资产、负债价值，确定评估对象价值的评估方法。”资产基础法的评估结论，也是通过资产负债表的形式表示的。因此，有关资产负债账面记录的合规性、真实性等的财务会计资料，是作为表明资产评估范围极其重要的依据之一，同时它们也有助于资产评估师合理规避评估执业风险。

国有企业改制设立公司，通常情况下，财务审计的对象包括改制企业母公司及所属境内外全资子企业、控股子企业以及其他需要审计的企业、单位。审计的内容为改制企业（包括其下属子企业）一定期限内的会计报表。受托会计师事务所在对改制企业（包括其下属子企业）的财务状况、经营成果、现金流量、资产质量等基本经营情况进行全面审计的基础上，形成审计结论，对企业编制的会计报表及其附注发表客观公正的审计意见。

改制审计报告是改制方案的依据，是改制资产评估的基础，未经审计不得实施改制资产评估。审计报告除一定程度上是评估的对象和范围依据外，还对主要报表项目在比较会计期间的重大变动情况做出说明。资产评估师利用审计报告时，需关注审计报告披露的可能对评估处理产生重要影响的相关事项，包括：土地使用权、探矿权、采矿权等重大资产使用或处置情况说明；改制过程中涉及的债权债务处置等重大事项的说明；改制企业应付职工薪酬、应付福利费、职工教育经费余额的处理情况；企业改制清产核资清查出的损失的处理情况及各项资产减值准备计提情况的说明；按照国家有关规定计提的各项资产减值准备的政策依据、披露以及资产减值准备的财务核销情况的说明等。

3.4.4 关于引用其他机构报告附件的处理

《企业国有资产评估报告指南》规定，“如果引用其他机构出具的报告结论，根据现行有关规定，所引用的报告应当经相应主管部门批准（备案）的，应当将相应主管部门的相关批准（备案）文件作为评估报告的附件。”

比如，与评估经济行为相关的划拨土地使用权处置等土地使用权估价报告、矿业权价款处置等矿业权评估报告需经相关国土资源行政主管部门备案，应将已取得的相关批准

（备案）文件作为评估报告的附件。

3.5 评估明细表的内容及格式要求

3.5.1 基本要求

《企业国有资产评估报告指南》第五章对国有资产业务资产评估报告所附的评估明细表的编制提出了如下要求：评估明细表可以根据本指南的基本要求和企业会计核算所设置的会计科目，结合评估方法特点进行编制。

（1）单项资产或者资产组合评估、采用资产基础法进行企业价值评估，评估明细表包括按会计科目设置的资产、负债评估明细表和各级汇总表。

（2）采用收益法进行企业价值评估，可以根据收益法评估参数和盈利预测项目的构成等具体情况设计评估明细表的格式和内容。

（3）采用市场法进行企业价值评估，可以根据评估技术说明的详略程度决定是否单独编制符合市场法特点的评估明细表。

3.5.2 资产、负债会计科目的评估明细表格式和内容基本要求

（1）表头应当含有资产或负债类型（会计科目）名称、被评估单位、评估基准日、表号、金额单位、页码。

（2）表中应当含有资产和负债的名称（明细）、经营业务或者事项内容、技术参数、发生（购、建、创）日期、账面价值、评估价值、评估增减幅度等基本内容。必要时，在备注栏对技术参数或者经营业务、事项情况进行注释。

（3）表尾应当标明被评估单位填表人员、填表日期和评估专业人员。

（4）评估明细表按会计明细科目、一级科目逐级汇总，并编制资产负债表（方式）的评估汇总表及以人民币万元为金额单位的评估结果汇总表。

（5）会计计提的减值准备在相应会计科目（资产、负债类型）合计项下和相关科目汇总表中列示。

（6）评估结果汇总表应当按以下顺序和项目内容列示：流动资产、非流动资产、资产总计、流动负债、非流动负债、负债总计、净资产等类别和项目。

3.5.3 采用收益法中的现金流量折现法进行企业价值评估的评估明细表

评估明细表通常包括以下内容：

（1）资产和负债、利润调整表（如果有调整）。

（2）现金流量测算表。

（3）营业收入预测表。

(4) 营业成本预测表。

(5) 税金及附加预测表。

(6) 销售费用预测表。

(7) 管理费用预测表。

(8) 财务费用预测表。

(9) 营运资金预测表。

(10) 折旧摊销预测表。

(11) 资本性支出预测表。

(12) 折现率计算表。

(13) 溢余资产和非经营性资产分析表。

采用收益法，评估明细表表头应当含有评估参数或者预测项目名称、被评估单位、评估基准日、表号、金额单位等。

被评估单位为两家以上的，评估明细表应当按被评估单位分别归集，自成体系。

3.6 评估说明的基本要求

评估说明描述评估人员和评估机构对其评估项目的评估程序、方法、依据、参数选取和计算过程，通过委托方、资产占有方充分揭示对资产评估行为和结果构成重大影响的事项，说明评估操作符合相关法律、行政法规和行业规范要求。评估说明也是资产评估报告的组成部分，在一定程度上决定评估结果的公允性，保护评估行为相关各方的合法利益。

评估说明包括评估说明使用范围声明、委托人和被评估单位编写的《企业关于进行资产评估有关事项的说明》和资产评估师编写的《资产评估说明》。

3.6.1 关于评估说明使用范围的声明

关于评估说明使用范围的声明，应当写明评估说明使用单位或部门的范围及限制条款。

3.6.2 企业关于进行资产评估有关事项的说明

委托人和被评估单位可以共同编写或者分别编写《企业关于进行资产评估有关事项的说明》。委托人单位负责人和被评估单位负责人应当对所编写的说明签名确认，加盖相应单位公章并签署日期。《企业关于进行资产评估有关事项的说明》包括以下内容：

(1) 委托人、被评估单位各自概况。

(2) 关于经济行为的说明。

(3) 关于评估对象与评估范围的说明。

（4）关于评估基准日的说明。

（5）可能影响评估工作的重大事项说明。

（6）资产负债情况、未来经营和收益状况预测说明。

（7）资料清单。

3.6.3 评估对象与评估范围说明

评估对象与评估范围说明应当根据企业价值评估、单项资产或者资产组合评估的不同情况确定内容的详略程度。

3.6.4 资产核实总体情况说明

资产核实总体情况说明通常包括人员组织、实施时间、核实过程、影响事项及处理方法、核实结论。

3.6.5 评估技术说明

评估技术说明应当考虑不同经济行为和不同评估方法的特点介绍评定估算的思路及过程。

1. 采用成本法评估企业价值

采用成本法评估企业价值，应当根据评估业务的具体情况以及资产、负债类型编写评估技术说明。各项资产、负债评估技术说明应当包含资产、负债的内容和金额、核实方法、评估值确定的方法和结论等基本内容。

2. 采用收益法评估企业价值

采用收益法评估企业价值，应当根据行业特点、企业经营方式和所确定的预期收益口径以及评估的其他具体情况等编写评估技术说明。企业的资产、财务分析和调整情况以及评估方法运用过程说明通常包括以下内容：

（1）收益法的应用前提及选择理由和依据。

（2）收益预测的假设条件。

（3）企业经营、资产、财务分析。

（4）收益模型选择理由及基本参数说明。

（5）收益期限及预测期的说明。

（6）收益预测的说明。

（7）折现率确定说明。

（8）预测期后价值确定说明。

（9）其他资产和负债评估说明。

（10）评估价值。

3. 采用市场法评估企业价值

采用市场法评估企业价值，应当根据行业特点、被评估单位实际情况以及上市公司比较法或者交易案例比较法的特点等编写评估技术说明。企业的资产、财务分析和调整情况以及评估方法运用过程说明通常包括以下内容：

（1）具体方法、应用前提及选择理由。

（2）企业经营、资产、财务分析。

（3）分析选取确定可比企业或者交易案例的说明。

（4）价值比率的选择及因素修正说明。

（5）评估对象价值比率的测算说明。

（6）评估价值。

3.6.6 评估结论及分析

评估结论及分析通常包括以下内容：

（1）采用两种或两种以上方法进行企业价值评估，应当说明不同评估方法结果的差异及其原因和最终确定评估结论的理由。

（2）评估价值与账面价值比较变动情况及说明。

（3）折价或者溢价情况。

3.7 资产评估报告的出具与装订

（1）资产评估报告封面应当载明资产评估报告标题及文号、资产评估机构全称和资产评估报告日。资产评估报告标题及文号一般在封面上方居中位置，资产评估机构名称及资产评估报告日应当在封面下方居中位置。

资产评估报告应当用 A4 规格纸张印刷。

（2）资产评估报告一般分册装订，各册应当具有独立的目录。声明、摘要、正文和附件合订成册，其目录中应当含有其他册的目录，但其他册目录的页码不予标注。

（3）评估说明和评估明细表一般分别独立成册。必要时，附件也可以独立成册。单独成册的，其封面格式、标题中的“企业名称＋经济行为关键词＋评估对象”及文号等应当与资产评估报告相关格式和内容保持一致。评估明细表一般按会计科目顺序装订。

（4）资产评估报告封底或者其他适当位置应当标注资产评估机构名称、地址、邮政编码、联系电话、传真、电子邮箱等。

例 5-17

下面是诚信资产评估事务所完成的国有资产评估业务出具的评估报告的正文，找出评估报告书中的错误。

评估报告书

诚信评字【2019】第99号

海生精密仪器有限责任公司：

诚信资产评估有限责任公司接受贵单位的委托，根据有关法律、法规和资产评估准则、资产评估原则，采用收益法，按照必要的评估程序，对贵公司拟股权收购事宜所涉及的永生有限公司的股东全部权益在评估基准日2018年11月30日所表现的市场价值进行了评估。评估结果有效期为一年。通过评估我们认为，永生有限公司是一家信誉良好，资产质量优良，具有良好发展前景和社会责任感的公司。现将资产评估结果揭示如下：

1. 委托方、被评估单位（或者产权持有单位）和业务约定书约定的其他评估报告使用者概况。

2. 评估目的：对海生精密仪器有限责任公司股权收购事宜所涉及的永生有限公司的股东全部权益在评估基准日的市场价值进行评估。

3. 评估原则：根据国家国有资产管理及评估的有关法规，我所遵循独立性、科学性和客观性的评估工作原则，并以贡献原则、替代原则和预期原则为基础进行评估。

4. 评估对象和评估范围：根据本次评估目的，评估对象是永生有限公司的股东全部权益价值；评估范围是永生有限公司经审计后账面上列示的全部资产及相关负债（具体数据略）。

5. 价值类型及其定义：根据评估目的和委估资产的特点，考虑市场条件及评估对象的使用等并无特别限制和要求，因此确定本次评估结论的价值类型为市场价值。市场价值是指自愿买方和自愿卖方，在各自理性行事且未受任何强迫的情况下，评估对象在评估基准日进行正常公平交易的价值估计数额。

6. 评估基准日：本次评估的评估基准日为2018年11月30日。

7. 评估依据：

（1）委托方提供的资产清单及其他资料；

（2）有关资产的产权证明及相关资料；

（3）委托方提供的有关会计凭证、会计报表及其他会计资料；

（4）与委托方资产取得、销售业务相关的各项合同及其他资料。

8. 评估方法：根据委托方评估目的和评估对象，此次评估采用成本法和市场法两种方法，成本法价格标准为重置成本标准。最后取两种评估方法下评估结果的加权平均值为评估结果。

9. 评估程序实施过程和情况：货币资金账面价值421 588元，其中现金21 325元，银行存款400 263元，考虑到货币资金即为现值无须折现，经总账与明细账、日记账核实一致并对现金盘点无误后，按账面价值确认。

其他内容略。

10. 评估假设（内容略）

11. 评估结论：在实施了上述评估程序和评估方法后，贵公司截至评估基准日的资产、负债和所有者权益价值为：资产总额41 504 342元，负债总额22 722 000元，所有者权益价值18 782 342元。

12. 特别事项说明（内容略）

13. 评估报告使用限制说明：

（1）评估报告只能用于评估报告载明的评估目的和用途。

（2）评估报告只能由评估报告载明的评估报告使用者使用。

（3）未征得出具评估报告的评估机构同意，评估报告的内容不得被摘抄、引用或披露于公开媒体，法律、法规规定以及相关当事方另有约定的除外。

（4）当政策调整对评估结论产生重大影响时，应当重新确定评估基准日进行评估。

（5）本评估报告自评估基准日2018年11月30日起一年内使用有效，超过一年，需要酌情使用本报告。

14. 评估报告日：本评估报告于2019年12月8日出具。

15. 签字盖章：

中国注册资产评估师：李伟（签字盖章）

诚信资产评估有限责任公司（盖章）

2019年12月8日

分析：有以下几个方面的错误：

（1）“通过评估我们认为，永生有限公司是一家信誉良好，资产质量优良，具有良好发展前景和社会责任感的公司。”语言表达违背了文字表达上的要求，不得带有任何诱导、恭维和推荐性的陈述。

（2）评估报告内容不包含评估原则。

（3）评估依据不充分，缺少评估法规依据、经济行为和取价依据。

（4）不能将成本法和市场法得出的结果平均。

（5）货币资金评估缺少银行对账单核实或函证。

（6）评估报告有效期部分，超过一年，需重新进行资产评估。

（7）资产评估报告出具日超过了报告的有效日期。

（8）仅有一个注册资产评估师签字。

（9）缺少法人代表签字。

第4节 评估工作底稿的编制与归档

4.1 资产评估档案与工作底稿的基本概念和分类

4.1.1 资产评估档案和工作底稿的基本概念

为规范资产评估档案的形成及管理行为，保护资产评估当事人合法权益和公共利益，根据《资产评估基本准则》《资产评估法》，中国资产评估协会于2018年10月对《资产评估执业准则——资产评估档案》进行了修订，于自2019年1月1日起施行。

资产评估档案是指资产评估机构开展资产评估业务形成的，反映资产评估程序实施情况、支持评估结论的工作底稿，资产评估报告及其他相关资料。

工作底稿是资产评估专业人员在执行评估业务过程中形成的，反映评估程序实施情况、支持评估结论的工作记录和相关资料。资产评估基本程序包括明确业务基本事项、签订业务委托合同、编制资产评估计划、进行评估现场调查、收集整理评估资料、评定估算形成结论、编制出具评估报告、整理归集评估档案等内容。工作底稿是判断一个评估项目是否执行了这些基本程序的主要依据，应反映资产评估专业人员实施现场调查、评定估算等评估程序，支持评估结论。

4.1.2 评估工作底稿的分类

1. 按评估工作底稿的载体分类

评估工作底稿可以分为纸质文档、电子文档、其他介质形式的文档。资产评估机构及资产评估专业人员应当根据资产评估业务的具体情况谨慎选择工作底稿的形式。

2. 按评估工作底稿的内容分类

评估工作底稿通常分为管理类工作底稿和操作类工作底稿。

管理类工作底稿是指在执行资产评估业务过程中，为受理、计划、控制和管理资产评估业务所形成的工作记录及相关资料。

操作类工作底稿是指在履行现场调查、收集评估资料和评定估算程序时所形成的工作记录及相关资料。

4.2 评估工作底稿的基本要求与编制要求

评估工作底稿的编制不但直接影响资产评估的质量，还是资产评估专业人员佐证自己在评估过程中客观、公正地履行程序的依据。资产评估专业人员在评估业务完成后，应及时整理工作底稿。

4.2.1 评估工作底稿的基本要求

（1）执行资产评估业务，应当遵守法律、行政法规和资产评估准则，编制工作底稿。

（2）工作底稿应当反映资产评估程序实施情况，支持评估结论。

（3）工作底稿应当真实完整、重点突出、记录清晰。

资产评估机构及资产评估专业人员可以根据资产评估业务的具体情况，合理确定工作底稿的繁简程度。

4.2.2 评估工作底稿的编制要求

1. 确认作为底稿的相关资料

资产评估专业人员收集委托人和其他相关当事人提供的资产评估明细表及其他重要资料，将其作为工作底稿，并由提供方对相关资料进行确认，确认方式包括签字、盖章或者法律允许的其他方式。

2. 工作底稿应当反映内部审核过程

工作底稿一般是评估项目组的成员在评估时编制的，由于种种原因，编制人可能产生差错、遗漏等问题，因此，在工作底稿的编制过程中，需要经过必要的审核程序，包括对文字、数字、计算过程等内容的审核。

3. 编制目录和索引

资产评估专业人员应当根据资产评估业务特点和工作底稿类别，编制工作底稿目录，建立必要的索引号，以反映工作底稿间的钩稽关系。细化的工作底稿种类繁多，不编制索引号和页码将很难查找，利用交叉索引和备注说明等形式能完整地反映工作底稿间的钩稽关系且避免重复。

4.3 评估工作底稿的内容

4.3.1 管理类工作底稿

管理类工作底稿是指在执行资产评估业务过程中，为受理、计划、控制和管理资产评估业务所形成的工作记录及相关资料。管理类工作底稿通常包括以下内容：

（1）评估业务基本事项的记录。

（2）评估委托合同。

（3）评估计划。

（4）评估业务执行过程中重大问题的处理记录。

（5）评估报告的审核记录及其他相关资料。

以企业价值评估为例，上述5项内容可以细化为下述几个方面。

1. 评估业务基本事项

评估业务基本事项的工作底稿应反映以下内容：

（1）评估项目的洽谈人、委托人名称、联系人，相关当事人（主要是产权持有人）名称、地址、法定代表人、企业性质、注册资金、经营期限、经营范围、联系人等基本情况。

（2）相关当事人和委托人的关系。

（3）评估报告使用人及与委托人、产权持有人等相关当事人的关系。

（4）相关经济行为的背景情况及评估目的。

（5）评估对象和评估范围。

（6）评估范围内的资产状况，包括评估对象基本情况及资产分布情况，资产的数量及各类资产、负债账面价值，资产质量现状，实物资产存放地，账外资产、或有资产、或有负债、特殊资产情况，资产历次评估、调账情况，相关当事人所处行业、法律环境、会计政策、股权状况等相关情况。

（7）价值类型。

（8）评估基准日。

（9）评估假设、限制条件。

（10）评估报告的类型、提交时间和方式。

（11）评估服务费总额、支付时间和方式。

资产评估专业人员在项目承接洽谈阶段，应尽可能了解以上内容，以更好地控制评估风险。

2. 评估项目风险评价

评估项目风险评价的工作底稿应反映以下内容：

（1）项目洽谈人通过对委托人和相关当事人的要求、评估目的、资产状况等基本情况的了解，对评估项目是否存在风险做出的判断。

（2）风险可控情况，化解风险、防范风险的主要措施。

（3）评估机构按规定流程通过对评估项目基本情况的了解、评估项目风险的调查分析，对是否承接项目做出的决定或签署的意见。

3. 评估委托合同

评估委托合同的工作底稿应反映评估委托合同签订以及评估目的、评估对象和范围、评估基准日、价值类型、评估服务费、评估报告类型、评估报告提交时间和方式发生变更等的过程。

4. 评估计划

评估计划工作底稿的主要内容为：

（1）对实施评估程序的具体步骤、时间进度、人员安排、技术方案等的安排。

（2）在评估过程中根据情况变化做出的调整记录。

（3）评估机构对评估计划的审核、批准情况。

5. 委托人、相关当事人提供的主要资料清单

该部分工作底稿应反映资产评估专业人员根据不同的评估方法、不同的评估对象，要求委托人、相关当事人提供的相关评估资料。例如，对某个大型国有企业整体资产价值的评估，要求提供的资料主要包括以下几个方面：

（1）企业基本情况介绍。

（2）针对本次评估项目的具体资料。

（3）被评估单位财务资料。

（4）被评估单位主要产品的生产和销售资料。

（5）宏观经济形势的影响及行业竞争状况。

（6）未来计划和预测资料。

6. 聘请相关专家的有关情况

评估项目聘用相关专家有关情况的工作底稿应反映需要聘请专家个人要解决的问题，拟聘请专家个人的简况、专业或专长。

7. 评估过程中重大问题处理记录

评估过程中重大问题处理记录的工作底稿应反映评估项目实施过程中，资产评估专业人员遇到重大问题逐级请示、根据批示意见处理的记录。

8. 委托人的反馈意见和管理部门评审意见

该部分工作底稿应反映委托人提供的反馈意见、国有资产等管理部门提出的评审意见以及评估机构及资产评估专业人员对相关意见的处理信息等。

9. 评估报告审核情况

审核是评估机构保证评估质量、降低评估风险的重要手段，是评估机构内部质量控制程序的重要组成部分。评估报告审核情况工作底稿应反映评估机构实施内部审核情况及审核意见。

10. 评估报告送达情况

编制评估报告签收单，将评估报告送交委托人时，送交人签字，收件人签收，交接过程应形成相应的工作底稿。

11. 委托人、相关当事人等外部机构提供的与评估活动相关的工作底稿

该部分工作底稿通常包括以下内容：

(1) 与评估目的对应的经济行为文件。

(2) 经济行为方案(重组方案、改制方案等)。

(3) 委托人、被评估单位的营业执照。

(4) 被评估单位的企业国有资产产权登记证。

(5) 被评估单位的合同、章程、验资报告。

(6) 被评估单位的评估基准日及前3—5年的会计报表。

(7) 被评估单位的评估基准日及前3—5年的审计报告。

(8) 被评估单位的非经营性资产、负债、溢余资产情况说明。

(9) 委托人及被评估单位提供的重大未决事项、期后事项及其他特殊事项的材料及说明。

(10) 委托人、被评估单位出具的《关于进行评估有关事项的说明》。

(11) 委托人、被评估单位承诺函等。

12. 资产评估专业人员在评估中形成的其他管理类工作底稿

资产评估专业人员在评估中形成的其他管理类工作底稿于归档时一并保存。内容通常包括:

(1) 与委托人、相关当事人和其他中介机构往来的资料。

(2) 项目核准或备案文件。

(3) 专家讨论会记录。

(4) 资产评估专业人员认为需要保存的其他相关资料。

4.3.2 操作类工作底稿

操作类工作底稿是指在履行现场调查、收集评估资料和评定估算程序时所形成的工作记录及相关资料。操作类工作底稿产生于评估工作的全过程,由资产评估专业人员及其助理人员编制,反映资产评估专业人员在执行具体评估程序时所形成的工作成果。

1. 操作类工作底稿的主要内容

(1) 现场调查阶段收集的现场调查记录与相关资料。

不同评估方法下的现场调查工作底稿内容不同,资产评估专业人员应根据评估目的和资产状况,合理确定资产(含负债)的调查量,并编制相应的工作底稿。内容一般包括以下几方面:

1) 委托人、相关当事人申报的资产明细表及相关资料。

2) 通过询问、核对、勘查、函证等方式获得的评估业务需要的基础资料。

3) 核实评估对象的存在性和完整性,调查评估对象的品质和使用状况的记录。

4) 查验实行登记制度的评估对象的法律权属证书过程。

5) 现场调查因受客观条件限制,确实无法实施现场调查而采用适当的替代程序的情况。

6）与评估业务相关的财务、审计等资料。

7）在现场调查阶段收集的与评估相关的资料。

（2）评估工作实施中收集的评估资料。

在整个评估工作过程中，资产评估专业人员除了整理和收集管理类工作底稿外，还应收集所有与评估工作有关的操作类工作底稿，具体包括以下内容：

1）市场调查及数据分析资料。

2）相关的历史和预测资料。

3）询价记录。

4）其他专家鉴定及专业人士报告。

5）委托人及相关当事人提供的说明、证明和承诺。

6）其他相关资料。

（3）评估估算阶段形成的评定估算记录等相关资料。

对在评定估算阶段所做的工作，均需编制相应的工作底稿，以支持评估结论。一般包括以下内容：

1）根据不同的评估对象、资料收集情况等相关条件，选用与其相适应的评估方法的理由。

2）选取相应的计算公式的理由。

3）评定估算过程中收集的各类资产的定价依据。

4）与计算评估结论有关的各类参数的取值依据。

5）价值分析、计算、判断过程记录。

6）评估结论形成过程记录。

7）评定估算中形成的与评估相关的其他资料。

2. 操作类工作底稿的分类

按照评估方法划分，操作类工作底稿一般可分为成本法（或资产基础法）工作底稿、收益法工作底稿和市场法工作底稿。

（1）成本法（或资产基础法）工作底稿。

资产评估专业人员运用资产基础法对企业进行整体价值评估时，应在工作底稿中反映被评估企业拥有的有形资产、无形资产以及应当承担的负债，记录根据具体情况分别选用市场法、收益法、成本法的现场调查、评定估算过程。

（2）收益法工作底稿。

资产评估专业人员采用收益法评估企业资产价值时，应与委托人充分沟通，获得委托人关于被评估企业资产配置和使用情况的说明，包括对非经营性资产、负债和溢余资产状况的说明。资产评估专业人员进行现场调查后，应汇集资产的账面值、调查值并形成工作底稿。

资产评估专业人员应在与委托人和相关当事方协商并获得有关信息的基础上，采用适当的方法，对被评估企业前几年的财务报表中影响评估过程和评估结论的相关事项进行必要的分析调整，以合理反映企业的财务状况和盈利能力。工作底稿应完整地反映对企业资产、负债、盈利状况进行调整的原因，调整的内容、过程和结果，以及企业财务报表数据调整前后的变化。

资产评估专业人员应在工作底稿中反映以下内容：

1）对企业未来经营状况和收益状况进行的分析、判断和调整过程。

2）根据企业经营状况和发展前景，预测期内的资产、负债、损益、现金流量的预测结果，企业所在行业现状及发展前景，合理确定收益预测期以及预测期后的收益情况和相关终值的计算、收益现值的计算过程。

3）综合考虑评估基准日的利率水平、市场投资回报率、加权平均资金成本等资本市场相关信息和企业所在行业的特定风险等因素，合理确定资本化率或折现率的过程。

在采用收益法对企业整体价值进行分析和评估时，企业如有非经营性资产、负债和溢余资产，资产评估专业人员应当编制相应的非经营性资产、负债和溢余资产的现场调查、评定估算工作底稿。

（3）市场法工作底稿。

资产评估专业人员在采用市场法评估企业整体价值时，应在工作底稿中反映收集的参考企业、市场交易案例的资料，反映所选择的参考企业、市场交易案例与被评估企业具有可比性的资料。

资产评估专业人员应对被评估企业与参考企业、市场交易案例之间的相似性和差异性进行比较、分析、调整的过程以及对所选价值乘数计算的过程编制相应的工作底稿。

评估股东部分权益价值时的工作底稿应反映资产评估专业人员对流动性和控制权对评估对象价值影响的处理情况。

4.4 评估工作底稿的归档

资产评估业务完成后，资产评估专业人员将工作底稿与评估报告等归集形成评估档案后，及时向档案管理人员移交，并由所在资产评估机构按照国家有关法律、法规及评估准则的规定妥善管理。

在工作底稿归档的具体工作中，评估机构应做好下述几个方面的工作。

4.4.1 评估档案归集

为了保证档案管理的规范性，资产评估机构应明确档案管理人员对评估档案进行管理。每项业务完成后，资产评估专业人员应及时安排、完整归集档案资料，编制目录并装订成册，经检查合格后，移交档案管理人员。

4.4.2 确定档案的内容及形式

档案的形式除了纸质文件，还有电子文档或其他介质形式。对于纸质文件，应分类并装订成册。

4.4.3 电子文档的管理

由于电子文档或其他介质形式的业务档案，存在着可修改以及经过长时间保存或技术进步等原因导致的数据难以读取等问题，具体操作中，评估机构、资产评估专业人员及档案管理人员应做到：

（1）做好电子文件收集、积累的基础工作。电子文件的特性决定了电子文件的收集不同于纸质档案，其收集、积累的范围、方法和要求也不同于纸质档案。应对工作底稿的电子文档及时收集和整理，并建立与其相应的纸质文件之间的标识关系，尤其是对无纸化系统生成的电子文件，应有更严格的措施。必要时，应在收集积累过程中制作备份文件，以免系统发生意外情况时电子文件信息丢失。

（2）严格电子文件的归档管理。电子文件归档是将应归档的电子文件经过整理确定档案属性后，从电子计算机的存储器或其他网络存储器上拷贝或刻录到可脱机的存储载体上，以便长期保存的工作过程。

根据工作底稿的特性，通常将电子介质工作底稿与相关的纸质文件结合归档。在归档时间上，评估机构在将纸质工作底稿进行归档时应同时进行电子文档的归档。

为提高工作底稿电子文档的保存质量，可将工作底稿的电子文档刻录成光盘，与工作底稿的纸质文件存放在一起；对于工作底稿电子文档较少的项目，几个项目的电子文档可以放在一起。另外，评估机构还应配备相应的服务器，对公司一切工作底稿的电子文档进行备份。

（3）加强电子文件软件、硬件设施管理。为保证对工作底稿电子档案的管理，评估机构可积极开辟电子档案存储的新途径，为档案管理部门配备必要的计算机刻录设备，对应归档的电子文件、数据资料采用通用格式的光盘存储。评估机构要及时修补管理软件的安全漏洞，对防火墙和防病毒软件实现自动升级，做好档案上传、下载的安全等级和访问权限管理。在硬件管理上，要进一步完善电子文件和计算机设备的保管设施和环境，保证电子介质档案的安全。

（4）重视和加快电子文件管理人员的培养。从事电子文件管理的人员需具备档案管理方面的基础知识和计算机信息技术等多方面的技术技能，评估机构在工作底稿电子文件管理中配备相应的专业管理人员，有利于提高管理的效率。

第5节　资产评估档案的管理

5.1 资产评估档案的保存

资产评估专业人员通常应当在资产评估报告日后90日内将工作底稿与资产评估报告

等归集形成评估档案，并由所在资产评估机构按照国家有关法律、行政法规和相关资产评估准则的规定妥善管理。重大或者特殊项目的归档时限不晚于资产评估结论有效期届满后 30 日。评估工作底稿归档后形成的评估档案应由所在资产评估机构按照国家有关法律、法规及评估准则的规定妥善管理。档案管理人员应登记造册，整齐存放，妥善保管，并定期（如每年年底）对档案进行核对，确保业务档案的安全、完整。对于电子文档或者其他介质的评估档案，资产评估机构应当在法定保存期限内妥善保存。

《中华人民共和国资产评估法》规定：一般评估业务的评估档案保存期限不少于 15 年，法定评估业务的评估档案保存期限不少于 30 年。评估档案的保存期限，自资产评估报告日起算。

5.2 评估档案的保密与查阅

评估档案涉及客户的商业秘密，评估机构、资产评估专业人员有责任为客户保密。评估机构应建立评估档案保密制度，并认真履行保密责任。

档案管理人员要加强保密观念，明确保密档案的范围和保密要求，严格执行公司内部的各项保密规定和纪律。

项目完成并归档后，资产评估机构不得对在规定保存期内的评估档案非法删改或者销毁。对违反规定并造成损失的人员，由档案行政管理部门、有关主管部门依法处理。

资产评估档案的管理应当执行保密制度。除下列情形外，评估档案不得对外提供：

（1）司法部门按法定程序进行查询的。

（2）资产评估行政管理部门依法调阅的。

（3）依法有权审核资产评估业务的其他政府部门按规定程序对资产评估档案进行查阅的。

（4）资产评估行业协会按规定程序对执业质量进行检查的。

（5）其他依法可以查阅的情形。

评估人员需要查阅评估档案，应按规定办理借阅手续。

例 5-18

资产评估师执行某国企并购评估项目（重大和特殊项目），评估基准日是 2019 年 3 月 31 日。执行了必要的评估程序之后，2019 年 5 月 8 日，资产评估师形成了评估结论，2019 年 5 月 12 日，评估机构签发了报送国资主管部门备案的评估报告，2019 年 5 月 15 日，国资部门签发了资产评估项目备案表，评估结论未发生变化。2019 年 5 月 18 日，评估机构签发了其余评估报告，并于 2019 年 5 月 19 日邮寄提交客户。对工作底稿等评估档案进行整理后，于 2019 年 9 月底完成评估档案的归档工作。

根据上述内容，回答以下问题：

（1）该项目的评估基准日应当由谁确定？

（2）什么是资产评估报告日？ 本项目的评估报告日为哪一天？

（3）请说明对本项目资产评估报告的签章要求。

（4）本项目的归档时间是否符合规定？ 为什么？

分析：（1）评估基准日的选择应该是委托人的责任，评估人员可以提供相关专业建议。

（2）按照资产评估报告准则的规定，资产评估报告日通常为评估结论形成的日期。2019 年 5 月 8 日，资产评估师形成了评估结论，因此评估报告日为 2019 年 5 月 8 日。

（3）本项目是国企并购评估项目（重大和特殊项目），属于法定评估业务，因此评估报告应当至少由两名承办该项业务的资产评估师签名并加盖资产评估机构印章。

（4）不符合规定。 资产评估专业人员通常应当在资产评估报告日后 90 日内将工作底稿与资产评估报告等归集形成评估档案，并由所在资产评估机构按照国家有关法律、行政法规和相关资产评估准则的规定妥善管理。 重大或者特殊项目的归档时限不晚于资产评估结论有效期届满后 30 日。

本章小结

本章主要介绍资产评估报告与档案管理，包括资产评估报告的相关概念，重点是资产评估报告的基本内容、国有资产评估报告的特殊要求、资产评估工作底稿的编制与归档等。

练习题

一、单项选择题

1. 资产评估报告标题一般采用的形式是（　　）。

A. 经济行为关键词＋企业名称＋评估对象＋资产评估报告

B. 评估对象＋企业名称＋经济行为关键词＋资产评估报告

C. 企业名称＋经济行为关键词＋评估对象＋资产评估报告

D. 评估对象＋经济行为关键词＋企业名称＋资产评估报告

2. 评估报告正文中，产权持有单位的完整表述为（　　）。

A. 评估对象的产权持有单位　　B. 产权持有机构

C. 评估对象的产权所有者　　D. 以上均不正确

3. 编写评估报告可分为（　　）步。

A. 2　　B. 3　　C. 4　　D. 5

4. 资产评估专业人员通常应当在资产评估报告日后(　　)日内将工作底稿与资产评估报告等归集形成评估档案。

A. 30　　B. 60　　C. 90　　D. 120

5. 下列说法中，不正确的是(　　)。

A. 评估档案涉及客户的商业秘密，评估机构、资产评估专业人员有责任为客户保密

B. 评估机构应建立评估档案保密制度，并认真履行保密责任

C. 项目完成并归档后，资产评估机构可以销毁规定保存期内的评估档案

D. 资产评估档案的管理应当执行保密制度

6. 资产评估专业人员撰写出资产评估正式报告后，经审核无误，应当至少由(　　)承办该项业务的资产评估专业人员签名并加盖评估机构印章。

A. 1 名　　B. 2 名　　C. 3 名　　D. 5 名

二、多项选择题

1. 按照评估报告的繁简程度，评估报告可以分为(　　)。

A. 简明型评估报告　B. 完整型评估报告　C. 整体资产评估报告

D. 限制型评估报告　E. 单项资产评估报告

2. 国有资产评估报告主要包括(　　)。

A. 企业国有资产评估报告　　B. 文化企业国有资产评估报告

C. 金融企业国有资产评估报告　　D. 行政事业单位国有资产评估报告

E. 个人独资企业国有资产评估报告

3. 评估对象与评估范围说明的内容包括(　　)。

A. 委托评估的评估对象与评估范围

B. 资产的破损情况

C. 委托评估的资产类型、账面金额

D. 委托评估的资产权属状况（含应当评估的相关负债）

E. 资产的变现价值

4. 编制资产评估报告主要包括的步骤有(　　)。

A. 整理工作底稿和归集有关资料　　B. 编写评估明细表

C. 评估测算表的数字汇总　　D. 评估初步数据的分析和讨论

E. 编写评估报告

5. 在评估报告中，评估报告的使用范围（评估报告限制使用）作为其中一个内容，通常应明确(　　)。

A. 评估报告只能用于资产的使用者

B. 评估报告只能用于评估报告载明的评估目的和用途

C. 评估报告只能由评估报告载明的评估报告使用者使用

D. 除法律规定及相关当事方另有约定外，未征得出具评估报告的评估机构同意，评估报告的内容不得被摘抄、引用或披露于公开媒体

E. 评估报告在载明的结论使用有效期内使用

6. 在电子文档管理的具体操作中，评估机构、资产评估专业人员及档案管理人员应做到（　　）。

A. 做好电子文件收集、积累的基础工作

B. 严格电子文件的归档管理

C. 加强电子文件软件、硬件设施管理

D. 重视和加快电子文件管理人员的培养

E. 确认作为底稿的相关资料

7. 资产评估报告应当按照一定格式和内容进行编写，反映（　　）。

A. 评估目的　　B. 评估人员　　C. 评估程序

D. 评估标准　　E. 评估假设

8. 对于因资产性能的限制或者对于因存放地点有限制的资产，应该采取评估措施的方面有（　　）。

A. 工艺是否完整　　B. 资产是否存在　　C. 存在状态

D. 检测报告　　E. 权属资料

9. 资产评估基本程序包括（　　）。

A. 明确业务基本事项　　B. 编制资产评估计划

C. 签订业务委托合同　　D. 招聘评估人员

E. 编制出具评估报告

10. 关于资产评估报告的特别事项说明，以下内容属于其总体要求的有（　　）。

A. 说明对特别事项的处理方式

B. 明确价值类型及其定义

C. 说明特别事项对评估结论可能产生的影响

D. 说明评估的法律法规依据

E. 提示评估报告使用人关注其对经济行为的影响

三、不定项选择题

甲资产评估事务所接受乙有限责任公司的委托，对乙有限责任公司与丙公司以联营为目的拥有的全部资产进行了评估，出具的初步报告如下：

评估报告书

乙有限责任公司：

我所接受贵公司委托，根据国家有关资产评估的规定和其他法律法规的规定，对贵公司与丙公司以联营为目的拥有的全部资产进行了评估。评估中结合贵公司的具体情况，实

施了包括财产清查在内的我们认为必要的评估程序，现将评估结果报告如下：

1. 资产评估机构：甲资产评估事务所。

2. 委托方和资产占有方：乙有限责任公司。

3. 评估目的：为贵公司与丙公司以联营之目的，评估贵公司净资产现行价值。

4. 评估范围和对象：本次评估范围为乙有限责任公司与丙公司以联营为目的拥有的全部资产、负债和所有者权益。评估对象为其整体资产。

5. 评估原则：略。

6. 评估依据：略。

7. 评估基准日：2019 年 5 月 31 日。

8. 评估过程：略。

9. 评估结果：在实施了上述评估程序和评估方法后，贵公司截至评估基准日的资产、负债和所有者权益价值为：

资产总额：10 000 000 元

负债总额：5 000 000 元

净资产价值：5 000 000 元

10. 评估结果有效期：根据国家有关规定，本报告有效期为一年。自报告提交日 2019 年 8 月 1 日起至 2020 年 7 月 31 日止。

11. 评估说明：略。

12. 其他事项说明：略。

13. 评估结果有效的其他条件：略。

14. 本报告的使用范围：略。

15. 评估时间：本次评估工作自 2019 年 6 月 1 日起至 2019 年 8 月 1 日止，本报告提交日期为 2019 年 8 月 1 日。

中国资产评估师：A 签字盖章

甲资产评估事务所

2019 年 8 月 1 日

根据上述资料，完成下列题目：

(1) 资产评估是为满足特定经济行为的需要而进行的，(　　)贯穿着资产评估的全过程，影响着评估人员对评估对象的界定、价值类型的选择等，它是评估人员进行具体资产评估时必须首先明确的基本事项。

A. 资产评估特定目的　　B. 资产评估范围

C. 资产评估对象　　D. 资产评估依据

E. 资产评估方法

(2) 本例中，评估基准日为 2019 年 5 月 31 日，此日期的确定人为(　　)。

A. 甲资产评估事务所　　B. 乙有限责任公司

C. 评估人员　　D. 注册评估师 A

E. 丙公司

(3) 评估说明包括评估说明使用范围声明、委托人和被评估单位（或者产权持有单位）编写的《企业关于进行资产评估有关事项的说明》和资产评估师编写的《资产评估说明》。以下各项中，属于《资产评估说明》内容的有(　　)。

A. 评估对象与评估范围说明　　B. 资产核实总体情况说明

C. 关于经济行为的说明　　D. 评估技术说明

E. 评估结论及分析

(4) 评估报告书中，“14. 本报告的使用范围”应该明确的事项包括(　　)。

A. 评估报告只能用于评估报告载明的评估目的和用途

B. 评估报告只能由评估报告载明的评估报告使用者使用

C. 除法律规定及相关当事方另有约定外，未征得出具评估报告的评估机构同意，评估报告的内容不得被摘抄、引用或披露于公开媒体

D. 评估报告必须由按约定支付评估报酬的一方使用

E. 评估报告在载明的结论使用有效期内使用

(5) 下列选项中，属于该评估报告书中错误的有(　　)。

A. 评估说明作为附件，应与评估报告书分开写

B. 缺少资产评估机构印章

C. 仅有一个资产评估师签字

D. 缺少评估方法的说明

E. 缺少评估报告书使用范围的说明

第6章 资产评估管理制度

学习目标

通过本章的学习，学生应掌握的内容包括：《资产评估法》调整范围的主要内容；资产评估业务类型；我国对资产评估行业行政监管的主要内容；我国资产评估行业的自律管理；我国资产评估机构自主管理的主要内容；我国国有资产评估管理的有关规定；我国国有资产评估项目管理的方式；我国国有资产评估项目审核与评审的依据；我国资产评估准则体系框架；我国《资产评估基本准则》的主要内容。

应熟悉的内容包括：资产评估机构及资产评估专业人员的权利、义务和责任；资产评估机构的组织形式、设立；《资产评估法》的内容框架；我国资产评估机构备案管理的程序和内容；我国资产评估协会自律管理的主要内容；我国资产评估准则的制定机制。

应了解的内容包括：《资产评估法》的出台及其意义；资产评估法律制度体系的主要内容；我国财政部门对资产评估的行政监管范围；我国财政部门对资产评估的行政监管原则与监管职责范围；对资产评估行业的监督检查和调查处理；国有资产的形态；我国资产评估准则的发展；我国资产评估准则的主要作用。

第1节 资产评估法律体系概述

1.1 《中华人民共和国资产评估法》的颁布实施

2016年7月2日，第十二届全国人大常委会第二十一次会议审议通过了《中华人民共和国资产评估法》（以下简称《资产评估法》），国家主席习近平签署第46号主席令予以公布，自2016年12月1日起施行。

《资产评估法》的颁布实施具有十分重要的意义。一是有利于维护社会主义市场经济秩序。市场经济以生产要素有效配置为根基，资产评估是生产要素实现有效配置过程中的一个重要支撑。《资产评估法》的颁布，有利于发挥资产评估的专业作用，为规范交易行为、提高交易效率、维护市场秩序提供重要的专业服务。二是有利于保护国有资产和公共利益。国有经济在中国经济体系中占有十分重要的地位，涉及国有资产和公共利益的法定评估是评估行业的一项重要业务。《资产评估法》明确只有资产评估师才能从事法定评估业务，并对法定评估的程序予以规范，有利于保障法定评估业务得以依法规范进行，从而保障国有资产的安全，保障公共利益不受非法侵害。三是有利于保障评估当事人的合法权益。委托人和评估机构及资产评估专业人员是评估活动的当事人。《资产评估法》统一规范了评估当事人的权利、义务责任，既保障了委托人能够获得优质的专业服务，又明确了评估机构及资产评估专业人员依法执业的法律地位，评估当事人的合法权益能够得到保障。四是有利于促进评估行业健康发展。资产评估是高端服务业，为我国社会经济发展做出了重要贡献。但是，资产评估行业也存在着评估行为不规范、机构和人员良莠不齐、法律责任不清晰等突出问题，《资产评估法》通过规范评估从业人员和从业机构的行为，增强了行业专业水准和公信力，有利于规范和促进评估行业健康持续发展。

1.2 资产评估法律制度体系

《资产评估法》颁布实施后，相关部门和评估行业积极推进相关配套制度建设，加上以往颁布的与资产评估有关的法律法规，形成了以《资产评估法》为统领，由相关法律、行政法规、部门规章、规范性文件以及自律管理制度共同组成的全面、系统、完备的资产评估法律制度体系。

1.2.1 相关法律

目前，我国涉及资产评估相关内容的法律有 8 部，包括《公司法》《证券法》《刑法》《公路法》《企业国有资产法》《城市房地产管理法》《拍卖法》《政府采购法》，主要规定了涉及国有资产产权转让、抵押、股东出资、股票和债券发行、房地产交易等业务，必须进行评估，以及相关法律责任。

1.2.2 行政法规

我国涉及资产评估的行政法规有 16 部，包括《国有土地上房屋征收与补偿条例》《国有资产评估管理办法》《社会救助暂行办法》《全民所有制工业企业转换经营机制条例》《土地增值税暂行条例》《森林防火条例》《证券公司监督管理条例》《民办教育促进法实施条例》《金融机构撤销条例》《矿产资源勘查区块登记管理办法》《矿产资源开采登记管理办法》《探矿权采矿权转让管理办法》《国务院关于股份有限公司境内上市外资股的规定》《中外合作经营企业法实施细则》《股权发行与交易管理暂行条例》《全民所有制小型工业企业租赁经营暂行条例》，主要规定对涉及房屋征收补偿、矿产资源开采、金融机构抵押贷款、金融机构撤销等多种业务必须进行评估。

1.2.3 部门规章、规范性文件

按照《资产评估法》的要求，2017 年 4 月 21 日，财政部出台了《资产评估行业财政监督管理办法》（财政部令第 86 号），明确了行业监管的对象和内容，规定了行业监管的手段和法律责任。2017 年 5 月，人力资源和社会保障部、财政部修订并发布了《资产评估师职业资格制度暂行规定》和《资产评估师执业资格考试实施办法》（人社部规〔2017〕7 号），规定中国资产评估协会负责资产评估师职业资格考试组织和实施工作，同时放宽了报考条件，优化了考试科目，建立了适合行业发展和行业特点的资产评估师考试制度。2017 年 7 月，财政部发布了《资产评估基本准则》，对资产评估的基本要求、基本遵循以及资产评估程序、资产评估报告、资产评估档案等做出了明确规定。

1.2.4 资产评估行业自律管理制度

2016 年 12 月，经资产评估行业第五次代表大会审议通过，并报财政部审查同意、民政部核准，新的《中国资产评估协会章程》正式生效，进一步完善了协会的职责定位，优化了协会的组织体系，规范了会员管理和理事会的运作机制。随后，中国资产评估协会修订发布了会员管理办法，组织修订发布了 25 项执业准则和职业道德准则等一系列自律管理对象制度。

第 2 节 《资产评估法》的主要内容

《资产评估法》共 8 章 55 条，主要包括下述内容。

2.1 关于法律调整范围

《资产评估法》第 2 条规定了法律的调整范围，资产评估是指评估机构及其评估专业人员根据委托对不动产、动产、无形资产、企业价值、资产损失或者其他经济权益进行评定、估算，并出具评估报告的评估专业行为。

2.1.1 评估对象

资产评估的对象包括不动产、动产、无形资产、企业价值、资产损失或者其他经济权益。

这种概括是按资产形态进行的，不仅包括财政部门管理的资产评估，而且涵盖了其他政府部门管理的房地产估价、土地估价、矿业权评估、旧机动车鉴定估价和保险公估在内的评估专业领域，属于大评估的概念。上述评估专业领域中，房地产估价、土地估价属于不动产评估，旧机动车鉴定估价属于动产评估，这比较容易理解。这里重点介绍无形资产、企业价值和资产损失评估。

1. 关于无形资产评估

无形资产是特定主体所拥有或者控制的、没有实物形态、能持续发挥作用且能带来经济利益的非货币性资产，包括专利权、商标权、著作权、商誉等。无形资产评估就是根据特定目的，遵循公允、法定程序，运用适当方法，对无形资产进行评定、估算，并出具评估报告的专业服务行为。

2. 关于企业价值评估

企业价值评估是指评估专业人员对评估基准日特定目的下的企业整体价值、股东全部权益价值或部分权益价值进行评定、估算并出具评估报告的专业服务行为。企业价值评估是建立在企业整体价值分析和价值管理的基础上，把企业作为一个有机整体，依据其拥有或占有的全部资产状况和整体获利能力，充分考虑影响企业获利能力的各种因素，结合企业所处的宏观经济环境及行业背景，对企业的整体或股东权益公允价值进行的综合性评估。企业价值评估适用于设立公司、企业改制、股票发行上市、股权转让、企业兼并、收购或者分立、联营、组建集团、中外合作、合资、企业租赁、承包、融资、抵押贷款、法律诉讼、破产清算等目的的整体资产评估。

3. 关于资产损失评估

资产损失评估包括自然灾害损失评估、侵权损失评估及保险公估等。保险公估是指接受保险当事人委托，对保险事故所涉及的保险标的进行评定、估算，并出具评估报告的专业服务行为。保险公估的出现与保险市场的发展密不可分，是保险市场发展的必然产物。保险公司理赔业务的日益增长和复杂化产生了专业性的需求，为此类评估业务的发展奠定了基础。

2.1.2 资产评估与一般价格咨询服务的区别

资产评估是评估机构及其评估专业人员对评估对象进行评定、估算，并出具评估报告的专业服务行为。资产评估与一般价格咨询服务行为相比，虽然都涉及对有关财产或者财产损失价值的估算，但二者有本质的不同：资产评估要有评估机构及其评估专业人员出具评估报告，要由评估专业人员签名，并加盖评估机构印章，且评估机构及其评估专业人员要对出具的评估报告承担法律责任；而价格咨询服务一般不出具报告，有关机构和人员对给出的“咨询价格”也不承担相应的法律责任。所以，由评估专业人员和评估机构签名盖章，并出具资产评估报告应该是资产评估区别于一般价格咨询服务行为的重要方面。

2.1.3 从事资产评估的主体是评估机构及其评估专业人员

评估机构是依法设立的从事评估业务的专业机构。根据《资产评估法》的规定，设立评估机构首先应当向市场监督管理部门申请办理登记，领取营业执照，在领取营业执照后30日内向财政部门进行备案。设立评估机构，从事评估业务应当符合《资产评估法》第15条规定的条件，包括应当具有足够数量的评估师，并符合有关对合伙人和股东的要求。

2.2 关于评估业务类型

关于评估业务类型，《资产评估法》第3条规定：自然人、法人或者其他组织需要确定评估对象价值的，可以自愿委托评估机构评估。涉及国有资产或者公共利益等事项，法律、行政法规规定需要评估的（以下称法定评估），应当依法委托评估机构评估。

由此看出，资产评估业务可以分为两类：一类是自愿进行的评估；另一类是必须进行的法定评估。

2.2.1 自愿进行的评估

自然人、法人或者其他组织需要确定评估对象价值的，除法律法规另有规定外，可以自愿委托评估机构进行评估。这里的“自然人”包括中国公民和外国人。“法人或者其他组织”包括除“自然人”以外的其他组织，包括国家机关、企业、事业单位、社会团体等。自然人、法人或者其他组织如果需要确定评估对象价值的，可以自愿委托评估机构评估。这里应当指出的是，根据《资产评估法》的规定，评估专业人员必须加入评估机构才能开展业务，评估专业人员不能脱离所在评估机构去承揽业务。所以，作为委托人，只能委托评估机构进行评估业务，不能直接委托评估专业人员进行评估。

综上所述，自愿进行的评估有几个特点：一是委托人自愿委托；二是评估业务由评估机构承接；三是评估报告可以由评估师或者其他评估专业人员签署。

2.2.2 法定评估

涉及国有资产或者公共利益等事项，法律、行政法规规定需要评估的，应当依法委托评估机构评估，称为法定评估业务。

法定评估业务具有以下几个特点：一是涉及国有资产或者公共利益等事项；二是法律、行政法规规定需要评估，如《证券法》《企业国有资产法》等都有这方面的规定；三是应当依法选择评估机构评估；四是至少有两名相应专业类别的评估师承办业务，并且评估报告必须由至少两名评估师签署；五是法定评估档案保存期限不少于 30 年。

2.3 关于评估专业人员

2.3.1 评估专业人员的概念

《资产评估法》明确规定，评估专业人员包括评估师和其他具有评估专业知识及实践经验的评估从业人员。

评估师是指通过评估师职业资格考试的评估专业人员。评估师专业类别由国家根据经济社会发展需要确定。根据 2003 年国务院办公厅转发的《关于加强和规范评估行业管理的意见》（国办发〔2003〕101 号）的规定，国家设置的评估师专业类别有资产评估、土地估价、矿业权评估、房地产估价、旧机动车鉴定估价和保险公估六大类别。2017 年 9 月 12 日，人力资源和社会保障部印发《关于公布国家职业资格目录的通知》（人社部发〔2017〕68 号），国家职业资格目录共计 140 项，其中专业技术人员资格 59 项，技能人员职业资格 81 项。评估类职业资格保留 2 项，分别是资产评估师和房地产估价师。

2.3.2 评估专业人员的从业权利、义务和禁止行为

评估专业人员从事的评估活动是一种专业服务活动，通过法律规定赋予其从业所享有的各种权利，同时明确其应当履行的法定义务和从业禁止行为，对于保障评估专业人员的合法权益，保护委托人利益和社会公共利益，促进评估行业健康发展，具有重要意义。

1. 从业权利

根据《资产评估法》的规定，评估专业人员享有下列从业权利：

（1）要求委托人提供相应的权属证明、财务会计信息和其他资料，以及为执行公允的

评估程序所需的必要协助；

（2）依法向有关国家机关或者其他组织查阅从事业务所需的文件、证明和资料；

（3）拒绝委托人或者其他组织、个人对评估行为和评估结果的非法干预；

（4）依法签署评估报告；

（5）法律、行政法规规定的其他权利。

2. 从业义务

根据《资产评估法》的规定，评估专业人员应当履行下列从业义务：

（1）诚实守信，独立、客观、公正从事业务；

（2）遵守评估准则，履行调查职责，独立分析估算，勤勉谨慎从事业务；

（3）完成规定的继续教育，保持和提高专业能力；

（4）对评估活动中使用的有关文件、证明和资料的真实性、准确性、完整性进行核查和验证；

（5）对评估活动中知悉的国家秘密、商业秘密和个人隐私予以保密；

（6）与委托人或者其他相关当事人及评估对象有利害关系的，应当回避；

（7）接受行业协会的自律管理，履行行业协会章程规定的义务；

（8）法律、行政法规规定的其他义务。

3. 从业禁止行为

根据《资产评估法》的规定，评估专业人员不得从事下列从业禁止行为：

（1）私自接受委托从事业务、收取费用；

（2）同时在两个以上评估机构从事业务；

（3）采用欺骗、利诱、胁迫或者贬损、诋毁其他评估专业人员等不正当手段承揽业务；

（4）允许他人以本人名义从事业务，或者冒用他人名义从事业务；

（5）签署本人未承办业务的评估报告；

（6）索要、收受或者变相索要、收受合同约定以外的酬金、财物或者谋取其他不正当利益；

（7）签署虚假评估报告或者有重大遗漏的评估报告；

（8）违反法律、行政法规的其他行为。

评估专业人员违反上述规定的，由有关评估行政管理部门给予责令停止从业、没收违法所得的处罚，构成犯罪的，依法追究刑事责任。评估专业人员因签署虚假评估报告被追究刑事责任的，终身不得从事评估业务。

2.4 关于评估机构

评估机构是依法设立的从事评估业务的专门机构。

2.4.1 评估机构的组织形式、设立条件和设立程序

《资产评估法》对评估机构的组织形式、设立条件、设立程序和相关管理制度做了规定。

1. 组织形式

根据《资产评估法》的规定，评估机构分为两种组织形式，即合伙形式和公司形式。

（1）合伙形式。合伙形式包括普通合伙和特殊普通合伙。

普通合伙企业由普通合伙人组成，合伙人对合伙企业债务承担无限连带责任。国有独资公司、国有企业、上市公司以及公益性的事业单位、社会团体不得成为普通合伙人。普通合伙企业名称中应标明“普通合伙”字样。

特殊普通合伙企业是指一个合伙人或者数个合伙人在执业活动中因故意或者重大过失造成合伙企业债务的，应当承担无限责任或者无限连带责任，其他合伙人以其在合伙企业中的财产份额为限承担责任的企业形式。合伙人在执业活动中非故意或者因重大过失造成的合伙企业债务以及合伙企业的其他债务，由全体合伙人承担无限连带责任。

（2）公司形式。公司形式包括有限责任公司和股份有限公司。

有限责任公司的股东为 50 名以下，董事为 3 人以上 13 人以下。规模较小的有限责任公司可以不设董事会，设 1 名执行董事。有限责任公司董事或股东会的议事方式和表决程序比较灵活，除《公司法》有规定外，由公司章程规定。有限责任公司必须在公司名称中标明“有限责任公司”或者“有限公司”字样。

股份有限公司的股东为 2 人以上 200 人以下，董事为 5 人以上 19 人以下。股东持有的每一股份均有表决权，但是公司持有的本公司股份没有表决权。股份有限公司必须在公司名称中标明“股份有限公司”或者“股份公司”字样。

2. 设立条件

根据《资产评估法》的规定，评估机构应当依法采用合伙或者公司形式。

合伙形式的评估机构，应当有 2 名以上评估师；其合伙人三分之二以上应当具有 3 年以上从业经历且最近 3 年内未受停止从业的处罚。

公司形式的评估机构，应当具有 8 名以上评估师和 2 名以上股东，其中三分之二以上股东应当具有 3 年以上从业经历且最近 3 年内未受停止从业的处罚。

评估机构的合伙人或者股东为 2 名的，2 名合伙人或者股东都应当具有 3 年以上从业经历且最近 3 年内未受停止从业的处罚。

3. 设立程序

设立评估机构，应当向市场监督管理部门申请办理登记。评估机构应当自领取营业执照之日起 30 日内向有关资产评估行政管理部门备案。有关资产评估行政管理部门应当及时将评估机构备案情况向社会公告。简单讲，设立评估机构分三步：一是向市场监督管理部门申请办理登记；二是向资产评估行政管理部门申请备案；三是有关资产评估行政管理

部门将备案情况向社会公告。

评估机构不依法备案或者不符合《资产评估法》规定的设立条件的，由有关评估行政管理部门责令改正；拒不改正的，责令停业，可以并处罚款。

2.4.2 评估机构的权利和责任

1. 评估机构的权利

根据《资产评估法》的规定，评估机构享有下列权利：

（1）委托人拒绝提供或者不如实提供执行评估业务所需的权属证明、财务会计信息和其他资料的，评估机构有权依法拒绝其履行合同的要求。

（2）委托人要求出具虚假评估报告或者有其他非法干预评估结果情形的，评估机构有权解除合同。

2. 评估机构的责任

（1）评估机构不得有下列行为：不得利用开展业务之便，谋取不正当利益；不得允许其他机构以本机构名义开展业务，或者冒用其他机构名义开展业务；不得以恶性压价、支付回扣、虚假宣传，或者贬损、诋毁其他评估机构等不正当手段招揽业务；不得受理与自身有利害关系的业务；不得分别接受利益冲突双方的委托，对同一评估对象进行评估；不得出具虚假评估报告或者有重大遗漏的评估报告；不得聘用或者指定不符合《资产评估法》规定的人员从事评估业务；不得有违反法律、行政法规的其他行为。

评估机构违反上述规定的，由有关评估行政管理部门依法给予责令停业、没收违法所得、罚款的处罚；情节严重的，由市场监督管理部门吊销营业执照；构成犯罪的，依法追究刑事责任。

（2）加强评估机构内部管理。评估机构应当依法独立、客观、公正地开展业务，建立健全质量控制制度，保证评估报告的客观、真实、合理。评估机构应当依法接受监督检查，如实提供评估档案以及相关情况。评估机构应当建立健全内部管理制度，对本机构的评估专业人员遵守法律、行政法规和评估准则的情况进行监督，并对其从业行为负责。

评估机构违反上述规定的，依法给予处罚。同时，在民事赔偿责任方面，明确了评估专业人员违反《资产评估法》的规定，给委托人或者其他相关当事人造成损失的，由其所在的评估机构依法承担赔偿责任。评估机构履行赔偿责任后，可以向有故意或者重大过失的评估专业人员追偿。

（3）完善风险防范机制。评估机构根据业务需要建立职业风险基金或者自愿办理职业责任保险，完善风险防范机制。

2.5 关于评估程序

评估程序对于保证评估机构独立、客观、公正地开展业务十分重要。《资产评估法》

对评估程序做了具体规定，主要内容包括：

（1）委托人有权自主选择符合《资产评估法》规定的评估机构，任何单位和个人不得非法限制或者干预。评估事项涉及两个以上当事人的，由全体当事人协商委托评估机构。但是对法定评估业务，委托人应当依法选择评估机构。这里的“依法”是指依据有关法律、法规和规章等对选择评估机构的程序性规定。选定评估机构后，委托人应当与评估机构订立委托合同，约定双方的权利和义务。

（2）对受理的评估业务，评估机构应当指定至少两名评估专业人员承办。属于法定评估业务的，评估机构应当指定至少两名评估师承办。

（3）评估专业人员应当根据评估业务具体情况，对评估对象进行现场调查，收集权属证明、财务会计信息和其他资料并进行核查验证、分析整理，并将其作为评估的依据。评估专业人员应当恰当选择评估方法，除依据评估准则只能选择一种评估方法的以外，恰当选择两种以上评估方法进行综合分析，形成评估结论，编制评估报告。评估机构应当对评估报告进行内部审核。评估报告由至少两名承办该业务的评估专业人员签名并加盖评估机构印章，属于法定评估业务的，由至少两名承办该项业务的评估师签名并加盖评估机构印章。

（4）评估档案的保存期限不少于 15 年，属于法定评估业务的，评估档案的保存期限不少于 30 年。

（5）委托人的权利和义务。

2.6 关于评估行业协会

评估行业协会是评估机构和评估专业人员的自律性组织，依照法律、行政法规和章程实行自律管理。《资产评估法》对行业协会的设立、会员入会、职责、协会之间的沟通协作及会费管理等内容做了明确规定。

2.6.1 协会的设立

评估行业按照专业领域设立全国性评估行业协会，根据需要设立地方性评估行业协会。资产评估行业的全国性协会为中国资产评估协会，各省、自治区、直辖市和计划单列市（青岛市除外）都设立了资产评估协会。评估行业协会章程由会员代表大会制定，报登记管理机关核准，并报评估行政管理部门备案。

2.6.2 会员入会

评估机构和评估专业人员加入有关评估行业协会，成为协会会员，平等地享有章程规定的权利，履行章程规定的义务。

2.6.3 协会的职责

关于评估行业协会的职责，《资产评估法》规定如下：

（1）制定会员自律管理办法，对会员实行自律管理；

（2）依据评估基本准则制定评估执业准则和职业道德准则；

（3）组织开展会员继续教育；

（4）建立会员信用档案，将会员遵守法律、行政法规和评估准则的情况记入信用档案，并向社会公开；

（5）检查会员建立风险防范机制的情况；

（6）受理对会员的投诉、举报，受理会员的申诉，调解会员执业纠纷；

（7）规范会员从业行为，定期对会员出具的评估报告进行检查，按照章程规定对会员进行奖惩，并将奖惩情况及时报告有关评估行政管理部门；

（8）保障会员依法开展业务，维护会员合法权益；

（9）法律、行政法规和章程规定的其他职责。

2.6.4 评估行业协会之间的沟通协作

鉴于不同的评估专业都有各自的行业协会，为了促进评估行业的健康有序发展，各个评估行业协会应当建立沟通协作和信息共享机制，并根据需要制定共同的行为规范。

2.6.5 会费管理

会费管理对协会十分重要，会费是协会生存和发展的基础，协会的经费来源主要靠会费。评估行业协会收取会员会费的标准由会员代表大会通过，并向社会公开；不得以会员缴纳会费数额作为其在行业协会中担任职务的条件；会费的收取、使用接受会员代表大会和有关部门的监督，任何组织、个人不得侵占、私分和挪用。

2.6.6 对协会的监督

《资产评估法》明确规定，评估行业协会应当接受有关评估行政管理部门的监督和社会监督。评估行政管理部门的监督属于行政监督，就财政部门管理资产评估行业而言，各级资产评估协会都要接受财政部门的监督。社会监督包括新闻媒体监督、社会公众监督等。由于《资产评估法》赋予评估行业协会在自律管理方面很多的职权，为了保障协会能够正确用权、规范运作，需要对其加强各方面的监督，其中社会监督是很重要的一个方面。新闻媒体可以通过新闻报道，社会公众可以通过向评估行政管理部门投诉、举报等方式，对协会的违法违规行为进行监督。作为评估行业协会，应当建立健全信息公开等制度，自觉接受社会的监督。评估行业协会违反《资产评估法》规定的，由有关评估行政管理部门给予警告，责令改正；拒不改正的，可以通报登记管理机关，即民政部门，由其依法给予处罚。评估行业协会工作人员滥用职权、玩忽职守或者徇私舞弊的，依法给予处分；构成犯罪的，依法追究刑事责任。

2.7 关于评估行政管理部门的监督管理

2.7.1 评估行政管理部门的含义

评估行政管理部门是指负责各个评估领域业务管理的政府主管部门，不同的评估专业接受不同政府主管部门的监督管理，如资产评估行业接受财政部门的监督管理。从管理的层级来说，设区的市级以上的评估行政管理部门的监管，包括国务院、省（自治区、直辖市）和设区的市三级。就财政管理的资产评估行业来说，行政监管部门为财政部和省级财政部门两级。

2.7.2 评估行政管理部门的职责

一是组织制定各自领域的评估基本准则和评估行业监督管理办法。这项职责由国务院有关评估行政管理部门负责。

二是负责对各个领域评估行业的监督管理，对评估机构和评估专业人员的违法行为实施行政处罚，将处罚情况通报有关评估行业协会，并依法向社会公开。

三是负责对各自领域的评估行业协会实施监督检查，对检查中发现的问题和针对协会的投诉、举报进行调查处理。

2.7.3 对评估行政管理部门的履职要求

一是不得违反《资产评估法》的规定，对评估机构依法开展业务进行限制。

二是不得与评估行业协会、评估机构存在人员或资金关联。

三是不得利用职权为评估机构招揽业务。

评估行政管理部门工作人员滥用职权、玩忽职守或者徇私舞弊的，依法给予处分；构成犯罪的，依法追究刑事责任。

第3节 资产评估监管

我国资产评估行业的监管一直伴随资产评估行业发展的全过程，监管机制随着我国市场经济和行业发展的各个发展阶段呈现出不同的特点。在资产评估行业创立之初，行业管理重在行政管理，管理主体单一，即政府是行业管理的唯一主体，管理职能无所不包，既管宏观，又管微观，既管行业政策、发展方向，又管队伍、项目。随着市场经济的深入发展，政府的职能不断转变，市场机制在资源配置中的基础性作用不断加强，资产评估行业管理已由原来单一的行政管理体制发展到现在的行政管理与自律管理有机结合，管理主体也由原来单一的政府管理部门发展到现在的政府部门与行业协会；行政管理侧重方向性指导以及机构资质管理，自律管理侧重具体运行以及队伍的日常管理；项目管理也由原来的立项确认制发展到现在的核准、备案制。2016 年 12 月实施的《资产评估法》对评估行业管理体制进行了详细规定。2017 年 4 月 21 日，财政部发布《资产评估行业财政监督管理办法》（财政部令第 86 号），对资产评估专业人员、资产评估机构和资产评估协会做出了系统的管理规定。2019 年 1 月，财政部对该办法进行了修订。

3.1 我国资产评估行业的行政监管

根据国务院有关文件的规定，目前，我国的评估行业包括资产评估、房地产估价、土地估价、矿业权评估、机动车评估和保险公估六个专业领域，分别由财政部、自然资源部、住房和城乡建设部、商务部、银保监会五个部门负责监督管理。其中，财政部门监管资产评估领域，具有综合性特征。

3.1.1 财政部门的监管范围

财政部颁布的《资产评估行业财政监督管理办法》明确的监管业务范围有两个方面：一是资产评估机构及其资产评估专业人员根据委托，对单项资产、资产组合、企业价值、金融权益、资产损失和其他经济权益进行评定、估算，并出具资产评估报告的专业服务行为；二是财政部门对资产评估行业实施监督管理。资产评估机构及其资产评估专业人员从事上述规定业务，涉及法律、行政法规和国务院规定由其他行政管理部门管理的，按照其他有关规定执行。

根据《资产评估法》和国务院的规定，按照职责分工由财政部门监管资产评估行业、资产评估专业人员、资产评估机构和资产评估协会。按照行政部门职责分工，财政部门监管以外的评估领域，应执行相关法律、行政法规和自然资源、住房和城乡建设、商务、保险监督管理等其他评估行政管理部门的相关规定。

财政部发布的《资产评估行业财政监督管理办法》，构建了财政部门对资产评估行业的行政监管体系，建立了行政监管、行业自律和机构自主管理相结合的管理新原则，明确了对资产评估专业人员、资产评估机构和资产评估协会的监管内容和监管要求，划分了各级财政部门的行政监管分工和职能，细化了资产评估法律责任的相关规定。

3.1.2 监管原则和监管职责范围

1. 监管原则

根据《资产评估行业财政监督管理办法》，财政部门对资产评估行业监督管理实行行政监管、行业自律和机构自主管理相结合的原则。

2. 监管职责范围

（1）财政部的监管职责为：负责统筹财政部门对全国资产评估行业的监督管理；制定有关监督管理办法；制定资产评估基本准则；指导和督促地方财政部门实施监督管理；对资产评估机构从事证券期货相关资产评估业务实施监督管理。

（2）地方财政部门的职责为：各省、自治区、直辖市、计划单列市财政厅（局）（以下简称省级财政部门）负责对本行政区域内资产评估行业实施监督管理。省级财政部门负责本地区资产评估机构和分支机构的备案管理。

（3）资产评估协会的职责为：中国资产评估协会依照法律、行政法规、《资产评估行业财政监督管理办法》和协会章程的规定负责全国资产评估行业的自律管理。地方资产评估协会依照法律、法规、《资产评估行业财政监督管理办法》和本地协会章程的规定，负责本地区资产评估行业的自律管理。

3.1.3 资产评估专业人员的监管

《资产评估行业财政监督管理办法》对资产评估专业人员监督管理规定的内容主要有：

（1）资产评估专业人员包括资产评估师（含珠宝评估专业，下同）和具有资产评估专业知识及实践经验的其他资产评估从业人员。资产评估师是指通过中国资产评估协会组织实施的资产评估师职业资格全国统一考试的资产评估专业人员。其他资产评估从业人员从事对单项资产、资产组合、企业价值、金融权益、资产损失或者其他经济权益进行评定、估算，并出具资产评估报告的专业服务行为，应当接受财政部门的监管。资产评估专业知识及实践经验，由资产评估机构自主评价认定。

（2）资产评估专业人员从事资产评估业务，应当加入资产评估机构，并且只能在一个资产评估机构从事业务。

（3）资产评估专业人员应当与资产评估机构签订劳动合同，建立社会保险缴纳关系，按照国家有关规定办理人事档案存放手续。

（4）资产评估专业人员从事资产评估业务，应当遵守法律、行政法规和《资产评估行业财政监督管理办法》的规定，执行资产评估准则及资产评估机构的各项规章制度，依法签署资产评估报告，不得签署本人未承办业务的资产评估报告或者有重大遗漏的资产评估报告。

（5）未取得资产评估师资格的人员，不得签署法定资产评估业务资产评估报告，其签署的法定资产评估业务资产评估报告无效。

（6）资产评估专业人员应当接受资产评估协会的自律管理和所在资产评估机构的自主管理，不得从事损害资产评估机构合法利益的活动。

（7）加入资产评估协会的资产评估专业人员，平等享有章程规定的权利，履行章程规定的义务。

3.1.4 资产评估机构的备案管理

《资产评估行业财政监督管理办法》对资产评估机构备案管理规定的主要内容有：

（1）资产评估机构应当自领取营业执照之日起 30 日内，通过备案信息管理系统向所在地省级财政部门备案，提交下列材料：

1）资产评估机构备案表；

2）统一社会信用代码；

3）资产评估机构合伙人或者股东以及执行合伙事务的合伙人或者法定代表人 3 年以上从业经历、最近 3 年接受处罚信息等基本情况；

4）在该机构从业的资产评估师、其他专业领域的评估师和其他资产评估从业人员情况；

5）资产评估机构质量控制制度和内部管理制度。

（2）资产评估机构备案信息不齐全或者备案材料不符合要求的，省级财政部门应当在接到备案材料 5 个工作日内一次性告知需要补正的全部内容，并给予指导。资产评估机构应当根据要求，在 15 个工作日内补正。逾期不补正的，视同未备案。

（3）备案材料完备且符合要求的，省级财政部门收齐备案材料即完成备案，并在 20 个工作日内将下列信息以公函编号形式向社会公开。公开的信息包括：

1）资产评估机构名称及组织形式；

2）资产评估机构的合伙人或者股东的基本情况；

3）资产评估机构执行合伙事务的合伙人或者法定代表人；

4）申报的资产评估专业人员基本情况。

对于资产评估机构申报的资产评估师信息，省级财政部门应当在公开前向有关资产评估协会核实。

（4）资产评估机构设立分支机构的，由资产评估机构向其分支机构所在地省级财政部门备案，提交下列材料：

1）资产评估机构设立分支机构备案表；

2）分支机构统一社会信用代码；

3）资产评估机构授权分支机构的业务范围；

4）分支机构负责人 3 年以上从业经历、最近 3 年接受处罚信息等基本情况；

5）在该分支机构从业的资产评估师、其他专业领域评估师和其他资产评估从业人员情况。

完成分支机构备案的省级财政部门应当将分支机构备案情况向社会公开，同时告知资产评估机构所在地省级财政部门。

(5) 资产评估机构的名称、执行合伙事务的合伙人或者法定代表人、合伙人或者股东、分支机构的名称或者负责人发生变更，以及发生机构分离、合并、转制、撤销等重大事项，应当自变更之日起 15 个工作日内向有关省级财政部门办理变更手续。

(6) 资产评估机构办理合并或者分立变更手续的，应当提供合并或者分立协议。合并或者分立协议应当包括的事项有：

1) 合并或者分立前资产评估机构评估业务档案保管方案；

2) 合并或者分立前资产评估机构职业风险基金或者职业责任保险的处理方案；

3) 合并或者分立前资产评估机构资产评估业务、职业责任的承继关系。

(7) 合伙制资产评估机构转为公司制资产评估机构，或者公司制资产评估机构转为合伙制资产评估机构，办理变更手续应当提供合伙人会议或股东（大）会审议通过的转制决议。转制决议应当载明转制后机构与转制前机构的债权债务、档案保管、资产评估业务、职业责任等承继关系。

(8) 资产评估机构跨省级行政区划迁移经营场所，应当书面告知迁出地省级财政部门。资产评估机构在办理完迁入地登记手续后通知迁出地的省级财政部门，迁出地的省级财政部门应同时公告。

(9) 已完成备案的资产评估机构或者分支机构有下列行为之一的，省级行政部门予以注销备案，并向社会公开：

1) 注销工商登记的；

2) 被市场监督管理机关吊销营业执照的；

3) 主动要求注销备案的。

(10) 注销备案的资产评估机构及其分支机构的资产评估业务档案，应当按照《中华人民共和国档案法》和资产评估档案的有关规定予以妥善保存。

(11) 财政部建立统一的备案信息管理系统。备案信息管理系统实行全国联网，并与其他行政管理部门实行信息共享。

(12) 资产评估机构未按规定备案的，依法承担法律责任。

3.1.5 监督检查和调查处理

1. 监督检查

(1) 财政部门监督检查的职责划分。

财政部和省级财政部门开展监督检查的职责范围分别为：财政部门统一部署对资产评估行业的监督检查，主要负责的工作有：

1) 制定资产评估专业人员、资产评估机构、资产评估协会和相关资产评估业务监督检查的具体办法；

2）组织开展资产评估执业质量专项检查；

3）监督检查资产评估机构从事证券期货相关资产评估业务情况；

4）检查资产评估协会履行《资产评估法》规定的职责情况，并根据工作需要，对地方资产评估协会履行职责情况进行抽查；

5）指导和督促地方财政部门对资产评估行业的监督检查，并对其检查情况予以抽查。

省级财政部门开展监督检查，包括年度检查和必要的专项检查，对本行政区域内资产评估机构包括分支机构进行重点检查，并将检查结果予以公开，同时向财政部报告。重点检查的内容包括：

第一，资产评估机构持续符合《资产评估法》第15条规定条件的情况；

第二，办理备案情况；

第三，资产评估执业质量情况。

省级财政部门对地方资产评估协会实施监督检查，并将检查情况向财政部汇报，重点检查资产评估协会履行职责情况，包括：

第一，地方资产评估协会章程的制定、修改情况；

第二，指导会员落实准则情况；

第三，检查会员执业质量情况；

第四，开展会员继续教育、信用档案管理、风险防范等情况；

第五，机构会员年度信息管理情况。

（2）财政部门监督检查的工作要求。

1）财政部门开展资产评估行业监督检查，应当由本部门两名以上执法人员组成检查组，具体按照财政检查工作的有关规定执行；

2）检查时，财政部门认定为虚假资产评估报告和重大遗漏资产评估报告，应当以资产评估准则为依据，组织相关专家进行专业技术论证，也可以委托资产评估协会组织专家提供专业技术支持；

3）检查过程中，发现资产评估专业人员、资产评估机构和资产评估协会存在违法情形的，应当按照《资产评估法》等法律、行政法规和《资产评估行业财政监督管理办法》的规定处理、处罚，涉嫌犯罪的，移送司法机关处理；

4）当事人对行政处理、行政处罚决定不服的，可以依法申请行政复议或者提起行政诉讼。

2. 调查处理

（1）投诉、举报的行为。

资产评估委托人或资产评估报告使用人对资产评估机构或资产评估专业人员的不当行为，可以向该资产评估机构备案的省级财政部门进行投诉、举报，其他公民、法人或者其他组织可以向对该资产评估机构备案的省级财政部门举报。投诉、举报的行为包括：

1）违法开展法定资产评估业务；

2）资产评估专业人员违反《资产评估法》第 14 条规定；

3）资产评估机构未按照规定备案或备案后未持续符合《资产评估法》第 15 条规定条件；

4）资产评估机构违反《资产评估法》第 20 条规定；

5）资产评估机构违反规定，受理与其合伙人或者股东存在利害关系的业务；

6）资产评估机构违反规定，分支机构未在资产评估机构授权范围内从事资产评估业务，并以资产评估机构的名义出具资产评估报告。

（2）投诉、举报的受理。

1）在法定资产评估业务中，委托人或被评估单位有《资产评估法》第 52 条规定行为的，资产评估的相关当事人可以向委托人或被评估单位所在地省级财政部门进行投诉、举报，其他公民、法人或其他组织可以向委托人或被评估单位所在地省级财政部门举报。由于委托人或被评估单位的行政管理层级不匹配或存在其他原因超出省级财政部门处理权限的，省级财政部门可以申请由财政部受理。向财政部门投诉、举报事项涉及资产评估机构从事证券期货相关资产评估业务的，由财政部受理。

2）投诉、举报应当通过书面形式实名进行，并如实反映情况，提供相关证明材料。

3）财政部门接到投诉、举报的事项，应当在 15 个工作日内做出是否受理的书面决定。投诉、举报事项属于财政部门职责的，财政部门应当予以受理；不予受理的，应当说明理由，及时告知实名投诉人、举报人。

4）投诉、举报事项属于下列情形的，财政部门不予受理：投诉、举报事项不属于财政部门职责范围的；已由公安机关、检察机关立案调查或者进入司法程序的；属于资产评估协会自律管理的。

5）财政部门受理投诉、举报，应当采用书面审查的方式及时进行处理，必要时可以成立由本部门两名以上执法人员和聘用的专家组成的调查组，进行调查取证。有关当事人应当如实反映情况，提供相关材料。调查组成员与当事人有直接利害关系的，应当回避；对调查工作中知悉的国家秘密和商业秘密，应当保密。

6）对投诉、举报的调查，调查组有权进入被投诉、举报单位现场调查，查阅、复印有关凭证、文件等资料，询问被投诉单位有关人员，必要时按照资产评估业务延伸调查，并将调查内容与事项予以记录和摘录，编制调查工作底稿。

调查组在调查中取得的证据、材料以及工作底稿，应当有提供者或被调查人的签名或者盖章。未取得提供者或者被调查人签名或者盖章的材料，调查组应当说明原因。

7）在有关证据可能灭失或者以后难以取得的情况下，经财政部门负责人批准，调查组可以先行登记保存，并应当在 7 个工作日内及时做出处理决定。被调查人或者有关人员不得销毁或者转移证据。

8）财政部门根据调查处理的具体情况，应当采取书面形式答复实名投诉人、举报人。

3.2 我国资产评估行业的自律管理

资产评估协会是资产评估机构和资产评估专业人员的自律性组织，依照法律、行政法规和章程实行自律管理。《资产评估行业财政监督管理办法》对资产评估协会及其自律管理的规定主要有：

（1）资产评估协会是资产评估机构和资产评估专业人员的自律性组织，接受有关财政部门的监督，不得损害国家利益和社会公共利益，不得损害会员的合法权益。

（2）资产评估协会通过制定章程规范协会内部管理和活动。协会章程应当由会员代表大会制定，经登记管理机关核准后，报有关财政部门备案。

（3）资产评估协会应当依法履行职责，向有关财政部门提供资产评估师信息，及时向有关财政部门报告会员信用档案，会员自律检查情况及奖惩情况。

（4）资产评估协会对资产评估机构及资产评估专业人员进行自律检查。资产评估机构及资产评估专业人员应当配合资产评估协会组织实施的自律检查。资产评估协会应当重点检查资产评估机构及资产评估专业人员的执业质量和职业风险的防范机制。

（5）资产评估协会应当结合自律检查工作，对资产评估机构及其分支机构按照规定每年3月31日之前报送的材料进行分析，发现不符合法律、行政法规和《资产评估行业财政监督管理办法》规定的情况，及时向有关财政部门报告。

（6）资产评估协会应当与其他评估专业领域行业协会加强沟通协作，建立会员、执业、惩戒等相关信息的共享机制。中国资产评估协会应当会同其他评估专业领域行业协会根据需要制定共同的行为规范，促进评估行业健康有序发展。

3.3 资产评估机构的自主管理

《资产评估行业财政监督管理办法》对资产评估机构自主管理规定的主要内容有：

（1）资产评估机构应当依法采用合伙或者公司形式，并符合《资产评估法》第15条规定的条件。不符合《资产评估法》第15条规定条件的资产评估机构不得承接资产评估业务。

（2）资产评估机构从事资产评估业务，应当遵守资产评估准则，履行资产评估程序，加强内部审核，严格控制从业风险。

（3）资产评估机构开展法定资产评估业务，应当指定至少两名资产评估师承办。不具备两名以上资产评估师条件的资产评估机构，不得开展法定资产评估业务。法定资产评估业务资产评估报告应当由两名以上承办业务的资产评估师签署，并履行内部程序后加盖资产评估机构印章，资产评估机构及签字资产评估师依法承担责任。

（4）资产评估机构应当遵守独立性原则和资产评估准则规定的资产评估业务回避要

求，不得受理与其合伙人或者股东存在利害关系的业务。

（5）资产评估机构应当建立健全质量控制制度和内部管理制度。其中内部管理制度包括资产评估业务管理制度、业务档案管理制度、人事管理制度、继续教育制度、财务管理制度等。

（6）资产评估机构应当指定一名取得资产评估师资格的本机构合伙人或者股东专门负责执业质量控制。

（7）资产评估机构根据业务需要建立职业风险基金管理制度，或者自愿购买执业责任保险，完善职业风险防范机制。资产评估机构建立职业风险基金管理制度的，按照财政部的具体规定提取、管理和使用职业风险基金。

（8）实现集团化发展的资产评估机构，应当在质量控制、内部管理、客户服务、企业形象、信息化等方面，对设立的分支机构实行统一管理，或者对集团成员实行统一政策。分支机构应当在资产评估机构授权范围内，依法从事资产评估业务，并以资产评估机构的名义出具资产评估报告。

（9）资产评估机构和分支机构加入资产评估协会，平等享有章程规定的权利，履行章程规定的义务。

（10）资产评估机构和分支机构应当在每年 3 月 31 日之前，分别向所加入的资产评估协会报送下列材料：

1）资产评估机构或分支机构基本情况。

2）上年度资产评估项目重要信息。

3）资产评估机构建立职业风险基金或者购买执业责任保险情况。购买执业责任保险的，应当提供执业责任保险保单信息。

第 4 节 我国国有资产评估管理

4.1 我国国有资产评估管理的基本概念与目的

国有资产评估管理，是指国有资产代表人或其指定的履行出资人职责的机构，依据相关法律法规，对资产评估进行监督管理的活动总称。国有资产评估管理是国有资产管理的重要内容之一。

4.1.1 国有资产的形态

根据《中华人民共和国企业国有资产法》（以下简称《企业国有资产法》），企业国有资产是指国家对企业各种形式的出资所形成的权益。国有资产属于国家所有即全民所有。国务院代表国家行使国有资产所有权。国务院和地方人民政府依照法律、行政法规的规定，分别代表国家对国家出资企业履行出资人职责，享有出资人权益。国务院确定的关系国民经济命脉和国家安全的大型国家出资企业、重要基础设施和重要自然资源等领域的国家出资企业，由国务院代表国家履行出资人职责。其他的国家出资企业，由地方人民政府代表国家履行出资人职责。国家出资企业，是指国家出资的国有独资企业、国有独资公司，以及国有资本控股公司、国有资本参股公司。

根据资产表现形态的差异，可以将国有资产划分为企业国有资产、行政事业性国有资产以及资源性国有资产。其中，企业国有资产包括金融企业国有资产和非金融企业国有资产，是国家对企业各种形式的出资所形成的权益；行政事业性国有资产是国家机关和事业单位依法占有、使用和处分的国有资产，是国家机器正常运行的物质基础；资源性国有资产是国家依法拥有的自然资源，包括土地、矿藏、水源、林地、草场、水域等，根据现行法律法规的规定，大多数自然资源属于国家所有。

4.1.2 国有资产评估管理的目的

针对各类国有资产的取得、使用、流转、收益等管理活动，我国出台了《企业国有资产法》《土地管理法》《矿产资源法》等法律。财政部、国务院国有资产监督管理委员会、自然资源部等管理部门就具体国有资产管理工作发布了部门规章。地方政府根据上述法律、法规、规章制定了地方性法规，初步形成了适应社会主义市场经济、满足国有资产管理改革发展需要的国有资产管理法律体系。

国有资产评估管理的目的，是保护国有资产权益，降低代理管理的成本，实现国有资产保值增值。

4.2 我国国有资产评估管理的有关规定

4.2.1 企业国有资产评估管理

为规范企业国有资产评估行为，维护国有资产出资人合法权益，促进企业国有产权有序流转，防止国有资产流失，根据《中华人民共和国公司法》《企业国有资产监督管理暂行条例》《国有资产评估管理办法》等有关法律法规，国务院国有资产监督管理委员会于2005年颁布了《企业国有资产评估管理暂行办法》，该办法适用于各级国有资产监督管理机构履行出资人职责的企业及其各级子企业涉及的资产评估项目管理。该办法规定了各级国有资产监督管理机构负责其所出资企业的国有资产评估监管工作的管理体制，企业国有资产评估项目实行核准制和备案制的管理方式，并明确了哪些项目进行核准、由谁核准，哪些项目进行备案、由谁备案等内容；明确了企业哪些经济行为应当进行资产评估，哪些行为可以不进行资产评估；同时明确企业发生资产评估事项时，由谁来委托评估机构，选择的评估机构应满足哪些条件，以及企业在评估过程中应承担哪些责任和义务，如规定企业在发生改制、产权（资产）转让、以非货币资产对外投资、合并分立、破产解散等经济行为时，应当对国有资产进行评估，收购非国有资产、与非国有资产置换资产等行为必须对相关非国有资产进行评估，对经政府或国有资产监督管理机构批准的无偿划转和国有独资企业内部、独资企业间的资产变动行为可不进行评估；规定了资产评估项目进行核准、备案的具体工作内容，包括企业应报送的文件资料、上报时间，核准、备案的审核内容和审核部门的时间要求等。

为规范国有资产评估项目管理工作，确保企业改制重组、产权流转等工作顺利进行，相关国有资产管理机构颁布施行详细的制度措施。例如，为进一步明确企业国有资产评估管理过程中的一些具体问题，国务院国有资产监督管理委员会于 2006 年印发的《关于加强企业国有资产评估管理工作有关问题的通知》，将资产评估项目备案表分为国有资产评估项目备案表和接受非国有资产评估项目备案表两类。涉及企业价值的资产评估项目，以持续经营为前提进行评估时，原则上要求采用两种以上方法进行评估，并在评估报告中列示，依据实际状况进行充分、全面分析后，确定将其中一个评估结果作为评估报告使用结果。

为规范企业国有资产评估行为，加强企业国有资产评估报告审核工作，国务院国有资产监督管理委员会于 2009 年印发的《关于企业国有资产报告审核工作有关事项的通知》（国资产权〔2009〕941 号），要求各级国有资产监督管理机构及国家出资企业对企业国有资产评估报告核准、备案时，应按照中国资产评估协会公布的《企业国有资产评估报告指南》进行审核。

为进一步规范企业国有资产评估项目核准工作，提高评估核准工作效率，国务院国有资产监督管理委员会于 2010 年制定了《中央企业资产评估项目核准工作指引》（国资发产权〔2010〕71 号），规定了核准程序，并明确召开核准会议需要评估机构汇报的内容，以及专家审核的重点事项。为进一步规范企业国有资产评估项目备案工作，提高评估备案工作效率，国务院国有资产监督管理委员会于 2013 年制定了《企业国有资产评估项目备案工作指引》（国资发产权〔2013〕64 号），规定了备案工作程序、资产评估报告审核要点，以及审计报告、土地使用权评估报告、矿业权评估报告的审核要点，同时规定了境外评估或估值评估要点。

为加强中央企业资产评估管理工作，建立有效监督机制，做到资产评估管理工作规则公开、过程公开、结果公开，防止国有资产流失，国务院国有资产监督管理委员会于 2016 年印发《关于建立中央企业资产评估项目公示制度有关事项的通知》（国资发产权〔2016〕41 号），要求中央企业建立资产评估项目公示制度，公示制度包括公示范围、公示流程、公示期限、公示途径、公示内容、公示反馈意见收集及处理方式等主要内容。公示内容一般包括经济行为批准文件、评估机构选聘方式、评估机构及评估师资质、评估程序履行情况、评估报告摘要和特别事项说明、评估结果汇总表、评估资料查阅方式、公示反馈意见收集及处理方式等。

为进一步加强评估机构备选库管理，促进评估机构独立、客观、公正执业，维护国有资产出资人合法权益，国务院国有资产监督管理委员会于2016年印发《关于加强中央企业评估机构备选库管理有关事项的通知》（国资发产权〔2016〕42号），要求中央企业动态管理评估机构备选库，根据企业业务需求调整入库评估机构数量，选聘评估机构入库，应当签订书面协议；同时规定解除与评估机构聘用合同的各种具体情形。

各级地方人民政府国有资产监督管理机构，相应地也出台了一些有关企业国有资产评估项目管理的政策文件。

4.2.2 金融企业国有资产评估管理

为了加强对金融企业国有资产评估的监督管理，规范金融企业国有资产评估行为，维护国有资产所有者合法权益，财政部于2007年颁布了《金融企业国有资产评估监督管理暂行办法》（财政部令47号），该办法是用于在中华人民共和国境内依法设立，并占有国有资产的金融企业、金融控股公司、担保公司的资产评估项目管理。该办法规定了各级国有资产监督管理机构负责其所出资企业的国有资产评估监管工作的管理体制，企业国有资产评估项目实行核准制和备案制的管理方式，并明确了哪些项目进行核准、由谁核准，哪些项目进行备案、由谁备案等内容；明确了企业哪些经济行为应当进行资产评估，哪些经济行为可以不进行资产评估；同时明确企业发生资产评估事项时，由谁来委托评估机构，选择的评估机构应满足哪些条件，以及企业在评估过程中应承担哪些责任和义务。

为进一步贯彻落实《金融企业国有资产评估监督管理暂行办法》，加强和规范金融企业国有资产评估监督管理工作，财政部于2011年印发的《关于金融企业国有资产评估监督管理有关问题的通知》（财金〔2011〕59号）明确了评估范围的确定、评估项目的委托、评估备案的管理权限、评估结论的使用和评估机构的选聘等具体问题。

为规范金融资产管理公司资产处置管理工作程序和资产处置行为，确保资产处置收益最大化，防范处置风险，2008年颁布了《金融资产管理公司资产处置管理办法（修订）》（财金〔2008〕85号）。该办法适用范围为经国务院批准成立的中国华融资产管理公司、中国长城资产管理公司、中国东方资产管理公司、中国信达资产管理公司。中国建银投资有限责任公司和汇达资产托管有限责任公司比照本办法执行。

为了规范资产管理公司、资产评估机构和资产评估师在处置不良资产过程中的行为，进一步明确资产管理公司、资产评估机构和资产评估师的职责和作用，促进不良资产处置工作有序进行，财政部于2005年印发了《关于规范资产管理公司不良资产处置中资产评估工作的通知》（财企〔2005〕89号）。

4.2.3 中央文化企业国有资产评估管理

为规范中央文化企业国有资产评估行为，维护国有资产出资人合法权益，促进中央文化企业国有产权有序流转，防止国有资产流失，结合文化企业特点，根据《国有资产评估管理办法》和《国有资产评估若干问题的规定》（财政部令第 14 号）等有关规定，财政部于 2012 年颁布了《中央文化企业国有资产评估管理暂行办法》（财文资〔2012〕15 号），该办法适用于财政部代表国务院履行出资人职责的中央文化企业及其各级子企业涉及的资产评估项目管理。

根据《中共中央宣传部 财政部关于印发〈中央文化企业国有资产监督管理暂行办法〉的通知》（中宣发〔2017〕3 号），为进一步规范财政部代表国务院履行出资人职责的中央文化企业及其各级子企业国有资产评估管理工作，促进企业国有产权有序流转，防止国有资产流失，2017 年财政部就《中央文化企业国有资产评估管理暂行办法》有关事项，印发了《关于中央文化企业国有资产评估管理的补充通知》（财文〔2017〕93 号）。该通知明确中央文化企业国有资产评估项目备案实行分级管理。经财政部批准经济行为的事项涉及的资产评估项目，由财政部负责备案。经中央文化企业及其各级子企业批准经济行为的事项涉及的资产评估项目，由中央文化企业负责备案。要求中央文化企业及其各级子企业在组织资产评估过程中应当要求评估专业人员适当选择评估方法，除依据评估职业准则只能选择一种评估方法的以外，应当选择两种以上评估方法，并依据实际情况，经综合分析，形成最终评估结论，编制评估报告；同时规定了资产评估项目备案的程序。

4.2.4 行政单位和事业单位国有资产评估管理

为了规范和加强行政单位国有资产管理，维护国有资产的安全和完整，合理配置国有资产，提高国有资产的使用效益，保障行政单位履行职能，财政部于 2006 年颁布《行政单位国有资产管理暂行办法》（财政部令第 35 号）（已于 2017 年 12 月修订），专门列示一章对资产评估进行了规定。

为了规范和加强事业单位国有资产管理，维护国有资产的安全完整，合理配置和有效利用国有资产，保障和促进各项事业发展，建立适应社会主义市场经济和公共财政要求的事业单位国有资产管理体制，财政部于 2006 年颁布了《事业单位国有资产管理暂行办法》（财政部令第 36 号）（已于 2017 年 12 月修订），专门列示一章对资产评估与资产清查进行了规定。

4.2.5 境外国有资产评估管理

为加强和规范中央企业境外国有产权管理，根据《企业国有资产法》、《企业国有资产监督管理暂行条例》和国家有关法律、行政法规的规定，国务院国有资产监督管理委员会于 2011 颁布了《中央企业境外国有产权管理暂行办法》（国资委令第 27 号），规定中央企业及其各级子企业以其拥有的境内国有产权向境外企业注资或者转让，或者以其拥有的境外国有产权向境内国有企业注资或者转让，应当依照《企业国有资产评估管理暂行办法》等相关规定，聘请具有相应资质的境内评估机构对标的物进行评估，并办理评估备案或者核准。中央企业及其各级子企业独资或者控股的境外企业在境外发生转让或者受让产权、以非货币资产出资、非上市公司国有股东股权比例变动、合并分立、解散清算等经济行为时，应当聘请具有相应资质、专业经验和良好信誉的专业机构对标的物进行评估或者估值，评估项目或者估值情况应当由中央企业备案；涉及中央企业重要子企业由国有独资转为绝对控股、绝对控股转为相对控股或者失去控股地位等经济行为的，评估项目或者估值情况应当报国资委备案或者核准。中央企业及其各级子企业独资或者控股的境外企业在进行与评估或者估值相应的经济行为时，其交易对价应当以经备案的评估或者估值结果为基准。中央企业在本企业内部实行资产重组，转让方为中央企业及其直接或者间接全资拥有的境内外企业的，转让价格可以评估或者审计确认的净资产值为底价确定。

为加强中央企业境外投资监督管理，推动中央企业提升国际化经营水平，根据《公司法》、《企业国有资产法》、《关于深化国有企业改革的指导意见》（中发〔2015〕22 号）和《关于改革和完善国有资产管理体制的若干意见》（国发〔2015〕63 号）等法律法规和文件，国务院国有资产监督管理委员会于 2017 年颁布了《中央企业境外投资监督管理办法》（国资委令第 35 号），固定股权类投资项目应开展必要的尽职调查，并按要求履行资产评估或估值程序。《企业国有资产评估项目备案工作指引》（国资发产权〔2013〕64 号）专门列示一章规定了境外评估或者估值报告的审核要点。

4.3 我国国有资产评估项目管理方式

4.3.1 核准制或者备案制

目前，我国国有资产评估项目管理实行核准制或者备案制。

国有资产评估项目核准，是指对于国务院或者省级人民政府批准实施的重大经济行为涉及的评估事项，以及各级政府认为的其他重要评估事项，履行出资人职责的机构对评估项目进行管理，以保证国有资产的评估项目符合相关的法律、法规规定，并行使出资人权利，对评估机构提交的评估报告进行合规性和合理性审核，以保证评估结果的公允性，防止国有资产流失。

国有资产评估项目备案，是指经履行出资人职责的机构、国家出资企业及其各级子企业批准的经济行为涉及的评估事项，经其有备案权限的部门进行管理，以保证国有资产的评估项目符合相关的法律、法规规定，并行使出资人权利，对评估机构提交的评估报告进行合规性和合理性审核，以保证评估结果的公允性，防止国有资产流失。备案制度体现了国有资产的分级管理制度，也体现了资产占有单位作为独立的法人，应当承担的国有资产经营管理责任。

国有资产监督管理机构批复的资产评估项目核准文件和经国有资产监督管理机构或所出资企业确认备案的资产评估项目备案表是企业办理产权登记、股权设置和产权转让等相关手续的必备文件。

4.3.2 评估报告和评估结果的使用要求

企业进行与资产评估相应的经济行为时，应当以经核准或备案的资产评估结果为作价参考依据；当交易价格低于评估结果的90%时，应当暂停交易，在获得原经济行为批准机构同意后方可继续交易。

《金融企业国有资产转让管理办法》规定，在产权交易过程中，首次挂牌价格不得低于经核准或者备案的资产评估结果。首次挂牌未能征集到意向受让方的，转让方可以根据转让标的企业情况确定新的挂牌价格并重新公告。如新的挂牌价格低于资产评估价格的90%，应当重新报批。

《企业国有资产交易监督管理办法》规定，对按照有关法律法规要求必须进行资产评估的产权转让事项，转让方应当委托具有相应资质的评估机构对转让标的进行资产评估，产权转让价格应以经核准或备案的评估结果为基础确定。产权转让项目首次正式信息披露的转让底价，不得低于经核准或备案的转让标的评估结果，信息披露期满未征集到意向受让方的，可以延期或在降低转让底价、变更受让条件后重新进行信息披露。降低转让底价或变更受让条件后重新披露信息的，披露时间不得少于20个工作日。新的转让底价低于评估结果的90%时，应当经转让行为批准单位书面同意。产权交易合同生效后，产权交易机构应当将交易结果通过交易机构网站对外公告，公告的内容包括转让标的评估结果、转让底价、交易价格。采取非公开协议转让方式转让企业产权，转让价格不得低于经核准或备案的评估结果。

4.4 我国国有资产评估项目审核与评审的依据

我国国有资产评估项目依据资产评估准则进行审核或评审。

例如，《企业国有资产评估管理暂行办法》规定，国有资产监督管理机构应当对评估过程是否符合相关评估准则的规定进行审核。《企业国有资产评估项目备案工作指引》规定，评估委托方、评估机构、被评估企业（产权持有单位）均应当按照评估准则的相关规定出具承诺函。备案管理单位应当严格按照《企业国有资产评估管理暂行办法》《企业国有资产评估报告指南》等企业国有资产评估管理法规和相关评估准则，对备案事项相关行为的合规性、评估结果的合理性等进行审核。备案管理单位审核评估程序实施过程和情况，应当重点关注评估机构在评估过程中是否履行了必要的评估程序、评估过程是否完整、是否存在未履行评估准则规定的必要评估步骤的行为。备案管理单位审核评估方法，应当重点关注评估方法选择是否合理，是否符合相关评估准则的规定要求。备案管理单位审核签字盖章，应当对照《企业国有资产评估报告指南》等规定，关注评估报告签字盖章是否齐全、规范、清晰。境外评估项目，审核境外评估及估值机构出具的评估或估值报告，应当关注其是否载明所依据的评估准则，是否合理参考了境内评估准则及要求等。

《中央企业资产评估项目核准工作指引》规定，国资委聘请的专家应当重点审查评估基准日的选择是否符合有关评估准则的规定要求；评估方法是否符合相关评估准则的规定要求；评估过程是否符合相关评估准则的规定要求；评估机构在评估过程中是否履行了必要的评估程序、评估过程是否完整、是否存在未履行评估准则规定的必要评估步骤的行为；评估报告是否符合《企业国有资产评估报告指南》规定的要求。

《金融企业国有资产评估监督管理暂行办法》规定，财政部门受理申请后，应对申请材料进行审查。申请材料符合所列要求的，财政部门应当组织专家对资产评估报告进行评审。评审要求之一是，资产评估程序应符合相关评估准则的规定。

《中央文化企业国有资产评估管理暂行办法》规定，专家评审重点审核评估程序是否符合相关评估准则的规定，评估报告是否符合相关评估准则的规定。

第 5 节　我国的资产评估准则

5.1　我国资产评估准则概述

5.1.1　资产评估准则简介

评估准则是评估行业规范发展的重要基础。随着社会主义市场经济体制的发展完善，我国评估行业得到了快速发展，对评估准则建设也提出了迫切要求。2001 年，国务院办公厅转发财政部《关于改革国有资产评估行政管理方式加强资产评估监督管理工作的意见》，该文件指出我国评估行业执业技术规范和职业道德标准建设滞后，不能满足评估业务发展的客观需要，要尽快建立健全评估准则体系。2016 年，《资产评估法》颁布实施，《资产评估法》规定了若评估机构及其评估专业人员违反评估准，则需要承担相应的法律责任，进一步明确了评估准则在评估业务的履行、监管和使用中的基础地位，为评估准则建设提供了坚实的法律保障。

财政部门管理的资产评估行业的评估准则称为资产评估准则。资产评估准则是资产评估机构和资产评估专业人员开展资产评估业务的行为标准，是监管部门评价资产评估业务质量的重要尺度，是评估报告使用人理解资产评估结论的重要依据。本教材所称资产评估准则，是指财政部制定的《资产评估基本准则》和中国资产评估协会根据《资产评估基本准则》制定的资产评估执业准则和资产评估职业道德准则。

近二十年来，财政部和中国资产评估协会借鉴国际评估行业经验，大力推动我国资产评估准则建设，已经建成较为完善的资产评估准则体系。这些准则规定了评估执业行为和职业道德行为的要求，覆盖了主要市场领域和主要执业流程，实现了与国际评估准则在基本专业理念、主要技术方法、重要专业术语等方面的趋同。这些准则在提升行业公信力、规范执业行为、加强行业监管、促进评估结论使用、促进行业国际交流等方面发挥了重要作用，促进了资产评估行业健康规范发展。

5.1.2 我国资产评估准则的发展

我国资产评估行业产生之初，财政部、原国资局、中国资产评估协会等先后制定并发布了许多资产评估方面的制度、规定和办法，对推动我国资产评估行业的健康发展发挥了重要作用。但由于这些制度、规定和办法都是对某一项业务和工作做出的规定或提出要求，缺乏系统性和完整性，大多未以准则的形式发布。

2001 年，财政部发布《资产评估准则——无形资产》，这是我国资产评估行业的第一项准则，标志着我国资产评估准则建设迈出了第一步。

2004 年，财政部发布《资产评估准则——基本准则》和《资产评估职业道德准则——基本准则》。两项基本准则确立了我国资产评估准则的基本理念和基本要求，奠定了整个资产评估准则体系的基础。

2007 年，涉及主要评估程序和主要执业领域的资产评估准则基本建成，初步构建了资产评估准则体系。2007 年 11 月，财政部发布了中国资产评估准则体系。

此后，在资产评估准则体系规划下，我国资产评估准则建设继续紧跟市场和执业需求，有序、协调地发展。截至 2016 年，资产评估准则体系包括业务准则和职业道德准则两部分，共计 28 项准则。

2016 年，《资产评估法》规定了评估准则的制定和实施方式，并对资产评估准则的规范主体、重要术语、评估程序、评估方法以及评估报告等内容做出了规定。

为贯彻落实《资产评估法》，财政部和中国资产评估协会于 2017 年对资产评估准则进行了全面修订后重新发布，构建了包括 1 项基本准则、1 项职业道德准则和 25 项执业准则在内的新的资产评估准则体系。

2018 年，中国资产评估协会对资产评估报告、资产评估程序、资产评估档案及企业价值四项执业准则进行了进一步的修订和完善，并重新发布。

目前，我国资产评估准则体系已进一步得到了完善，适应了资产评估执业、监管和使用需求，与国际主要评估准则体系实现了趋同。

5.1.3 我国资产评估准则的制定机制

1. 制定主体

《资产评估法》规定国务院有关评估行政管理部门组织制定评估基本准则和评估行业监督管理办法；资产评估行业协会依据评估基本准则制定评估执业准则和职业道德准则。

财政部作为资产评估行业的行政管理部门，负责组织制定资产评估基本准则。中国资产评估协会作为资产评估行业的自律管理组织，负责依据《资产评估基本准则》制定资产评估执业准则和资产评估职业道德准则。

2. 咨询组织

为充分调动各方力量参与，保证资产评估准则制定工作的顺利进行，财政部组织成立了资产评估准则委员会，中国资产评估协会组织成立了资产评估准则技术委员会。两个委员会的委员都来自资产评估行政管理部门、资产评估业务监管部门、资产评估行业协会、资产评估执业界、企业界和科研院校。两个委员会的主要职能包括：审议拟发布的资产评估准则；对资产评估准则的体系、体例、结构、立项等提供咨询意见；对资产评估准则涉及的重大和专业性问题提供咨询意见；对资产评估准则的具体实施提供咨询意见；组织资产评估准则相关专题研究；推动资产评估准则国际交流等。

3. 制定程序

为保证资产评估准则质量，增强资产评估准则制定透明度，中国资产评估协会对资产评估准则制定程序做出了规定。资产评估准则的制定过程分为立项、起草、公开征求意见、审议和发布五个阶段。

中国资产评估协会根据资产评估业务需要，提出资产评估准则立项意见。立项完成后，由中国资产评估协会组织成立项目起草组开展研究起草工作，在研究、调研等工作基础上，形成征求意见稿。《资产评估基本准则》由财政部组织公开征求意见，资产评估执业准则和资产评估职业道德准则由中国资产评估协会向相关行政管理部门、业务监督部门、评估机构、资产评估师、评估报告使用人和社会其他各方公开征求意见。项目起草组根据反馈意见对征求意见稿进行修改，形成审议稿。中国资产评估协会将审议稿提交相关准则委员会审议，并根据委员会审议意见修改形成拟发稿。资产评估基本准则报财政部审定后，由财政部发布。资产评估执业准则和资产评估职业道德准则由中国资产评估协会发布。

5.1.4 更新机制

为保证资产评估准则的质量，提高资产评估准则的适应性和可操作性，财政部和中国资产评估协会对我国资产评估准则进行了多次修订。目前，已经初步建立了资产评估准则动态更新机制，由中国资产评估协会在财政部的指导下，结合执业需求和监管需求，及时制定新的资产评估准则项目，对已发布的资产评估准则不定期进行修订。

5.2 我国资产评估准则体系介绍

5.2.1 我国资产评估准则体系的框架

1.《资产评估基本准则》

《资产评估基本准则》是财政部依据《资产评估法》《资产评估行业财政监督管理办

法》等制定的资产评估机构及其资产评估专业人员执行各种资产类型、各种评估目的的资产评估业务应当共同遵循的基本规范。

《资产评估基本准则》是中国资产评估协会制定资产评估执业准则和资产评估职业道德准则的依据。

2. 资产评估执业准则

资产评估执业准则是中国资产评估协会依据《资产评估基本准则》制定的资产评估机构及其资产评估专业人员在执行资产评估业务过程中应当遵循的程序规范和技术规范，包括资产评估具体准则、资产评估指南和资产评估指导意见三个层次。

第一层次为资产评估具体准则。资产评估具体准则分为程序性准则和实体性准则两个部分。程序性准则是关于资产评估机构及其资产评估专业人员通过履行一定的专业程序完成评估业务、保证评估质量的规范。实体性准则是针对不同资产类别的特点，分别为不同类别资产评估业务中的资产评估机构及其资产评估专业人员的技术操作提供指导。

第二层次为资产评估指南。资产评估指南是针对出资、抵押、财务报告、保险等特定评估目的的评估业务，以及某些重要事项制定的规范。

第三层次为资产评估指导意见。该层次较为灵活。已在具体准则层次设置了准则的资产，其细类资产的评估规范采用指导意见形式。

3. 资产评估职业道德准则

资产评估职业道德准则从专业能力、独立性、与委托人和其他相关当事人的关系、与其他资产评估机构及其资产评估专业人员的关系等方面对资产评估机构及其资产评估专业人员应当具备的道德品质和体现的道德行为进行了规范。

我国现行资产评估准则体系框架如图 6－1 所示。

5.2.2 我国资产评估准则体系的特点

（1）我国资产评估准则体系是综合性体系。根据《资产评估行业财政监督管理办法》，资产评估机构及其资产评估专业人员从事资产评估业务，评估对象包括单项资产、资产组合、企业价值、金融权益、资产损失或者其他经济权益。为适应资产评估业务的特点，我国资产评估准则体系涵盖企业价值、无形资产、不动产、机器设备以及其他动产等各主要类别资产和经济权益的评估，体现了综合性特点。

（2）我国资产评估准则体系的专业性准则和程序性准则并重。资产评估准则体系中，包括针对主要类别资产特点而进行规范的专业性准则，如企业价值评估准则、机器设备评估准则和不动产评估准则等；同时，根据资产评估业务的特点，资产评估准则体系对评估程序的履行也非常重视，对重要评估程序设置了相应的准则项目，如评估报告、评估档案、评估程序等，通过履行适当的评估程序，保证资产评估结论的合理性。

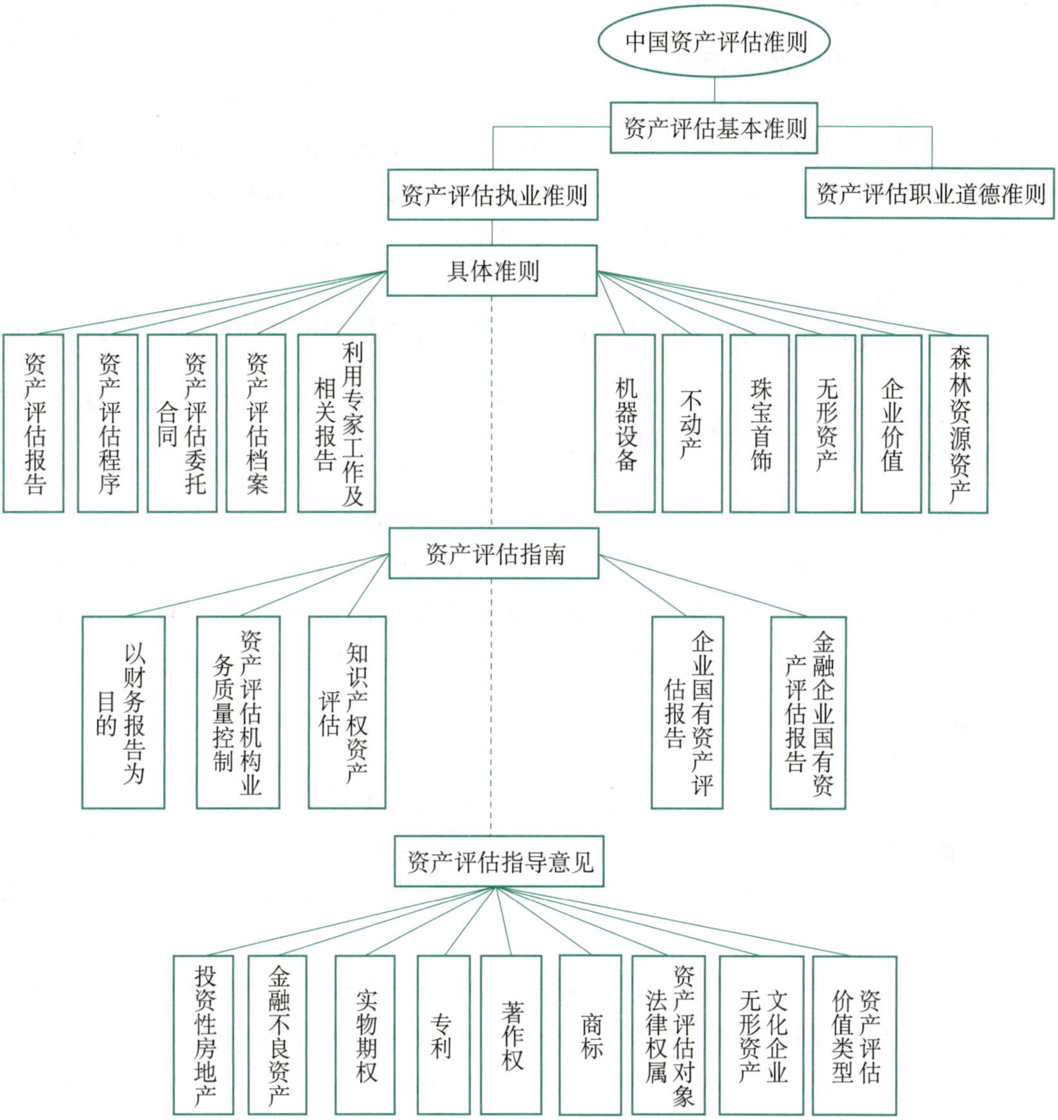

图 6-1 我国资产评估准则体系框架

5.3 资产评估基本准则介绍

5.3.1 资产评估准则规范主体

基本准则的规范主体包括资产评估机构、资产评估师和其他资产评估专业人员。资产评估机构是指在财政部门备案的评估机构。资产评估师是指通过资产评估协会组织实施的资产评估师职业资格全国统一考试，取得《资产评估师职业资格证书》的资产评估专业人员。其他资产评估专业人员是指未取得《资产评估师职业资格证书》的其他具有评估专业知识及实践经验的资产评估从业人员。

5.3.2 资产评估准则适用范围

《资产评估法》规定，资产评估机构及其资产评估专业人员开展业务应当遵守法律、行政法规和评估准则。与此相适应，《资产评估基本准则》明确指出，《资产评估基本准则》适用于所有资产评估机构及其资产评估专业人员开展的出具资产评估报告的资产评估业务。

法律、行政法规和国务院规定由其他行政管理部门管理，应当执行其他准则的，从其规定。

5.3.3 资产评估业务的基本遵循

《资产评估基本准则》规定资产评估机构及其资产评估专业人员开展资产评估业务应当遵守法律、行政法规和资产评估准则，遵循独立、客观、公正的原则；遵守职业道德规范，维护职业形象；对所出具的资产评估报告依法承担责任；能够胜任所执行的资产评估业务，并且能够独立执业，不受委托人或相关当事人的非法干预。

5.3.4 资产评估基本程序

资产评估程序是资产评估机构及其资产评估专业人员在执行资产评估业务时为形成资产评估结论所履行的系统性工作步骤。《资产评估基本准则》要求资产评估机构及其资产评估专业人员开展资产评估业务，应当根据资产评估业务具体情况履行必要的资产评估程序。

资产评估基本程序涵盖了资产评估业务的全过程，共有八项，分别为明确业务基本事项、订立业务委托合同、编制资产评估计划、进行评估现场调查、收集整理评估资料、评定估算形成结论、编制出具评估报告和整理归集评估档案。

对资产评估基本程序的规定有利于规范资产评估机构和资产评估专业人员的执业行为，切实保证评估业务质量。同时，恰当履行资产评估程序也是资产评估机构和资产评估专业人员防范执业风险、合理保护自身权益的重要手段。

5.3.5 资产评估报告的基本内容

资产评估报告是资产评估机构及资产评估专业人员在完成评估项目后，向委托人出具的反映资产评估过程及其结果等基本内容的专业报告，是资产评估机构履行资产评估委托合同的结果，也是资产评估机构为资产评估项目承担法律责任的证明文件。《资产评估基本准则》要求在资产评估机构及资产评估专业人员完成规定的资产评估程序后，由资产评估机构出具并提交资产评估报告。

《资产评估基本准则》对资产评估报告的内容进行了规定。资产评估报告的内容包括标题及文号、目录、声明、摘要、正文、附件。资产评估报告正文应当包括委托人及其资产评估报告使用人、评估目的、评估对象和评估范围、价值类型、评估基准日、评估依据、评估方法、评估程序、实施过程和情况、评估假设、评估结论、特别事项说明、资产评估报告使用限制说明、资产评估报告日、资产评估专业人员签名和资产评估机构印章。

《资产评估基本准则》还进一步对报告正文内容做出了规定。评估报告使用人包括委托人、资产评估委托合同中约定的其他资产评估报告使用人和法律、行政法规规定的资产评估报告使用人；资产评估报告载明的评估目的应当唯一；评估基准日可以是过去、现在或者未来的时点，但应当与委托合同中约定的评估基准日保持一致；资产评估中采用的评估依据，包括法律依据、准则依据、权属依据及取价依据等；评估结论应当以文字和数字形式表述并明确使用有效期；资产评估报告应当由至少两名承办该项业务的资产评估专业人员签名并加盖资产评估机构印章，法定评估业务评估报告应当由至少两名承办该业务的资产评估师签名并加盖资产评估机构印章。

5.3.6 资产评估档案的内容和管理

资产评估档案是开展资产评估业务形成的，反映资产评估程序实施情况、支持评估结论的工作底稿、资产评估报告和其他相关资料。建立和完善资产评估档案的编制和管理制度，有利于指导和规范资产评估机构操作流程，强化资产评估程序的控制和实施；有利于明确参与资产评估业务的有关人员的责任，树立责任意识，培养专业精神；同时，资产评估档案对于规避和防范资产评估机构及资产评估专业人员的执业风险，保障各方合法权益有着重要作用。《资产评估基本准则》要求资产评估机构及资产评估专业人员执行资产评估业务，应当形成评估档案。评估档案由所在资产评估机构按照国家有关法律、行政法规和评估准则的规定妥善处理。评估档案的保存期限不少于15年，属于法定评估业务的，保存期限不少于30年。

《资产评估法》规定资产评估专业人员应当对评估活动中知悉的国家秘密、商业秘密和个人隐私予以保密。《资产评估基本准则》依法对评估档案的管理和对外提供做出了明确规定，资产评估档案的管理应当严格遵守保密制度，除财政部门依法调阅、资产评估协会依法依规调阅、其他依法依规查阅情形外，资产评估档案不得对外提供。

5.3.7 资产评估报告的内部审核

资产评估专业人员应当在评定、估算形成评估结论后，编制初步资产评估报告。资产评估机构应当履行严格的内部审核程序对初步资产评估报告进行审核，出具正式的资产评估报告。

5.3.8 资产评估业务受理

《资产评估基本准则》规定，资产评估机构受理资产评估业务应当满足专业能力、独立性和业务风险控制要求，否则不得受理相关业务。如果资产评估机构执行某项特定业务时缺乏特定的专业知识和经验，应当采取弥补措施，包括利用专家工作和相关报告等。

5.3.9 评估计划的内容

《资产评估基本准则》规定，资产评估机构及资产评估专业人员受理某项业务签订委托合同后，在开始现场调查之前，应当根据资产评估业务具体情况编制资产评估计划，并合理确定资产评估计划的繁简程度。资产评估计划包括资产评估业务实施的主要过程及时间进度、人员安排等。

5.3.10 相关当事人对评估资料的责任

《资产评估法》规定，资产评估专业人员有权要求委托人提供相应的权属证明、财务会计信息和其他资料，有权依法向有关国家机关或者其他组织查阅从事业务所需的文件、证明和资料。相应的，委托人有义务向资产评估专业人员提供执行评估所需的相关资料，并对提供的相关资料的真实性、完整性和合法性负责；委托人拒绝或者不如实提供的，评估机构有权依法拒绝其履行合同的要求；同时，资产评估专业人员也有义务对评估活动中使用的相关文件、证明和有关资料的真实性、准确性、完整性进行核查和验证。

《资产评估基本准则》依据《资产评估法》的规定，对相关当事人在评估资料方面的责任和义务进行了规定。基本准则规定资产评估专业人员在执行业务时应当获取资产评估业务需要的资料并对资料进行核查和验证；同时，也强调了委托人或者其他相关当事人应当依法提供相关资料并保证资料的真实性、完整性、合法性。

5.3.11 评估方法的选择

《资产评估基本准则》规定，确定资产价值的评估方法包括市场法、收益法和成本法三种基本方法及其衍生方法。资产评估专业人员应当根据评估目的、评估对象、价值类型、资料收集等情况，分析三种基本方法的适用性，依法选择评估方法。除依据评估执业准则只能选择一种评估方法的以外，应当选择两种以上的评估方法，经综合分析，形成评估结论，编制评估报告。

本章小结

本章主要介绍了资产评估的法律制度体系、《资产评估法》的主要内容、我国资产评估行业的监管以及国有资产评估管理的主要内容，另外，还介绍了我国资产评估准则。

练习题

一、单项选择题

1. 我国资产评估发展伊始，其主要目的是基于（　　）。

A. 维护国有资产权益　　B. 维护市场经济秩序

C. 维护企业权益　　D. 维护民营企业利益

2. 下列选项中，不属于资产评估协会职责的是（　　）。

A. 制定会员自律管理办法，对会员实行自律管理

B. 建立资产评估准则

C. 组织开展会员继续教育

D. 保障会员依法开展业务，维护会员合法权益

3. 根据《资产评估行业财政监督管理办法》的规定，财政部门对资产评估行业进行行政监管。下列关于财政部监管职责的说法中，错误的是（　　）。

A. 指导和监督地方财政部门实施监督管理

B. 制定资产评估基本准则和具体准则

C. 制定有关监督管理办法

D. 负责统筹财政部门对全国资产评估行业的监督管理

4. 下列关于资产评估机构自主管理的说法中，不正确的有（　　）。

A. 资产评估机构应当依法采用合伙或者公司形式

B. 资产评估机构从事资产评估业务，应当遵守资产评估准则，履行资产评估程序，加强内部审核，严格控制执业风险

C. 资产评估机构不得受理与其合伙人或者债权人存在利害关系的业务

D. 资产评估机构和分支机构加入资产评估协会，平等享有章程规定的权利，履行章程规定的义务

5. 资产评估机构应当从领取营业执照之日起 30 日内，通过备案信息管理系统向所在地（　　）备案。

A. 省级财政部门　　B. 市级资产评估协会

C. 省级资产评估协会　　D. 市级财政部门

6. 已完成备案的资产评估机构及其分支机构有以下（　　）行为时，省级财政部门不应该予以注销备案。

A. 注销工商登记　　B. 被市场监督管理机关吊销营业执照

C. 主动要求注销备案　　D. 迁出该省去往其他省开展业务

7. 以下有关资产评估管理机构备案管理的选项中，不正确的是（　　）。

A. 资产评估机构的备案信息不齐全或者备案材料不符合要求的，省级财政部门应当在接到备案材料 5 个工作日内一次性告知需要补正的全部内容

B. 对于资产评估机构申报的资产评估师信息，省级财政部门有义务在公开前向有关资产评估协会核实

C. 资产评估机构跨省行政区划迁移经营场所，应当电话通知迁出地省级财政部门

D. 资产评估机构设立分支机构的，由资产评估机构向其分支机构所在地省级财政部

门备案

8. 以下选项中，不属于法定资产评估业务特点的是（　　）。

A. 涉及国有资产或者公共利益等事项

B. 法律、行政法规规定需要评估

C. 评估报告可以由评估师和其他评估专业人员签署

D. 至少有两名相应类别专业评估师承办业务，并且评估报告必须由至少两名评估师签署

9. 以下有关资产评估行业自律管理的说法中，错误的是（　　）。

A. 资产评估协会应当重点检查资产评估机构及其资产评估专业人员的专业胜任能力和业务能力

B. 资产评估协会是资产评估机构及其资产评估专业人员的自律性组织，接受有关财政部门的监督，不得损害国家利益和社会公共利益，不得损害会员的合法权益

C. 资产评估协会对资产评估机构及其资产评估专业人员进行自律检查，资产评估机构及其资产评估专业人员应当接受资产评估协会组织实施的自律检查

D. 资产评估协会应当与其他评估专业领域行业协会加强协作，建立会员、执业、惩戒等相关信息的共享机制

10. 以下有关资产评估机构自主管理的说法中，错误的是（　　）。

A. 实行集团化发展的资产评估机构，应当在客户服务方面对设立的分支机构实行统一管理

B. 资产评估机构开展法定资产评估业务，应当指定至少两名资产评估师承办

C. 资产评估机构和分支机构加入资产评估协会，平等享有章程规定的权利，履行章程规定的义务

D. 分支机构可以资产评估分支机构的名义出具资产评估报告

11. 下列关于我国资产评估准则制定机制的说法中，不正确的是（　　）。

A. 评估行业协会根据《资产评估基本准则》制定评估执业准则和职业道德准则

B. 资产评估准则委员会提出资产评估准则立项意见，立项完成后，由中国资产评估协会组织成立项目起草组开展研究起草工作，形成征求意见稿

C. 财政部组织成立了资产评估准则委员会

D. 中国资产评估协会对资产评估准则的制定程序做出了规定

12. 下列不属于我国资产评估准则主要作用的是（　　）。

A. 加强行业监管　　B. 促进评估结论使用

C. 为纠纷调解提供依据　　D. 增进行业国际交流

13. 下列关于我国资产评估准则框架体系的说法中，正确的是（　　）。

A. 资产评估具体准则是由执业准则和职业道德准则构成的

B. 资产评估执业准则是由程序性准则、实体性准则和职业道德准则三个层次构成的

C.《资产评估基本准则》是中国资产评估协会制定评估执业准则和评估职业道德准则的依据

D. 实体性准则是关于资产评估机构和资产评估专业人员通过履行一定的专业程序完成评估业务、保证评估质量的规范

14. 下列关于我国资产评估体系指导思想的说法中，不正确的是（ ）。

A. 根据资产评估专业服务的特点，资产评估准则体系对评估程序的履行非常重视

B. 我国资产评估体系专业性准则和程序性准则并重

C. 资产评估准则体系中，包括针对主要类别资产特点而进行规范的专业性准则，如评估报告、评估档案、评估程序等

D. 我国资产评估准则体系涵盖企业价值、无形资产、不动产、机器设备以及其他动产等各主要类别资产和经济效益的评估，体现了综合性的特点

15. 下列关于我国《资产评估基本准则》主要内容的说法中，不正确的是（ ）。

A. 确定资产价值的评估方法包括市场法、收益法和成本法三种基本方法及其衍生方法

B. 资产评估专业人员有权依法向国家机关或者其他组织查阅从事业务所需的文件、证明和资料

C. 资产评估机构执行某项特定业务时缺乏特定的专业知识和经验，不得受理相关业务

D. 基本准则的规范主体包括资产评估机构、资产评估师和其他资产评估专业人员

16. 下列关于我国《资产评估基本准则》主要内容的说法中，正确的是（ ）。

A. 确定资产价值的评估方法包括市场法、收益法两种基本方法及其衍生方法

B. 资产评估机构受理资产评估业务应当满足专业能力、独立性和业务风险控制要求

C. 法定资产评估档案保存期限不少于 15 年

D. 评估基准日可以是过去、现在和未来的时点，可以与委托合同中约定的评估基准日不一致

17. 下列关于我国资产评估准则体系的说法中，正确的是（ ）。

A. 资产评估准则体系由具体准则、评估指南、指导意见构成

B. 资产评估准则体系由程序性准则和实体性准则构成

C. 资产评估准则体系由基本准则、执业准则和职业道德准则构成

D. 资产评估准则体系由执业准则、实体性准则和程序性准则构成

二、多项选择题

1. 下列关于资产评估专业人员监督管理主要内容的说法中，正确的有（ ）。

A. 资产评估专业人员包括资产评估师和具有资产评估专业知识和实践经验的其他资产评估从业人员

B. 资产评估专业人员从事资产评估业务，应当加入资产评估机构，并且可以在多个资产评估机构从事业务

C. 加入资产评估协会，加入特定资产评估机构的资产评估专业人员，不能享有章程规定的部分权利

D. 资产评估专业人员应当与资产评估机构签订劳动合同，建立社会保险缴纳关系，按照国家有关规定办理人事档案存放手续

E. 未取得资产评估师资格的人员，不得签署法定资产评估业务资产评估报告，其签署的法定资产评估业务资产评估报告无效

2. 下列关于资产评估机构自主管理主要内容的说法中，正确的有（　　）。

A. 资产评估机构开展法定资产评估业务，应当指定至少三名资产评估师承办

B. 法定资产评估业务资产评估报告应当由一名承办业务的资产评估师签署

C. 资产评估机构应当遵守独立性原则和资产评估准则规定的资产评估业务回避要求，不得受理与其合伙人或者股东存在利害关系的业务

D. 资产评估机构应当指定一名取得资产评估师资格的本机构合伙人或者股东专门负责执业质量控制

E. 分支机构应当在资产评估机构授权范围内，依法从事资产评估业务，并以资产评估机构的名义出具资产评估报告

3. 以下有关资产评估机构备案管理的说法中，不正确的是（　　）。

A. 资产评估机构的备案信息不齐全或者备案资料不符合要求的，省级财政部门应当在接到备案材料 5 个工作日内一次性告知需要补正的全部内容

B. 迁出某省去往其他省开展业务的，省级财政部门予以注销备案，并向社会公开

C. 对于资产评估机构申报的资产评估师信息，省级财政部门应当在公开前向有关资产评估协会核实

D. 资产评估机构办理合并后无须表明合并前资产评估机构资产评估业务、执业责任的承继关系

E. 合伙制资产评估机构转为公司制资产评估机构，转制协议只需要载明转制后机构与转制前机构的所有者权益情况

4. 下列关于我国资产评估准则产生与发展的说法中，不正确的是（　　）。

A. 财政部发布《资产评估准则——无形资产》标志着我国资产评估准则建设迈出了第一步

B.《资产评估法》规定了评估准则的制定和实施方式，并对资产评估准则的规范主体、重要术语、评估程序、评估方法以及评估报告等内容做出了规定

C. 中国资产评估协会发布《资产评估准则——基本准则》和《资产评估职业道德准则——基本准则》奠定了整个资产评估准则体系的基础

D. 2007 年，涉及主要评估程序和主要职业领域的资产评估准则基本建成，初步构建了资产评估准则体系

E. 资产评估准则体系包括基本准则和职业道德准则两部分

5. 下列关于我国资产评估准则制定机制的说法中，正确的是（　　）。

A. 中国资产评估协会负责组织制定《资产评估基本准则》

B. 资产评估准则的制定过程分为立项、起草、公开征求意见、审议和发布五个阶段

C. 由资产评估准则技术委员会组织成立项目起草组开展研究起草工作

D.《资产评估基本准则》的制定由财政部组织公开征求意见

E. 中国资产评估协会组织成立了资产评估准则委员会

6. 下列关于我国资产评估准则框架体系的说法中，正确的是（　　）。

A. 资产评估职业道德准则包括具体准则、评估指南和指导意见三个层次

B. 实体性准则是针对不同资产类别的特点，分别为不同类别资产评估业务中的资产评估机构及其资产评估专业人员的技术操作提供指导

C. 资产评估具体准则分为程序性准则和实体性准则两部分

D.《资产评估基本准则》是中国资产评估协会制定的资产评估机构及其资产评估专业人员执行资产评估业务应当共同遵循的行为规范

E. 资产评估职业道德准则从专业能力、独立性、与委托人和相关当事人的关系、与其他资产评估机构及其资产评估专业人员的关系对评估专业人员进行了规范

7. 下列关于我国《资产评估基本准则》主要内容的说法中，正确的是（　　）。

A.《资产评估基本准则》适用于所有资产评估机构及其资产评估专业人员开展的出具资产评估报告的资产评估业务

B.《资产评估基本准则》要求在资产评估机构及其资产评估专业人员完成规定的资产评估程序后，由资产评估机构出具并提交资产评估报告

C.《资产评估基本准则》要求资产评估机构及其资产评估专业人员开展资产评估业务，应当根据资产评估业务具体情况履行全部的资产评估程序

D. 资产评估报告是资产评估机构履行资产评估委托合同的成果

E. 资产评估报告的内容包括标题及文号、目录、声明、摘要、正文、附件

8. 下列关于我国《资产评估基本准则》主要内容的说法中，正确的是（　　）。

A. 资产评估档案对于规避和防范资产评估机构及其资产评估专业人员的执业风险，保障各方合法权益有着重要作用

B. 资产评估专业人员有义务对评估活动中使用的有关文件、证明和资料的真实性、准确性、完整性进行核查和验证

C. 如果资产评估机构执行某项特定业务时缺乏特定的专业知识和经验，不得受理相关业务

D. 评估报告使用人包括委托人、资产评估委托合同中约定的其他资产评估报告使用人和法律、行政法规规定的资产评估报告使用人

E. 资产评估程序是资产评估机构及其资产评估专业人员在执行资产评估业务时为形成资产评估结论所履行的综合性工作步骤

第7章

资产评估的职业道德与法律责任

学习目标

通过本章的学习，学生应掌握资产评估职业道德的基本要求，对签署评估报告的禁止性要求，资产评估行政责任的相关法律规定，资产评估民事责任的相关法律规定，资产评估刑事责任的相关法律规定；熟悉专业能力要求，与委托人和相关当事人关系的要求，与其他资产评估机构及资产评估专业人员关系的要求，禁止不正当竞争的要求，保密原则，禁止谋取不当利益的要求等。

第1节　资产评估的职业道德

1.1 资产评估职业道德概述

为贯彻落实《资产评估法》，规范资产评估执业行为，保证资产评估执业质量，保护资产评估当事人合法权益和公共利益，在财政部的指导下，中国资产评估协会根据《资产评估基本准则》，于2017年9月制定了《资产评估职业道德准则》，自2017年10月1日起施行。

《资产评估职业道德准则》对资产评估专业人员职业道德方面的基本要求、专业胜任能力，资产评估专业人员与委托方和相关当事方的关系，资产评估专业人员与其他资产评估专业人员的关系等进行了规范。

《资产评估职业道德准则》中所称职业道德是指资产评估机构及其资产评估专业人员开展资产评估业务应当具备的道德品质和体现的道德行为。规范资产评估专业人员的职业道德行为，即规定该做什么、不该做什么。

资产评估专业人员职业道德素质主要是由其职业理想、职业态度、职业责任、职业胜任能力、职业良知、职业荣誉和职业纪律等要素综合反映出来的道德品质。规范资产评估专业人员的职业道德行为旨在树立职业理想、端正职业态度、明确职业责任和职业胜任能力、唤起职业良知、增强职业荣誉感和强调职业纪律等，提高资产评估专业人员的职业道德素质。

1.2 资产评估职业道德的基本要求

资产评估机构及其资产评估专业人员应当诚实守信，勤勉尽责，谨慎从业，坚持独立、客观、公正的原则，不得出具或者签署虚假资产评估报告或者有重大遗漏的资产评估报告。

1.2.1 诚实守信、勤勉尽责、谨慎从业

1. 诚实守信、勤勉尽责

诚实守信是在合同或其他经济活动中遵循民法基本原理的必然要求，已越来越广泛地成为各行业普遍性的职业道德规范，并被直接写入《资产评估法》中。勤勉尽责是资产评估行业及其他一切中介服务行业赖以存在和发展的基础，因此也是中介服务行业立法和职业道德建设通常会提出的要求。

第一，资产评估专业人员在执业过程中必须严格执行资产评估准则，不得随意背离。这是对资产评估专业人员履行勤勉尽责义务的基本要求。资产评估活动的客观性、公正性靠行业准则、规范予以保证，准则和规范从原则上保证了资产评估服务的质量。

第二，鉴于资产评估对象的复杂性，任何准则都难以对资产评估专业人员在执业活动中的具体行为给出量化的标准，这就需要资产评估专业人员在具体执业行为中，根据评估项目的具体情况进行必要的专业判断。因此，资产评估专业人员必须以确保评估结论的客观性、公正性为工作目标，来检查自己的执业行为，做到勤勉尽责。

第三，资产评估专业人员不可以使用敷衍的手段，规避应尽的努力。包括：

（1）在报告中滥用免责声明。

资产评估专业人员在执业过程中，由于情况的复杂和客观条件的限制，存在一些无法查清的事项，资产评估专业人员可以在报告中予以声明。但是，资产评估专业人员必须判断上述事项的重要性，并在报告中详细披露其为该事项所做的努力，尽可能披露该事项对

评估结论的影响，不可以声明的方式规避勤勉尽责的义务。

（2）不当利用第三方的工作，或相关当事人的保证书、承诺函等。

资产评估专业人员可以利用第三方的工作，如会计师出具的审计报告、律师出具的法律意见书等，也可以要求相关当事人提供保证书或承诺函等文件。但是资产评估专业人员在利用专家工作时必须保持必要的职业谨慎，不可以丧失其独立性，也不可以利用上述方式规避其勤勉尽责义务。

（3）使用不合理的假设。

资产评估专业人员的工作建立在专业假设之上，但是，不可以滥用不合理假设，规避勤勉尽责义务。

（4）滥用职业判断。

资产评估专业人员在执业过程中，在获取必要信息的基础上可以依照其经验和专业知识做出独立判断。

2. 谨慎从业

资产评估机构及其资产评估专业人员在提供资产评估专业服务时，应当保持必要的职业谨慎态度和专业怀疑精神，重视风险辨识及防范，审慎做出专业判断，预防和减少因评估执业过失引致的质量风险。在洽谈资产评估业务前，资产评估机构及其资产评估专业人员应对自身专业能力进行评价，对客户的诚信和财务状况、评估业务的风险水平进行判断；在受理资产评估业务后，针对评估目的和风险控制要求制订评估计划；在业务实施环节，认真履行现场调查、资料收集及检查验证等评估程序实施要求；在信息披露方面，充分提示和披露可能影响评估报告理解和使用的风险等，这都体现了谨慎从业的执业要求。

1.2.2 坚持独立、客观、公正的原则

独立、客观、公正是资产评估的基础，是资产评估机构及其资产评估专业人员应遵守的基本工作原则。它们是相互联系的，独立是保证，客观是基础，公正是目的。

1. 独立性

坚持独立性是资产评估的核心原则。如果评估机构、资产评估人员及外聘专家认为其独立性受到损害，则可以拒绝进行评估活动、拒绝发表评估意见，或在资产评估报告中予以声明。

独立性要求包含以下内容：

（1）资产评估机构应当是依法设立的独立法人，无论是在形式上还是在实质上都不得依赖任何法人主体。

（2）资产评估机构及其资产评估专业人员应当严格按照国家有关法律、法规、资产评估准则独立开展评估业务，并独立地向委托方提供资产评估意见。

（3）资产评估机构、资产评估专业人员、外聘专家从事资产评估活动不受任何行政部门控制，也不受其他机关、社会团体、企业、个人等对资产评估行为和评估结论的非法

干预。

(4) 资产评估专业人员依据国家法律及资产评估准则进行资产评估活动以及发表评估意见时不受所在资产评估机构的非法干预。

(5) 资产评估机构、资产评估人员及外聘专家应与资产评估的委托方、评估对象产权持有者及其他当事方无利害关系。

资产评估准则要求资产评估机构应当识别可能影响其独立性的情形，合理判断其对独立性的影响。

可能影响独立性的情形通常包括资产评估机构、资产评估专业人员或者其亲属与委托方或者相关当事方之间存在经济利益关联、人员关联或者业务关联。

亲属是指配偶、父母、子女及其配偶。

经济利益关联是指资产评估机构、资产评估专业人员或者其亲属拥有委托方或者相关当事方的股权、债权、有价证券、债务，或者存在担保等可能影响独立性的经济利益关系。

人员关联是指资产评估专业人员或者其亲属在委托方或者相关当事方担任董事、监事、高级管理人员或者其他可能对评估结论施加重大影响的特定职务。

业务关联是指资产评估机构从事的业务之间可能存在利益输送或者利益冲突关系。

消除不利影响的措施通常包括人员回避、业务回避、消除关联关系、第三方审核、充分披露等。

资产评估机构应当在承接评估业务之前，就资产评估机构和资产评估专业人员的经济利益关联、人员关联、业务关联情况进行独立性调查，在执业过程中发现影响独立性的事项并可能导致不利影响时，应当及时采取相应措施消除可能的不利影响，并就该事项与委托方进行沟通。

当所采取的措施不能消除对独立性的不利影响时，资产评估机构和资产评估专业人员不得承接该评估业务，或者应当终止该评估业务。

《资产评估法》第24条也规定，委托人有权要求与相关当事人及评估对象有利害关系的评估专业人员回避，对资产评估的业务回避做出了规定，以保障执行资产评估业务的公正性。

《资产评估法》第20条规定，评估机构不得分别接受利益冲突双方的委托，对同一评估对象进行评估。这也是保障评估执业独立性的法律要求，有利于防止评估机构在利益冲突双方的不同诉求面前，有失客观公正；也可以防范利益冲突双方在彼此不知情的情况下同时委托同一家评估机构，评估机构在利益驱动下分别接受双方委托的现象发生。

2. 客观性

客观性要求资产评估机构及资产评估专业人员应当以事实为依据，客观地发表评估意见。具体要求包括：

(1) 作为资产评估活动的重要主体，资产评估专业人员应当公正无私，摒除偏见，不为“偏见”“谬误”所蒙蔽。

（2）资产评估专业人员对资产评估活动中涉及的所有事项都必须保持科学的态度，实事求是。

（3）在资产评估过程中，资产评估专业人员应当完整、客观地收集信息、数据；必须保证赖以形成评估结论信息的完整性、客观性、有效性、合法性；不得使用缺乏依据的信息、数据。

（4）对于实物性资产进行必要的现场勘查是保证客观性的最低要求，资产评估专业人员应该通过勘查确定资产的客观存在，并取得评估所必需的客观信息，勘查的程度应满足获得做出客观评估所需要的基本信息。如因各种原因，资产评估专业人员无法通过勘查获得评估所需信息而必须通过其他第三方取得，资产评估专业人员应当采取必要措施关注这些信息的客观性和合理性，并进行必要披露。

（5）对非实物性资产，资产评估专业人员必须根据资产的特征，通过有效的方法确定资产的客观存在，并取得评估所必需的客观信息。如因各种原因，必须通过其他第三方取得评估所需信息，资产评估专业人员应当采取必要措施关注这些信息的客观性和合理性，并予以必要披露。

（6）资产评估专业人员有责任核查所获得信息的客观性，对于从其他第三方获得的信息，也应当关注其客观性。资产评估专业人员有责任了解和判断所获得信息对于客观地确定资产价值是否充分，不得因信息缺失影响评估结论的客观性。

（7）资产评估专业人员应当尽量避免专业判断过程中主观因素的不利影响，在进行评估分析、预测、判断过程中，应当使用科学的方法，不得以主观经验代替科学分析。

（8）资产评估专业人员应当依据所收集的信息、数据，遵守法律法规、资产评估准则等相关规定，通过合理履行资产评估程序客观地给出评估结论、发表专业意见。

（9）资产评估机构应对其执业能力做出客观评价，对于资产评估机构及其资产评估专业人员无法胜任的业务，应当放弃承接或通过寻求有效支持手段满足胜任要求。

（10）资产评估机构和资产评估专业人员对机构内部或不同评估机构所持有的不同评估观点不应抱有任何偏见。

（11）资产评估报告应当客观完整、描述适当，不得使用夸大或容易引起异议或歧义的文字语言。

3. 公正性

公正性要求资产评估机构和资产评估专业人员在从事资产评估业务过程中，遵照国家有关法律、法规及行业准则，独立、客观执业，公正发表资产评估意见，不得损害委托人、其他当事人的合法权益和公共利益。

（1）资产评估专业人员不应当故意出具对某一方当事人单方面有利的评估意见，包括不应当因所在评估机构收取评估费用而偏袒、迁就委托人，或出具对其他当事人不利的评估报告。

（2）外聘专家也不能因收取评估机构的费用而迁就评估机构。

1.2.3 不得出具或签署虚假资产评估报告或者有重大遗漏的资产评估报告

资产评估报告作为评估行为的最终成果，是发挥评估制度功能的重要载体。所谓虚假资产评估报告，是指资产评估专业人员或资产评估机构故意签署、出具的不实评估报告。有重大遗漏的资产评估报告，是指因资产评估专业人员或资产评估机构的过失而对应当考虑的重要事项有遗漏的评估报告。签署虚假资产评估报告或者有重大遗漏的资产评估报告，违反了基本的诚实守信和勤勉尽责义务，是严重违反职业道德的行为，更为法律所禁止。因此，《资产评估法》也相应规定了禁止性条款以及违反相关规定应承担的法律责任。

1.3 专业能力要求

专业能力是对任何专业工作的基本执业要求。由于资产评估工作的专业性和复杂性，从事资产评估工作的资产评估专业人员必须具备相关的专业知识和经验，以确保能够合理完成相关评估业务。

（1）我国《资产评估职业道德准则》对专业能力的规定。

1）资产评估专业人员应当具备相应的评估专业知识和实践经验，能够胜任所执行的资产评估业务。

2）资产评估专业人员应当完成规定的继续教育，保持和提高专业能力。

3）资产评估机构执行某项特定业务缺乏特定的专业知识和经验时，应当采取弥补措施，包括利用专家工作及相关报告等。

（2）资产评估专业人员应当具备相应的专业知识和经验，能够胜任所执行的资产评估业务。

资产评估是一项专业性很强的、跨学科的工作，涉及工程技术、经济、会计、管理等多个专业，仅仅具有某方面的单一知识无法满足资产评估对专业知识的要求。接受资产评估的专业教育及训练、通过资产评估师职业资格全国统一考试、在资产评估机构从事业务实践等，都是获得胜任资产评估工作所需知识和经验的有效途径。我国法律要求取得资产评估师职业资格，需要通过全国性资产评估行业协会按照国家规定组织实施的资产评估师资格全国统一考试。能够承办非法定资产评估业务的其他资产评估专业人员，也必须具有评估专业知识和实践经验。

由于资产评估的复杂性以及资产评估专业人员专业背景的限制，资产评估专业人员的执业范围可能仅限于某个特定领域。如某些资产评估专业人员仅从事房地产评估或机器设备评估，仅取得资产评估师职业资格并不意味着具备了承接各类资产评估业务的能力。

（3）资产评估专业人员应当通过接受继续教育保持专业胜任能力。

由于资产评估的复杂性，要求资产评估专业人员在整个职业生涯过程中不断接受继续教育。通过职业资格全国统一考试，取得资产评估师职业资格，只说明具备了从事资产评估工作的基本技能。资产评估专业人员要在执业生涯中保持并提高自己的执业能力，还必须不断地接受必要的继续教育培训。

（4）资产评估专业人员应如实声明其具有的专业能力和执业经验，不得对其专业胜任能力和执业经验进行夸张、虚假和误导性宣传。

资产评估机构及其资产评估专业人员，应当如实声明其具有的专业胜任能力和执业经验，资产评估专业人员在接受评估业务或资产评估机构在签署评估委托合同之前，必须充分了解承接评估项目所必备的专业知识、专业技能及经验，并对自己的能力做出客观判断。资产评估机构、资产评估专业人员对所承接的资产评估项目，必须确信具有相应的专业知识和经验，能够胜任该项业务，不得对其专业胜任能力和执业经验进行夸张、虚假和误导性宣传。

（5）资产评估机构执行某项特定业务缺乏特定的专业知识和经验时，应当采取弥补措施。

可采取的有效弥补措施包括：

1）与具有相关专业知识和经验的资产评估机构或资产评估专业人员联合进行评估。

2）聘用具有所需专业知识或经验的专业人士。

3）资产评估专业人员通过学习达到要求等。

但是，即使评估机构和资产评估专业人员可以采取有效的措施确保评估业务的完成，在接受评估业务前也必须向客户披露自己缺乏与该业务相关的专业知识、经验之事实，说明将采取的所有必要措施，承诺通过上述措施可以确保圆满完成评估业务。评估机构和资产评估专业人员也必须在评估报告中披露专业知识、经验的缺乏，并披露所有为完成评估业务所采取的措施。

1.4 与委托人和其他相关当事人的关系

（1）资产评估机构及资产评估专业人员不得以恶意降低服务费等不正当的手段与其他资产评估机构及资产评估专业人员争揽业务。

第一，资产评估机构、资产评估专业人员应当维护行业竞争秩序，合理参与竞争，资产评估行业作为一个以独立、客观、公正为安身立命之本的中介行业，应当由高素质从业人员组成。作为这样一个行业的成员，资产评估机构和资产评估专业人员应当意识到维护行业形象和职业声誉的重要性，并以此指导自己的行为。资产评估服务也存在一定的竞争，但行业提倡开展公平的竞争。在招揽业务方面，资产评估机构和资产评估专业人员应当表现出较高的素质，以良好的信誉、优质的服务质量确立自己的竞争优势。以恶意压低服务费等不正当手段与其他资产评估机构及资产评估专业人员争揽业务，是一种不道德行为。规范的竞争秩序符合行业整体利益，也符合行业内每个参与竞争的主体的利益。

恶性压价、以远低于行业平均价格甚至低于成本的价格提供评估服务，不仅恶意排挤了竞争对手，而且由于评估质量得不到保证也损害了委托人的利益，评估机构自身最终也难以为继，从而破坏了评估行业的正常经营秩序。

第二，恶意降低服务费是当前主要的不正当竞争手段之一。在拓展业务过程中，恶意降低服务费已经成为当前评估行业争揽业务和恶性竞争的主要方式和手段。关于服务费的收取，应当注意以下几个方面：

1）在确定服务费收取标准时，资产评估专业人员应当考虑以下因素：合理确定收费标准；执行评估业务所需的技能和知识；需配备的评估人员的水平和经验；完成评估业务所需要的时间；评估业务的风险和需要承担的责任。

2）在拓展业务过程中，资产评估专业人员应当以优良的执业质量获得委托方的信任，而不应通过降低服务费的方式获得业务。

3）在项目竞争中，资产评估专业人员可以根据项目的具体情况，如复杂程度等在一定范围内合理降低服务费，但应当保持应有的职业谨慎，确保服务费降低不会影响获取评估业务后的执业质量，并遵守执业准则和质量控制程序。

4）不考虑评估业务性质、专业胜任能力、服务质量，仅仅通过降低服务费收取标准获取业务，属于恶意降低服务费。

5）长期业务关系中，单项业务服务费的收取应当合理。以某一单项业务服务费弥补另一单项业务服务费不足的做法，应当禁止。

（2）资产评估专业人员不得采用欺诈、利诱、强迫等不正当手段招揽业务。

第一，欺诈，是指采用欺骗、误导等手段向客户招揽业务的行为，具体包括：

1）超越自身职业胜任能力范围招揽业务。

2）编造与客户的上级主管部门或利害相关单位有密切关系，可以帮助客户解决难题以招揽业务。

3）编造自己从未完成过的评估项目的工作经验，骗取业务等。

第二，利诱，是指利用财物、权势等利益引诱手段向客户招揽业务的行为，具体包括：

1）承诺提供满足客户预期结果的评估结果，引诱客户，招揽业务。

2）给客户赠送财物，以帮助客户获取权势、名位等诱惑客户，招揽业务。

3）以答应帮助客户解决具体困难为条件，招揽业务等。

《反不正当竞争法》将“采用财物或者其他手段进行贿赂以谋取交易机会或者竞争优势”作为禁止性行为，规定在账外暗中给予对方单位或者个人回扣的，以行贿论处；对方单位或者个人在账外暗中收受回扣的，以受贿论处。

加拿大的资产评估职业道德规范和准则中也有类似的规定：评估人员为了获得资产评估、评估复核或评估咨询的委托而隐蔽支付手续费、佣金或有价值的东西，是缺乏职业道德的行为。

第三，强迫，是指通过向客户施加压力、迫使其接受委托业务的行为，具体包括：

1）借助行政、司法等力量，通过行业垄断、地区垄断等形式强行抢拉业务。

2）动用各种关系施压，强行抢拉业务。

3）利用客户的弱点威胁强迫、抢拉业务等。

（3）资产评估专业人员不得利用执业之便为自己或他人谋取不正当的利益。

不论是什么人，也不论其从事何种职业，只要是利用职务之便为自己或他人谋取不正当利益都是不遵守职业道德的行为。这种行为严重者甚至会违法犯罪。所以，在许多禁止性的法律条款中都有类似的规定。

资产评估是社会中介服务行业，该职业要求执业者必须恪守独立、客观、公正的职业道德原则，一旦突破了不得利用执业机会为自己或他人谋取不正当利益的道德防线，其职业行为不仅与“恪守独立、客观、公正”原则相冲突，也会与“应当遵守相关法律、法规和资产评估准则”的要求相矛盾，还会与“应当维护职业形象，不得从事与资产评估专业人员身份不符或可能损害职业形象的活动”的规定相违背，进而对资产评估行业的形象和公信力产生恶劣影响。所以，这条规定实质上是从利益角度与相关职业道德要求相呼应，进一步巩固和充实相关职业道德的规定。

（4）资产评估专业人员与委托方或相关当事方之间存在可能影响资产评估专业人员公正执业的利害关系时，应当予以回避。

在承揽和接受业务时，资产评估机构和资产评估专业人员与委托方或相关当事方存在利害关系的，应主动回避。这里所指的利害关系，是利益与损害关系的简称，它包括两个方面，一是利益一致关系，二是利益对立关系。这种利害关系的存在，很可能会影响资产评估专业人员在执行业务时所处的立场，也极可能妨碍资产评估专业人员做出客观的专业判断。在评估中，资产评估专业人员与委托方或相关当事人之间存在以下利害关系时，应当向其所在评估机构提出声明并回避：

1）曾在委托单位任职，离任后未满两年的；

2）持有客户的股票、债券或与客户有其他经济利益关系的；

3）与客户的负责人或委托事项的当事人有利害关系的；

4）其他可能直接或间接影响执业的情况。

（5）资产评估机构、资产评估专业人员应当履行评估委托合同中规定的义务。

资产评估委托合同明确规定了资产评估机构及其资产评估专业人员的责任和义务，一经签订，即成为资产评估机构与委托人之间在法律上生效的契约，具有法定约束力。因此，资产评估机构、资产评估专业人员应当履行评估委托合同中规定的义务，坦诚、公正地对待客户，在不违背国家与公共利益以及不伤害其他相关当事人利益的前提下，在保持廉洁、公正的基础上，努力为委托方提供高质量的专业服务。资产评估机构及其资产评估专业人员应当按照评估委托合同明确的业务性质、范围要求等各项约定，在客户提供了必要资料的前提下，在规定的时间内，按资产评估专业标准的要求，在保证质量的前提下完成委托评估业务。

(6) 资产评估机构、资产评估专业人员应当遵守保密原则，对评估活动中知悉的国家机密、商业秘密和个人隐私予以保密。

1) 保密要求是资产评估专业人员独立、客观、公正从事业务的必然要求，也是遵守《保守国家秘密法》《反不正当竞争法》等的必然要求。《资产评估法》也将此作为资产评估专业人员应当履行的义务进行了规范。

2) 资产评估专业人员在评估机构及外勤工作的任何地点，均不得谈论客户的业务情况、评估目的等可能涉及客户的机密情况。同样，在公共场所应尽量不提及客户的单位名称，未经客户允许不得对外发布有关客户的信息资料等。

3) 资产评估专业人员除本人不得泄露客户的商业机密外，还应确保协助工作的助理人员及所在评估机构保守秘密。

4) 除委托人具体授权，或经过法律程序正式授权的执法机构以及为了配合评估监管之外，资产评估专业人员不得将所知悉的客户商业秘密和业务资料或为委托人编制的评估报告披露给其他任何人。

1.5 与其他资产评估机构及资产评估专业人员的关系

(1) 资产评估专业人员不得签署本人未参与项目的评估报告，不得允许他人以本人名义签署评估报告。资产评估机构和资产评估专业人员也不得允许他人以自身名义开展业务，不得冒用他人名义从事业务。

资产评估专业人员在资产评估报告上签名，既是资产评估专业人员在评估披露过程中的一项权利，也是一项义务。它表明资产评估专业人员对该项资产评估项目发表了专业意见，同时意味着该资产评估专业人员要对该项评估承担相应的责任。

资产评估专业人员在自己未参与项目的评估报告上签名，不仅严重违背恪守独立、客观、公正的职业道德规范，也给自己带来了巨大的责任风险。

因此，资产评估专业人员既不得签署本人未参与项目的评估报告，也不得允许他人以本人名义签署评估报告。

评估报告必须由实际负责该项目的资产评估专业人员签名，并加盖资产评估机构印章。资产评估专业人员如果在评估报告上签名，就表示该资产评估专业人员已经承办了相关评估工作，因此，资产评估专业人员要对评估报告的内容负责，同时要承担法律责任。

禁止资产评估专业人员签署本人未参与项目的评估报告，不得允许他人以本人名义签署评估报告以及禁止资产评估机构、资产评估专业人员允许其他机构或人员以自身名义从事资产评估业务，禁止冒用其他机构或人员名义从事业务，这样做有利于规范评估行业管理，惩治扰乱行业秩序的行为，使资产评估机构和资产评估专业人员抵制利益诱惑，守住“诚实守信”底线，杜绝资产评估专业人员在其他机构“挂名”的可能，防止不符合条件的评估机构通过人员弄虚作假违法承揽业务。

(2) 资产评估专业人员在执行资产评估业务过程中，应当与其他资产评估专业人员保持良好的工作关系。

这里所说的“其他资产评估专业人员”通常指符合以下条件之一的资产评估专业人员：

1) 与资产评估专业人员在同一资产评估机构执业。

这种情况下，其他资产评估专业人员根据资产评估机构的安排共同从事资产评估业务，资产评估专业人员之间应当相互尊敬、相互学习、相互帮助、共同提高。

2) 与资产评估专业人员不在同一资产评估机构执业，但一起执行联合评估业务。

在这种情况下，资产评估专业人员之间应当精诚合作，及时沟通。在完成各自负责业务部分的基础上，共同高质量地完成整体评估业务。

在上述两种情况下，资产评估专业人员在同一项评估业务中与其他资产评估专业人员共同作业时，应当注意加强彼此间的分工与合作；工作过程中存在不同意见时，应当以相应的法律、法规和制度为依据，共同认真分析和协调，对确实无法协调的，应将不同意见同时披露。

3) 资产评估专业人员虽然不在同一家评估机构执业，但由于知识结构、专业技能、职业资格、所在区域等不同，在执业过程中应提供或接受技术支持。

在这种情况下，资产评估专业人员应当在专业技术范围内，虚心向其他资产评估专业人员请教，或真诚地向其他资产评估专业人员提供帮助。

4) 对资产评估专业人员所执行评估业务中的评估对象在不同时间发表过专业意见。

在这种情况下，资产评估专业人员仍应独立形成专业意见。在形成专业意见过程中，资产评估专业人员可以了解其他资产评估专业人员的专业意见，或就评估对象的状况向其他资产评估专业人员进行咨询，但应认真分析其他资产评估专业人员意见的基准日、限制条件、假设条件等，不得对其他资产评估专业人员的意见进行不负责任的批评。

资产评估专业人员向其他资产评估专业人员了解情况、咨询问题时，应尊重委托关系，遵守保密原则。

5) 曾经或正在执行与资产评估专业人员所执行评估业务相关的评估业务。

在这种情况下，如果资产评估专业人员与其他资产评估专业人员需要进行业务沟通，应当经委托方同意。如果委托方要求资产评估专业人员向其他资产评估专业人员提供相关情况，资产评估专业人员应当在职业道德框架内配合其他资产评估专业人员的工作。

(3) 资产评估专业人员不得贬损或诋毁其他资产评估专业人员。

这是以禁止性规定的方式对资产评估专业人员应与其他资产评估专业人员保持良好的工作关系进行了阐释。

资产评估专业人员不得以任何理由、任何方式对其他资产评估专业人员进行公开或非公开的贬损或诋毁。评估行业应提倡同行相睦，反对同行相轻。

这里的其他资产评估专业人员还包括资产评估专业人员在拓展业务过程中潜在的竞争

对手。资产评估专业人员不得为争揽业务而贬损或诋毁竞争对手，这既是资产评估专业人员职业素质和职业道德的要求，也是向社会公众昭示资产评估行业形象和公信力的需要。

例 7-1

李某系 A 资产评估公司的资产评估师、部门经理和项目负责人，于 2019 年 5 月 8 日与甲企业商讨房地产评估事宜。由于李某与甲企业比较熟悉，故甲企业以该企业房地产平均每平方米评估价值不低于 8 000 元为条件，委托 A 资产评估公司进行评估。李某为了评估公司的利益，口头承诺了甲企业的要求，并接受了甲企业的评估委托。

李某按照资产评估协议书的要求在 5 日内完成了对甲企业房地产的评估，评估结果为每平方米 7 300 元。因李某曾对甲企业有过口头承诺，即不动产评估值不低于每平方米8 000 元，李某认为 7 300 元/平方米与 8 000 元/平方米之差并未超过 10%，属于正常误差范围，而且资产评估本身就是一种估计，带有咨询性质，故以每平方米 8 000 元出具了评估报告，并打电话给本公司已在外地开会一周的资产评估师周某，得到其允许后，加盖李某本人和周某的资产评估师印鉴并签字，又以项目负责人的名义签字，加盖公章，出具了资产评估报告书，交与甲企业；同时，将该资产评估报告书送给在乙企业当顾问的评估界专家赵某一份。

请根据以上资料，指出 4 处违反资产评估行业规范的行为，并说明理由。

分析：（1）甲企业与李某约定评估价值不低于每平方米 8 000 元。资产评估师在执业过程中，不得迁就客户，双方不得事先约定评估价值。

（2）李某以资产评估师周某的名义签字并加盖印章。资产评估师不得允许他人以本人名义在资产评估报告书上签字和盖章。

（3）以项目负责人的名义签字而没有法定代表人签字。评估报告书应由评估机构法定代表人签字并盖章。

（4）将评估报告书送给在乙企业当顾问的赵某。资产评估师应保守客户的商业秘密，李某不得擅自将资产评估报告送给他人。

第 2 节 资产评估的法律责任

2.1 我国资产评估法律责任体系

同其他违反法律、契约或侵权行为应承担的不利法律后果一样，涉及资产评估的法律责任也包括行政责任、民事责任和刑事责任。

规定和追究资产评估的法律责任主要是对违法、违约或侵权的主体实施惩罚，对遭受损失或侵害的资产评估相关法律关系主体提供救济，通过法律的警示和威慑作用预防、遏制涉及资产评估的违法、违约或侵权行为。

2.1.1 相关法律规定的法律责任

规范资产评估法律责任相关的法律主要有《中华人民共和国资产评估法》《中华人民共和国企业国有资产法》《中华人民共和国刑法》《中华人民共和国公司法》《中华人民共和国证券法》《中华人民共和国民法典》《中华人民共和国民事诉讼法》等。

《中华人民共和国资产评估法》规定的法律责任主体包括：评估专业人员，评估机构，法定评估业务委托责任单位及其直接责任人员，资产评估委托人及其直接责任人员，评估行业协会，有关行政管理部门、评估行业协会工作人员。该法规定了相关责任主体违反相关条款规定应承担的行政责任，并规定构成犯罪的依法追究刑事责任；对评估专业人员、法定评估业务委托责任单位及其直接责任人员、委托人违反该法规定造成损失的，还做出了依法承担民事赔偿责任的规定。

《中华人民共和国企业国有资产法》规定的法律责任主体包括：履行出资人职责的机构及其直接负责的主管人员和其他直接责任人员、工作人员，履行出资人职责的机构委派的股东代表，国家出资企业的董事、监事、高级管理人员，资产评估机构，会计师事务所。该法规定了履行出资人职责的机构及其直接负责的主管人员和其他直接责任人员、履行出资人职责的机构的工作人员，履行出资人职责的机构委派的股东代表，国家出资企业的董事、监事、高级管理人员违反相关条款规定应承担的行政责任；对履行出资人职责的机构委派的股东代表以及国家出资企业的董事、监事、高级管理人员违反该法规定造成国有资产损失的，须依法承担民事赔偿责任。该法还规定对违反法律、行政法规和执业准则，出具虚假的资产评估报告或者审计报告的资产评估机构、会计师事务所，依照有关法律、行政法规追究其法律责任；对构成犯罪的责任主体，依法追究其刑事责任。

《中华人民共和国刑法》规定的涉及资产评估的法律责任主体包括承担资产评估、验资、验证、会计、审计、法律服务等职责的中介组织的人员以及上述中介组织及其直接责任人员。该法规定了评估人员、评估机构及其直接责任人构成犯罪的，应承担刑事责任。

《中华人民共和国公司法》规定了资产评估机构及其直接责任人员违反相关条款规定应承担的行政责任以及因过错给债权人造成损失所承担的民事赔偿责任，并规定构成犯罪的，应依法追究其刑事责任。

《中华人民共和国证券法》规定了信息披露义务人及其直接责任人员、证券交易内幕信息的知情人、证券服务机构和人员违反相关条款规定应承担的行政责任，并规定构成犯罪的，应依法追究其刑事责任。该法还规定证券服务机构因制作、出具的文件有虚假记载、误导性陈述或者重大遗漏，给他人造成损失的，应当承担民事连带赔偿责任。

2.1.2 相关法规规定的法律责任

规范资产评估法律责任的行政法规主要有《国有资产评估管理办法》《中华人民共和国公司登记管理条例》等。相关的部门规章主要有《企业国有资产交易监督管理办法》《国有资产评估管理若干问题的规定》《国有资产评估违法行为处罚办法》《企业国有资产评估管理暂行办法》《金融企业国有资产评估监督管理暂行办法》《首次公开发行股票并上市管理办法》等。

上述行政法规、部门规章等规定了资产评估机构及其直接责任人、资产评估师违反相关条款应承担的行政责任，并规定构成犯罪的，由司法机关依法追究其刑事责任。除此之外，相关法规规章还对资产评估委托人、被评估资产产权持有者、相关行政管理部门工作人员等违反相关规定应承担的法律责任进行了规范。

2.1.3 法律的层次及关系

根据《中华人民共和国立法法》（以下简称《立法法》）的规定，我国的法律法规层次可分为：

（1）法律；

（2）行政法规；

（3）地方性法规；

（4）自治条例和单行条例；

（5）部门规章。

我国相关法律规范的效力层级依制定机关、制定程序等不同而不同。

宪法具有最高的法律效力，一切法律、行政法规、地方性法规、自治条例和单行条例、部门规章都不得同宪法相抵触。

法律的效力高于行政法规、地方性法规、部门规章。行政法规的效力高于地方性法规、部门规章。

地方性法规的效力高于本级和下级地方政府规章。省、自治区的人民政府制定的规章的效力高于本行政区域内设区的市、自治州人民政府制定的规章。

部门规章之间、部门规章与地方政府规章之间具有同等效力，在各自的权限范围内施行。

我国《立法法》还规定：同一机关制定的法律、行政法规、地方性法规、自治条例和单行条例、部门规章，特别规定与一般规定不一致的，适用特别规定；新的规定与旧的规定不一致的，适用新的规定。

法律之间对同一事项的新的一般规定与旧的特别规定不一致，不能确定如何适用时，由全国人民代表大会常务委员会裁决。

行政法规之间对同一事项的新的一般规定与旧的特别规定不一致，不能确定如何适用时，由国务院裁决。

地方性法规与部门规章之间对同一事项的规定不一致，不能确定如何适用时，由国务院提出意见。国务院认为应当适用地方性法规的，应当决定在该地方适用地方性法规的规定；认为应当适用部门规章的，应当提请全国人民代表大会常务委员会裁决。

部门规章之间、部门规章与地方政府规章之间对同一事项的规定不一致时，由国务院裁决。

根据授权制定的法规与法律规定不一致，不能确定如何适用时，由全国人民代表大会常务委员会裁决。

2.2 行政责任

2.2.1 行政责任的概念、行政处罚原则及追究时效

1. 行政责任的概念

行政责任是行政法律责任的简称，是指存在违反有关行政管理的法律、法规规定，但尚未构成犯罪的行为依法所应承担的法律后果。

承担行政责任的制裁形式包括行政处分和行政处罚。

行政处分是对国家工作人员及由国家机关委派到企事业单位任职的人员的行政违法行为所给予的一种制裁性处理。行政处分的种类包括警告、记过、记大过、降级、撤职、开除等。

行政处罚是指国家行政机关及其他依法可以实施行政处罚权的组织，依法定职权和程序对违反法律、法规规定，尚不构成犯罪的公民、法人及其他组织实施的一种制裁行为。行政处罚的种类包括警告，罚款，没收违法所得、没收非法财物，责令停产停业，暂扣或者吊销许可证、暂扣或者吊销执照，行政拘留，法律、行政法规规定的其他行政处罚。

2. 行政处罚原则

（1）处罚法定原则。这是行政合法性原则在行政处罚行为中的集中体现，要求行政处罚的依据、实施主体、职权行使和实施程序都应于法有据，依法而行。

（2）公正公开原则。这一原则要求行政处罚的依据、过程和结果应公开，程序上应公正，处罚裁定应依法公平。

（3）一事不再罚原则。该原则包括以下内容：

1）当行政主体对行为人的第一个处理尚未失去效力时，不能基于同一事实和理由给予第二次处理，除非第二个处理是对第一个处理的补充、更正或者补正。如果第一个处理确属不当，行政主体也应先行撤销，再重新处理。

2）除法律有明确规定或者依基本法理和法律规则合理推定之外，行政主体应严格遵循一个行为一次处罚的原则。

3）对于行为人的同一个违法行为，行政主体不能给予两个以上相同种类的处罚。

4）对于行为人的同一个违法行为，无论触犯几个法律条文，构成几个处罚理由以及由几个行政主体实施处罚，只能给予一次罚款。

（4）处罚与教育相结合原则。行政处罚虽然是对违法行为的惩戒，但其目的仍在于通过处罚违法行为，警醒和教育违法对象，其他组织和个人能够引以为鉴、遵守法律。因此，处罚本身也兼具教育作用。行政执法主体在运用行政处罚时应坚持处罚与教育相结合的原则。

（5）保障权利原则。相对方对行政主体给予的行政处罚依法享有陈述权、申辩权；对行政处罚决定不服的，有权申请复议或者提起行政诉讼。如果因违法行政处罚受到损害，被处罚的相对方有权依法提出赔偿要求。

尽管行政处罚是对违法行为所实施的惩戒，但违法行为如对他人造成损害，违法者还应依法承担民事责任，构成犯罪的，还应追究其刑事责任，不能因接受行政制裁就免除其应承担的民事、刑事责任。

3. 行政处罚的追究时效

根据我国《行政处罚法》的规定，从违法行为发生之日起计算（违法行为有连续或者继续状态的，从行为终了之日起计算），违法行为在两年内未被发现的，不再给予行政处罚。法律另有规定的除外。

2.2.2 资产评估行政责任的相关法律规定

1.《资产评估法》的相关规定

（1）对资产评估机构、资产评估专业人员的责任规定。

1）签署、出具虚假评估报告的责任。《资产评估法》第45条、第48条分别针对资产评估专业人员和资产评估机构做出了规定。

对资产评估专业人员违反规定，签署虚假评估报告的，第45条规定：由有关评估行政管理部门责令其停止从业两年以上五年以下；有违法所得的，没收违法所得；情节严重的，责令其停止从业五年以上十年以下；构成犯罪的，依法追究刑事责任，终身不得从事评估业务。

对资产评估机构违反规定，出具虚假评估报告的，第48条规定：由有关评估行政管理部门责令其停业六个月以上一年以下；有违法所得的，没收违法所得，并处违法所得一倍以上五倍以下罚款；情节严重的，由市场监督管理部门吊销其营业执照；构成犯罪的，依法追究其刑事责任。

2）资产评估机构未经工商登记从业的责任。对违反规定，未经工商登记以资产评估机构名义从事评估业务的，《资产评估法》第四十六条规定：由市场监督管理部门责令其停止违法活动；有违法所得的，没收违法所得，并处违法所得一倍以上五倍以下罚款。

3）资产评估专业人员违反其他禁止性规定的责任。《资产评估法》第44条对资产评估专业人员存在该条（除签署虚假评估报告之外）所列举的违法行为，规定了相应的法律责任。

该条规定，资产评估专业人员违反规定，有下列情形之一的，由有关评估行政管理部门予以警告，可以责令其停止从业六个月以上一年以下；有违法所得的，没收违法所得；情节严重的，责令停止从业一年以上五年以下；构成犯罪的，依法追究刑事责任：

第一，私自接受委托从事业务、收取费用的；

第二，同时在两个以上评估机构从事业务的；

第三，采用欺骗、利诱、胁迫，或者贬损、诋毁其他评估专业人员等不正当手段招揽业务的；

第四，允许他人以本人名义从事业务，或者冒用他人名义从事业务的；

第五，签署本人未承办业务的评估报告或者有重大遗漏的评估报告的；

第六，索要、收受或者变相索要、收受合同约定以外的酬金、财物，或者谋取其他不正当利益的。

4）评估机构违反其他规定的责任。对评估机构存在《资产评估法》第 20 条（除出具虚假评估报告之外）所列举的违法行为以及违反该法第 17 条和第 29 条规定的，《资产评估法》第 47 条也规定了相应的法律责任。

该条规定，评估机构违反规定，有下列情形之一的，由有关评估行政管理部门予以警告，可以责令其停业一个月以上六个月以下；有违法所得的，没收违法所得，并处违法所得一倍以上五倍以下罚款；情节严重的，由市场监督管理部门吊销其营业执照；构成犯罪的，依法追究其刑事责任：

第一，利用开展业务之便，谋取不正当利益的；

第二，允许其他机构以本机构名义开展业务，或者冒用其他机构名义开展业务的；

第三，以恶性压价、支付回扣、虚假宣传，或者贬损、诋毁其他评估机构等不正当手段招揽业务的；

第四，受理与自身有利害关系业务的；

第五，分别接受利益冲突双方的委托，对同一评估对象进行评估的；

第六，出具有重大遗漏的评估报告的；

第七，未按《资产评估法》规定的期限保存评估档案的；

第八，聘用或者指定不符合《资产评估法》规定的人员从事评估业务的；

第九，对本机构的评估专业人员疏于管理，造成不良后果的。

对于评估机构未按《资产评估法》第 16 条的要求备案或者不符合第 15 条规定的设立条件的，《资产评估法》第 47 条规定，由有关评估行政管理部门责令改正；拒不改正的，责令停业，可以并处一万元以上五万元以下罚款。

5）对屡次违法增加处罚的规定。《资产评估法》第 49 条是针对资产评估机构、资产评估专业人员屡次违法的增加处罚规定。该条规定“评估机构、评估专业人员在一年内累计三次因违反本法规定受到责令停业、责令停止从业以外处罚的，有关评估行政管理部门可以责令其停业或者停止从业一年以上五年以下”。

（2）对资产评估委托人（或法定业务委托责任人）的责任规定。

1）未依法履行资产评估委托义务的责任。《资产评估法》第51条是针对法定资产评估业务委托责任人未依法履行资产评估委托义务的法律责任规定。具体内容为：违反本法规定，应当委托评估机构进行法定评估而未委托的，由有关部门责令改正；拒不改正的，处十万元以上五十万元以下罚款；情节严重的，对直接负责的主管人员和其他直接责任人员依法给予处分；造成损失的，依法承担赔偿责任；构成犯罪的，依法追究其刑事责任。

2）资产评估委托人的违法责任。对法定资产评估业务委托人违反《资产评估法》第22条、第23条、第27条、第32条规定应承担的法律责任，该法在第52条做出了规定。

该条规定，委托人违反规定，在法定评估中有下列情形之一的，由有关评估行政管理部门会同有关部门责令改正；拒不改正的，处十万元以上五十万元以下罚款；有违法所得的，没收违法所得；情节严重的，对直接负责的主管人员和其他直接责任人员依法给予处分；造成损失的，依法承担赔偿责任；构成犯罪的，依法追究其刑事责任：

第一，未依法选择评估机构的；

第二，索要、收受或者变相索要、收受回扣的；

第三，串通、唆使评估机构或者评估师出具虚假评估报告的；

第四，不如实向评估机构提供权属证明、财务会计信息和其他资料的；

第五，未按照法律规定和评估报告载明的使用范围使用评估报告的。

非法定评估业务是否选择资产评估机构属于自愿行为，一旦确立评估委托，将会通过评估委托合同约定各自的权利和义务。因此，《资产评估法》第52条还规定，法定评估之外评估活动的委托人违反本法规定，给他人造成损失的，依法承担赔偿责任。

（3）对资产评估行业协会及其工作人员、国家机关工作人员的责任规定。

《资产评估法》第53条和第54条分别规定了资产评估行业协会及其工作人员、国家机关工作人员的法律责任。

评估行业协会违反《资产评估法》规定的，由有关评估行政管理部门给予警告，责令改正；拒不改正的，可以通报登记管理机关，由其依法给予处罚。

有关行政管理部门、评估行业协会工作人员违反《资产评估法》规定，滥用职权、玩忽职守或者徇私舞弊的，依法给予处分；构成犯罪的，依法追究其刑事责任。

2.《企业国有资产法》涉及资产评估的相关规定

（1）国家出资企业的董事、监事、高级管理人员的相关法律责任。

《企业国有资产法》第71条规定，国家出资企业的董事、监事、高级管理人员有下列行为之一，造成国有资产损失的，依法承担赔偿责任；属于国家工作人员的，并依法给予处分：

1）利用职权收受贿赂或者取得其他非法收入和不当利益的；

2）侵占、挪用企业资产的；

3）在企业改制、财产转让等过程中，违反法律、行政法规和公平交易规则，将企业财产低价转让、低价折股的；

4）违反本法规定与本企业进行交易的；

5）不如实向资产评估机构、会计师事务所提供有关情况和资料，或者与资产评估机构、会计师事务所串通出具虚假资产评估报告、审计报告的；

6）违反法律、行政法规和企业章程规定的决策程序，决定企业重大事项的；

7）有其他违反法律、行政法规和企业章程执行职务行为的。

对于国家出资企业的董事、监事、高级管理人员因上述违法行为取得的收入，依法予以追缴，归国家出资企业所有。

如果履行出资人职责的机构任命或者建议任命的董事、监事、高级管理人员出现上述任何一项违法行为，造成国有资产重大损失的，则由履行出资人职责的机构依法予以免职或者提出免职建议。

（2）相关资产评估机构、会计师事务所出具虚假报告的法律责任。

《企业国有资产法》第 74 条规定，接受委托对国家出资企业进行资产评估、财务审计的资产评估机构、会计师事务所违反法律、行政法规的规定和执业准则，出具虚假的资产评估报告或者审计报告的，依照有关法律、行政法规的规定追究其法律责任。

3.《公司法》涉及资产评估的相关规定

《公司法》第 207 条规定了承担资产评估、验资或者验证的机构及人员的法律责任。

对于承担资产评估、验资或者验证的机构提供虚假材料的，该条规定：由公司登记机关没收违法所得，处以违法所得一倍以上五倍以下的罚款，并可以由有关主管部门依法责令该机构停业、吊销直接责任人员的资格证书，吊销营业执照。

对于承担资产评估、验资或者验证的机构因过失提供有重大遗漏报告的，该条规定：由公司登记机关责令改正，情节较重的，处以所得收入一倍以上五倍以下的罚款，并可以由有关主管部门依法责令该机构停业、吊销直接责任人员的资格证书，吊销营业执照。

4.《证券法》涉及资产评估的相关规定

（1）对违反资质管理的责任规定。

《证券法》第 226 条规定：未经国务院证券监督管理机构批准，擅自设立证券登记结算机构的，由证券监督管理机构予以取缔，没收违法所得，并处以违法所得一倍以上五倍以下的罚款。投资咨询机构、财务顾问机构、资信评级机构、资产评估机构、会计师事务所未经批准，擅自从事证券服务业务的，责令改正，没收违法所得，并处以违法所得一倍以上五倍以下的罚款。

证券登记结算机构、证券服务机构违反《证券法》规定或者依法制定的业务规则的，由证券监督管理机构责令改正，没收违法所得，并处以违法所得一倍以上五倍以下的罚款；没有违法所得或者违法所得不足十万元的，处以十万元以上三十万元以下的罚款；情节严重的，责令关闭或者撤销其证券服务业务许可。

（2）对违规买卖股票、违规使用或泄露内幕信息的责任规定。

《证券法》第 45 条规定：为股票发行出具审计报告、资产评估报告或者法律意见书等文件的证券服务机构和人员，在该股票承销期内和期满后六个月内，不得买卖该种股票。

除前款规定外，为上市公司出具审计报告、资产评估报告或者法律意见书等文件的证券服务机构和人员，自接受上市公司委托之日起至上述文件公开后五日内，不得买卖该种股票。

与之相应，《证券法》第 201 条规定了违反上述条款应承担的相关责任：为股票的发行、上市、交易出具审计报告、资产评估报告或者法律意见书等文件的证券服务机构和人员，违反本法第 45 条的规定买卖股票的，责令依法处理非法持有的股票，没收违法所得，并处以买卖股票等值以下的罚款。

资产评估机构及其相关人员，在执行证券业务资产评估时有机会接触、获得对证券价格有重大影响的信息，对其作为内幕信息知情人，《证券法》第 202 条规定了相关违法责任：证券交易内幕信息的知情人或者非法获取内幕信息的人，在涉及证券的发行、交易或者其他对证券的价格有重大影响的信息公开前，买卖该证券，或者泄露该信息，或者建议他人买卖该证券的，责令依法处理非法持有的证券，没收违法所得，并处以违法所得一倍以上五倍以下的罚款；没有违法所得或者违法所得不足三万元的，处以三万元以上六十万元以下的罚款。单位从事内幕交易的，还应当对直接负责的主管人员和其他直接责任人员给予警告，并处以三万元以上三十万元以下的罚款。证券监督管理机构工作人员进行内幕交易的，从重处罚。

（3）对信息披露存在虚假、误导或重大遗漏的责任规定。

《证券法》第 78 条第 2 款规定：禁止证券交易所、证券公司、证券登记结算机构、证券服务机构及其从业人员，证券业协会、证券监督管理机构及其工作人员，在证券交易活动中做出虚假陈述或者信息误导。

为此，《证券法》第 207 条规定：违反本法第 78 条第 2 款的规定，在证券交易活动中做出虚假陈述或者信息误导的，责令改正，处以三万元以上二十万元以下的罚款；属于国家工作人员的，还应当依法给予行政处分。

《证券法》第 223 条还规定：证券服务机构未勤勉尽责，所制作、出具的文件有虚假记载、误导性陈述或者重大遗漏的，责令改正，没收业务收入，暂停或者撤销证券服务业务许可，并处以业务收入一倍以上五倍以下的罚款。对直接负责的主管人员和其他直接责任人员给予警告，撤销证券从业资格，并处以三万元以上十万元以下的罚款。

（4）违反对有关文件和资料要求的责任规定。

《证券法》第 225 条规定：上市公司、证券公司、证券交易所、证券登记结算机构、证券服务机构，未按照有关规定保存有关文件和资料的，责令改正，给予警告，并处以三万元以上三十万元以下的罚款；隐匿、伪造、篡改或者毁损有关文件和资料的，给予警告，并处以三十万元以上六十万元以下的罚款。

(5）有关证券市场禁入处罚的规定。

“证券市场禁入 ”是对严重违法的相关个人所设立的严厉的“资格罚”措施。《证券法》第 233 条对此做出了明确规定：违反法律、行政法规或者国务院证券监督管理机构的有关规定，情节严重的，国务院证券监督管理机构可以对有关责任人员采取证券市场禁入的措施。

前款所称证券市场禁入，是指在一定期限内直至终身不得从事证券业务或者不得担任上市公司董事、监事、高级管理人员的制度。

例 7 - 2

A 资产评估事务所接受委托评估 B 公司的价值，以借壳上市，评估基准日是 2018 年 12 月 31 日。

对于 B 公司 2016 年、2017 年的业绩，评估人员依据会计机构出具的审计报告确定；对于 2015 年的业绩，进行了部分 B 公司客户、供应商的走访，但底稿中未对其参与走访情况形成书面统计分析材料。 在已发现被评估企业存在重大财务舞弊风险的情况下，项目组未对 B 公司历史业绩的真实性适当关注并实施有效的评估程序，导致形成未来收益预测的评估假设明显不合理，如假设 B 公司 2019 年营业收入较 2018 年经审计的营业收入增长 28.30%，进而导致评估值被高估。

2018 年初，项目评估人员根据 B 公司提供的经营资料初步测算 B 公司 100% 股权估值为 160 亿元至 170 亿元。 后来随着借壳对象的变化，在公司经营情况无实质性变化的情况下，B 公司于 2015 年 5 月提出的期望估值为 260 亿至 270 亿元，于 2015 年 9 月底 B 公司提出的期望估值变为 370 亿元。

评估师预测 B 公司 2020 年至 2023 年各年收入的增长率分别是 35.02%、20.09%、12.28%、4.35%，但评估工作底稿中未记录该增长率的确定依据。

应由被评估单位提供的用于盈利预测的基础资料（评估预测）是评估师代被评估单位倒编形成，评估工作底稿中无 B 公司提供的必要的盈利预测资料。

B 公司股权价值的评估结果为 3 701 900.82 万元，与 B 公司的期望评估结果基本吻合，A 资产评估事务所对此没有合理解释。

要求：根据本案例资料，说明 A 资产评估事务所是否违法？ 如果是，违反了哪些法规？应该受到哪些处罚？

分析：A 资产评估事务所对 B 公司全部股权项目进行评估时，未按照《资产评估基本准则》《资产评估执业准则——资产评估档案》《资产评估执业准则——企业价值》《资产评估执业准则——资产评估程序》《资产评估执业准则——资产评估报告》的相关规定，导致出具的评估报告存在虚假记载和重大遗漏，违反《证券法》第 20 条第 2 款“为证券发行出具有关文件的证券服务机构和人员，必须严格履行法定职责，保证其所出具文件的真实性、准确性和完整性”和第 173 条“证券服务机构为证券的发行、上市、交易等证券业务活动制作、出具审计报告、资产评估报告、财务顾问报告、资信评级报告或者法律意见书等文件，应当勤勉尽责，对所依据的文件资料内容的真实性、准确性、完整性进行核查和验证”的规定，构成《证券法》第 223 条所述“证券服务机构未勤勉尽责，所制作、出具的文件有虚假记载、误导性陈述或者重大遗漏”的情形。

根据当事人违法行为的事实、性质、情节与社会危害程度，依据《证券法》第 223 条的规定，可以没收 A 资产评估事务所业务收入，并处以其一倍以上五倍以下的罚款；对直接负责的主管人员和其他直接责任人员给予警告，撤销证券从业资格，并分别处以三万元以上十万元以下罚款。

5. 财政部颁布的《资产评估行业财政监督管理办法》的相关规定

（1）资产评估专业人员同时在两个以上资产评估机构从事业务的、签署本人未承办业务的资产评估报告或者有重大遗漏的资产评估报告的，由有关省级财政部门予以警告，可以责令停止从业六个月以上一年以下；有违法所得的，没收违法所得；情节严重的，责令停止从业一年以上五年以下；构成犯罪的，移送司法机关处理。

（2）对于未取得资产评估师资格的人员签署法定资产评估业务资产评估报告的、承办并出具法定资产评估业务资产评估报告的资产评估师人数不符合法律规定的以及受理与其合伙人或者股东存在利害关系业务的，由对其备案的省级财政部门对资产评估机构予以警告，可以责令停业一个月以上六个月以下；有违法所得的，没收违法所得，并处违法所得一倍以上五倍以下罚款；情节严重的，通知市场监督管理部门依法处理；构成犯罪的，移送司法机关处理。

（3）资产评估机构违反“分支机构应当在资产评估机构授权范围内，依法从事资产评估业务，并以资产评估机构的名义出具资产评估报告”的规定造成不良后果的，由其分支机构所在地的省级财政部门责令改正，对资产评估机构及其法定代表人或执行合伙事务的合伙人分别予以警告；没有违法所得的，可以并处资产评估机构一万元以下罚款；有违法所得的，可以并处资产评估机构违法所得一倍以上三倍以下、最高不超过三万元的罚款；同时通知资产评估机构所在地省级财政部门。

（4）资产评估机构未按规定备案或者备案后不符合《资产评估法》所规定的设立条件的，由资产评估机构所在地省级财政部门责令改正；拒不改正的，责令停业，可以并处一万元以上五万元以下罚款，并通报市场监督管理部门。

（5）资产评估机构未按规定办理分支机构备案的，由其分支机构所在地的省级财政部门责令改正，并对资产评估机构及其法定代表人或者执行合伙事务的合伙人分别予以警告，同时通知资产评估机构所在地的省级财政部门。

（6）资产评估机构存在以下事项，由资产评估机构所在地省级财政部门责令改正，并予以警告：

1）未按规定建立健全质量控制制度和内部管理制度；

2）未按规定指定一名取得资产评估师资格的本机构合伙人或者股东专门负责执业质量控制；

3）未建立职业风险基金或者购买职业责任保险；

4）集团化的资产评估机构未对分支机构在质量控制、内部管理、客户服务、企业形象、信息化等方面实行统一管理；

5）机构名称、执行合伙事务的合伙人或者法定代表人、合伙人或者股东、分支机构的名称或者负责人发生变更以及发生机构分立、合并、转制、撤销等重大事项，未按规定向有关财政、市场监督等部门办理变更手续的；

6）机构跨省级行政区划迁移经营场所，未按规定书面告知迁出地省级财政部门以及未按规定向迁入地省级财政部门办理迁入备案手续。

2.3 民事责任

2.3.1 相关法律知识

1. 民事责任的概念

民事责任是民事法律责任的简称，是指民事主体在民事活动中，因违反民事义务或者侵犯他人的民事权利所应承担的民事法律后果。

民事义务包括法定义务和约定义务，也包括积极义务和消极义务、作为义务和不作为义务 。

我国《民法典》第 120 条规定，民事权益受到侵害的，被侵权人有权请求侵权人承担侵权责任。

这里所称的民事权益，包括生命权、健康权、姓名权、名誉权、荣誉权、肖像权、隐私权、婚姻自主权、监护权、所有权、用益物权、担保物权、著作权、专利权、商标专用权、发现权、股权、继承权等人身、财产权益。

《民法典》第 179 条规定承担民事责任的方式主要有：

（1）停止侵害；

（2）排除妨碍；

（3）消除危险；

（4）返还财产；

（5）恢复原状；

（6）修理、重作、更换；

（7）继续履行；

（8）赔偿损失；

(9) 支付违约金；

(10) 消除影响、恢复名誉；

(11) 赔礼道歉。

法律规定惩罚性赔偿的，依照其规定。

以上承担民事责任的方式，可以单独适用，也可以合并适用。

规定民事责任是保障民事权利和民事义务实现的重要措施，运用民事救济手段，使受害人遭受的损失或被侵犯的权益依法得以赔偿或恢复。

2. 民事责任的种类

可以按照不同标准对民事责任进行分类。

(1) 合同责任、侵权责任与其他责任。这是按照责任发生的根据所进行的一种民事责任分类。

合同责任是指因违反合同约定的义务、合同附随义务或违反《民法典》规定的义务而产生的责任。

侵权责任是指因侵犯他人的财产权益与人身权益而产生的责任。

其他责任是指除合同与侵权之外的原因（如不当得利、无因管理等）所产生的民事责任。

(2) 财产责任与非财产责任。这是根据是否具有财产内容所进行的民事责任分类。

财产责任是指由民事违法行为人承担财产上的不利后果，使受害人得到财产上补偿的民事责任，如损害赔偿责任。

非财产责任是指采取防止或消除损害后果（如消除影响、赔礼道歉等）措施，使受损害的非财产权利得到恢复的民事责任。

(3) 无限责任与有限责任。这是根据承担民事责任的财产范围所进行的民事责任分类。

无限责任是指责任人以自己的全部财产承担的责任。

有限责任是指债务人以一定范围或一定数额的财产为限所承担的民事责任。如有限责任公司股东以对公司的出资为限对公司的债务承担有限责任；特殊的普通合伙企业的合伙人，对其他合伙人在执业活动中因故意或重大过失造成的合伙企业债务，以其在合伙企业中的财产份额为限承担责任等。

(4) 单方责任与双方责任。这是根据民事责任由民事行为相对方单方承担还是相互承担所进行的民事责任分类方式。

单方责任是指只有一方当事人对另一方所承担的责任，如合同履约方对违约方，侵权方对被侵权方等。

双方责任是指法律关系双方当事人之间相互承担责任的形态。

(5) 单独责任与共同责任。这是按承担民事责任主体的数量所进行的民事责任分类。

单独责任是指由一个民事主体独立承担的民事责任。

共同责任是指两个以上的人共同实施违法行为并且都有过错，从而共同对损害的发生承担的责任。

(6) 按份责任、连带责任与不真正连带责任。这是对共同责任进一步区分形成的民事责任分类。

1) 按份责任。按份责任是指多数当事人按照法律规定或者合同约定，各自承担一定份额的民事责任。如果法律没有规定或合同没有约定各当事人应承担的责任份额，则推定为均等的责任份额。在按份责任中，债权人如果请求某一债务人超出了其应承担的份额清偿债务，该债务人可以予以拒绝。

2) 连带责任。连带责任是指多数当事人因合同关系、代理行为或上下级关系，按照法律规定或者合同约定，连带地向权利人承担责任。

民法上的连带责任主要有合伙人对合伙债务的连带责任、共同侵权人的连带责任、代理关系中发生的连带责任、担保行为形成的连带责任等。

连带责任确定后，依债务人承担责任的先后顺序不同，可将连带责任划分为一般连带责任与补充连带责任。

一般连带责任的各债务人之间不分主次，对整个债务无条件地承担连带责任。债权人可以不分顺序地要求任何一个债务人清偿全部债务。如合伙人对合伙债务的连带责任。

补充连带责任须以连带责任中其他人（主要是主债务人）不履行或不能完全履行为前提，补充连带责任人只在第二顺序上承担连带责任。如当被保证人不能偿还债务时，保证人才承担连带责任。

3) 不真正连带责任。各债务人基于不同的发生原因而对于同一债权人负有以同一给付为标的的数个债务，因一个债务人的履行而使全体债务均归于消灭，此时数个债务人之间所负的责任即不真正连带责任。比如，甲乘坐的出租车与货车发生交通事故，导致甲受伤，交警认定货车方负全责。这时甲既可依合同关系要求出租车方承担违约责任，也可根据事故责任认定要求货车方承担侵权损害责任，二者只要履行其一，受害人的损害就可以依法得到救济。

(7) 过错责任、无过错责任和公平责任。这是按照承担责任是否以当事人具有过错为条件所进行的民事责任分类。

过错责任是指行为人违反民事义务并致他人损害时，应以过错作为责任的要件和确定责任范围的依据。我国一般侵权行为责任采取过错责任的归责原则。对行为人的主观过错，根据“谁主张，谁举证”原则，应由受害人负责举证。

过错推定责任是过错责任的特殊形式。按照过错推定责任原则，当侵害人对其行为所造成的损害不能证明自己主观无过错时，就推定其主观有过错并承担民事责任。该原则的特殊之处在于举证责任倒置，即行为人的主观过错不是由受害人举证，而是由行为人自己予以举证反驳。过错推定责任原则的适用范围是由法律特别规定的。

无过错责任是指行为人只要给他人造成损失，不论其主观上是否有过错而都应承担的责任。一般认为，我国《民法典》中的违约责任与特别侵权责任的归责原则是无过错责任原则。违约方或特别侵权方只有符合法定或特别的免责条件才能免除其相应责任。

公平责任是指双方当事人对损害的发生均无过错，法律又无特别规定适用无过错责任原则时，法院根据公平原则，在考虑当事人双方的财产状况及其他情况的基础上，确定由当事人公平合理分担的责任。

3. 民事责任的构成要件

一般民事责任构成要件是指适用过错责任的责任行为的构成要件。我国司法实践中采用四要件学说。

（1）存在民事违法行为。行为的违法性是构成民事责任的必要条件之一。这里所说的民事违法行为包括作为的违法行为和不作为的违法行为，前者是指实施了法律禁止的行为，后者是指没有履行法律所要求实施的行为（即没有履行法律所规定的义务）。

（2）存在损害事实。民事违法行为必须引起损害后果，权利人才能够请求法律救济。这里所说的损害事实可以是财产方面的损害，也可以是非财产方面的损害。损害使被损害主体的民事权利遭受某种不利影响。

（3）损害事实与民事违法行为存在因果关系。这里强调的是损害事实与民事违法行为之间应存在前因后果的必然关系。

（4）行为人应有过错。民法上的过错，首先应是指行为人的一种主观心理状态，即是否存在故意或过失（包括一般过失和重大过失）。但在推定过失状态时，又是以是否尽一个通常人注意义务作为客观判断标准的。

4. 民事主体承担多种法律责任

我国《民法典》第187条对民事（或侵权）主体因同一行为应当承担民事责任、行政责任和刑事责任时的责任承担进行了规定，规定的原则也基本一致。

该条规定：民事主体因同一行为应当承担民事责任、行政责任和刑事责任的，承担行政责任或者刑事责任不影响承担民事责任；民事主体的财产不足以支付的，优先用于承担民事责任。

5. 民事责任的诉讼时效

诉讼时效依据时间的长短和适用范围分为一般诉讼时效和特殊诉讼时效。

（1）一般诉讼时效是指在一般情况下普遍适用的时效，这类时效不是针对某一特殊情况规定的，而是普遍适用的。

我国《民法典》第188条规定，向人民法院请求保护民事权利的诉讼时效期间为三年，法律另有规定的，依照其规定。该条还规定，诉讼时效期间自权利人知道或者应当知道权利受到损害以及义务人之日起计算，法律另有规定的，依照其规定。但是，自权利受到损害之日起超过二十年的，人民法院不予保护，有特殊情况的，人民法院可以根据权利人的申请决定延长。

（2）特殊诉讼时效是指针对某些特定的民事法律关系而制定的诉讼时效。特殊时效优于普通时效。

特殊诉讼时效包括短于普通时效的短期诉讼时效和长于普通时效的长期诉讼时效。

比如我国《民法典》第 594 条规定，因国际货物买卖合同和技术进出口合同争议提起诉讼或者申请仲裁的时效期间为四年。我国《民法典》第 188 条规定，自权利受到损害之日起超过二十年的，人民法院不予保护。有特殊情况的，人民法院可以根据权利人的申请决定延长。

(3) 不适用诉讼时效的请求权。我国民法总则第一百九十六条规定的不适用诉讼时效的请求权包括：

1) 请求停止侵害、排除妨碍、消除危险；

2) 不动产物权和登记的动产物权的权利人请求返还财产；

3) 请求支付抚养费、赡养费或者扶养费；

4) 依法不适用诉讼时效的其他请求权。

(4) 我国《民法典》对诉讼时效约定、抗辩及主动适用的规定。

1) 诉讼时效遵从法定。《民法典》第 197 条明确规定，诉讼时效的期间、计算方法以及中止、中断的事由由法律规定，当事人约定无效。该条同时规定，当事人对诉讼时效利益的预先放弃无效。

2) 当事人的抗辩权。《民法典》第 192 条明确，诉讼时效期间届满的，义务人可以提出不履行义务的抗辩。该条同时还规定，诉讼时效期间届满后，义务人同意履行的，不得以诉讼时效期间届满为由抗辩；义务人已自愿履行的，不得请求返还。

3) 法院不得主动适用诉讼时效的规定。《民法典》第 193 条的这项规定，体现了民法的意思自治和自由处分原则，也符合法院居中裁判的中立地位。

2.3.2 资产评估民事责任的相关法律规定

1.《资产评估法》的相关规定

(1) 对资产评估机构、资产评估专业人员的规定。

《资产评估法》第 50 条规定，评估专业人员违反本法规定，给委托人或者其他相关当事人造成损失的，由其所在的评估机构依法承担赔偿责任。评估机构履行赔偿责任后，可以向有故意或者重大过失行为的评估专业人员追偿。

(2) 对资产评估委托人或法定业务委托责任人的规定。

按照《资产评估法》第 51 条、第 52 条的规定，法定资产评估业务的委托责任人应当委托评估机构进行法定评估而未委托造成损失的，依法承担赔偿责任；委托人在法定评估中存在违反该法规定的行为造成损失的，依法承担赔偿责任；非法定业务委托人违反该法规定给他人造成损失的，依法承担赔偿责任。

2.《企业国有资产法》的相关规定

《企业国有资产法》仅对国家出资企业的董事、监事、高级管理人员违法行为应承担的民事责任做出了明确规定。该法第71条规定，国家出资企业的董事、监事、高级管理人员出现该法规定的违法行为造成国有资产损失的，依法承担赔偿责任。该条所列举的违法行为包括“不如实向资产评估机构、会计师事务所提供有关情况和资料，或者与资产评估机构、会计师事务所串通出具虚假资产评估报告、审计报告”。

3.《公司法》的相关规定

《公司法》第207条规定，承担资产评估、验资或者验证的机构因其出具的评估结果、验资或者验证证明不实，给公司债权人造成损失的，除能够证明自己没有过错的外，在其评估或者证明不实的金额范围内承担赔偿责任。

4.《证券法》的相关规定

(1) 涉及证券内幕交易的规定。《证券法》第76条规定，证券交易内幕信息的知情人和非法获取内幕信息的人，在内幕信息公开前，不得买卖该公司的证券，或者泄露该信息，或者建议他人买卖该证券，并规定内幕交易行为给投资者造成损失的，行为人应当依法承担赔偿责任。

(2) 涉及证券服务机构制作、出具有虚假记载、误导性陈述或者重大遗漏文件的规定。《证券法》第173条规定，证券服务机构为证券的发行、上市、交易等证券业务活动制作、出具审计报告、资产评估报告、财务顾问报告、资信评级报告或者法律意见书等文件，应当勤勉尽责，对所依据的文件资料内容的真实性、准确性、完整性进行核查和验证。其制作、出具的文件有虚假记载、误导性陈述或者重大遗漏，给他人造成损失的，应当与发行人、上市公司承担连带赔偿责任，但是能够证明自己没有过错的除外。

5.《最高人民法院关于审理证券市场因虚假陈述引发的民事赔偿案件的若干规定》的相关规定

《最高人民法院关于审理证券市场因虚假陈述引发的民事赔偿案件的若干规定》(法释〔2003〕2号) 第24条规定，专业中介服务机构及其直接责任人违反《证券法》第161条和第202条的规定虚假陈述，给投资人造成损失的，就其负有责任的部分承担赔偿责任。但有证据证明无过错的，应予免责。

第27条规定，证券承销商、证券上市推荐人或者专业中介服务机构，知道或者应当知道发行人或者上市公司虚假陈述，而不予纠正或者不出具保留意见的，构成共同侵权，对投资人的损失承担连带责任。

该司法解释的第17条还对“虚假陈述”的含义进行了解释：

证券市场虚假陈述，是指信息披露义务人违反证券法律规定，在证券发行或者交易过程中，对重大事件做出违背事实真相的虚假记载、误导性陈述，或者在披露信息时发生重大遗漏、不正当披露信息的行为。

对于重大事件，应当结合《证券法》第59条、第60条、第61条、第62条、第72条以及相关规定的内容认定。

虚假记载，是指信息披露义务人在披露信息时，将不存在的事实在信息披露文件中予以记载的行为。

误导性陈述，是指虚假陈述行为人在信息披露文件中或者通过媒体，做出使投资人对其投资行为发生错误判断并产生重大影响的陈述。

重大遗漏，是指信息披露义务人在信息披露文件中，未将应当记载的事项完全或者部分予以记载。

不正当披露，是指信息披露义务人未在适当期限内或者未以法定方式公开披露应当披露的信息。

对于虚假陈述证券民事赔偿案件的被告，该司法解释规定“应当是虚假陈述行为人”。其中就包括做出虚假陈述的会计师事务所、律师事务所、资产评估机构等专业中介服务机构。

2.3.3 对专业中介活动民事侵权纠纷的司法理解

目前，我国尚未出台处理资产评估民事侵权案件的司法规定。2007 年 6 月 11 日，我国最高人民法院发布了《最高人民法院关于审理涉及会计师事务所在审计业务活动中民事侵权赔偿案件的若干规定》（法释〔2007〕12 号），表明了我国司法部门对专业中介活动民事侵权案件相关责任认定的意见、倾向。

1. 推定过错的举证证据

法释〔2007〕12 号的第 4 条规定，会计师事务所因在审计业务活动中对外出具不实报告给利害关系人造成损失的，应当承担侵权赔偿责任，但其能够证明自己没有过错的除外。对于举证要求，该条规定会计师事务所在证明自己没有过错时，可以向人民法院提交与该案件相关的执业准则、规则以及审计工作底稿等。根据该司法解释的第 2 条，相关的执业准则、规则是指中国注册会计师协会依法拟定并经国务院财政部门批准后施行的执业准则和规则。

由此可以看出，相关的执业准则、规则及工作底稿等有可能成为司法部门认可的界定专业中介机构及其从业人员法律责任的证据。

2. 因故意导致的侵权责任认定

法释〔2007〕12 号第 5 条规定，注册会计师在审计业务活动中存在下列情形之一，出具不实报告并给利害关系人造成损失的，应当认定会计师事务所与被审计单位承担连带赔偿责任：

（1）与被审计单位恶意串通；

（2）明知被审计单位对重要事项的财务会计处理与国家有关规定相抵触，而不予指明；

（3）明知被审计单位的财务会计处理会直接损害利害关系人的利益，而予以隐瞒或者做不实报告；

（4）明知被审计单位的财务会计处理会导致利害关系人产生重大误解，而不予指明；

(5) 明知被审计单位的会计报表的重要事项有不实的内容，而不予指明；

(6) 被审计单位示意其做不实报告，而不予拒绝。

对被审计单位有上述第(2)至(5)项所列行为，注册会计师按照执业准则、规则应当知道的，人民法院应认定其明知。

故意，是专业中介机构及其从业人员，明知自己的行为违反法律法规、执业准则（规则），并会对委托人或利害关系人造成损害后果，却仍然希望或者放任这种后果的发生。未知执业准则（规则）要求应当知道的内容所产生的违规、过错会被推定为具有故意。

中介机构及其从业人员与委托人或相关当事人恶意串通；对从业中发现或知悉的与国家相关规定相抵触、直接损害利害关系人利益或导致其产生重大误解、具有重要不实内容的事项或行为予以隐瞒、不予指明、做出不实报告；对示意其做出不实报告不予拒绝，上述情形均会被司法部门认定为具有故意。

3. 因过失导致的侵权责任认定

法释〔2007〕12号第6条规定，会计师事务所在审计业务活动中因过失出具不实报告，并给利害关系人造成损失的，人民法院应当根据其过失大小确定其赔偿责任。

注册会计师在审计过程中未保持必要的职业谨慎，存在下列情形之一，并导致报告不实的，人民法院应当认定会计师事务所存在过失：

(1) 违反《注册会计师法》第20条第（二）、（三）项的规定；

(2) 负责审计的注册会计师以低于行业一般成员应具备的专业水准执业；

(3) 制订的审计计划存在明显疏漏；

(4) 未依据执业准则、规则执行必要的审计程序；

(5) 当发现可能存在错误和舞弊的迹象时，未能追加必要的审计程序予以证实或者排除；

(6) 未能合理地运用执业准则和规则所要求的重要性原则；

(7) 未根据审计的要求采用必要的调查方法获取充分的审计证据；

(8) 明知对总体结论有重大影响的特定审计对象缺少判断能力，未能寻求专家意见而直接形成审计结论；

(9) 错误判断和评价审计证据；

(10) 其他违反执业准则、规则确定的工作程序的行为。

过失，是专业中介机构及其从业人员，执行业务未恪尽职守，未能严格遵循法律法规、执业准则的规定，对自身行为损害结果，应当或能够预见却没有预见，或者虽有预见却轻信其能够避免。

中介机构及其从业人员，在执行业务中未能严格遵循法律法规、执业准则的规定，低于行业正常水准执业，缺乏专业胜任能力又不采取必要补救措施，未能合理关注项目重大事项，存在明显的工作疏漏或程序缺陷等，会被司法部门认定存在过失。

4. 不承担民事赔偿责任的情形

法释〔2007〕12 号第 7 条规定，会计师事务所能够证明存在以下情形之一的，不承担民事赔偿责任：

（1）已经遵守执业准则、规则确定的工作程序并保持必要的职业谨慎，但仍未能发现被审计的会计资料错误；

（2）审计业务所必须依赖的金融机构等单位提供虚假或者不实的证明文件，会计师事务所在保持必要的职业谨慎下仍未能发现其虚假或者不实；

（3）已对被审计单位的舞弊迹象提出警告并在审计业务报告中予以指明；

（4）已经遵照验资程序进行审核并出具报告，但被验资单位在注册登记后抽逃资金；

（5）为登记时未出资或者未足额出资的出资人出具不实报告，但出资人在登记后已补足出资。

已经遵守了执业准则规定的工作程序并保持了必要的职业谨慎，仍未发现当事人提供的资料或相关单位提供的证明文件所存在的错误、虚假或不实；已对所发现的舞弊现象提出警告并在专业报告中予以指明；已在专业报告中对重要影响事项做出了必要和真实披露；报告出具后发生了影响报告真实及使用的事项；专业报告使用人未按载明的用途和范围合理使用报告等，上述情形很可能会支持司法部门认定专业中介机构及其从业人员不承担民事赔偿责任。

2.4 刑事责任

2.4.1 相关法律知识

1. 刑事责任的概念及种类

刑事责任是由司法机关依据国家刑事法律的规定，对犯罪分子依照刑事法律的规定追究的法律责任。我国刑法规定，故意犯罪，应当负刑事责任；过失犯罪，法律有规定的才负刑事责任。

承担刑事责任是行为人实施刑事法律禁止的行为所承受的法律后果。接受刑法处罚是刑事责任与民事责任、行政责任和道德责任的根本区别。

根据刑法的规定，刑罚分为主刑和附加刑。

主刑分为管制、拘役、有期徒刑、无期徒刑和死刑。

附加刑分为罚金、剥夺政治权利、没收财产。对犯罪的外国人也可以独立适用或者附加适用驱逐出境。附加刑可以独立或附加适用。

我国《刑法》第 37 条规定：对于犯罪情节轻微不需要判处刑罚的，可以免予刑事处罚，但是可以根据案件的不同情况，予以训诫或者责令具结悔过、赔礼道歉、赔偿损失，或者由主管部门予以行政处罚或者行政处分。

因利用职业便利实施犯罪，或者实施违背职业要求的特定义务的犯罪被判处刑罚的，人民法院可以根据犯罪情况和预防再犯罪的需要，禁止其自刑罚执行完毕之日或者假释之日起从事相关职业，期限为三年至五年。

我国《刑法》第3条和第5条分别规定了罪刑法定和罪责刑相适应的原则。

罪刑法定原则规定，法律明文规定为犯罪行为的，依照法律定罪处刑；法律没有明文规定为犯罪行为的，不得定罪处刑。

罪责刑相适应原则要求，刑罚的轻重，应当与犯罪分子所犯罪行和承担的刑事责任相适应。

2. 刑事责任的追诉时效

我国《刑法》第87条规定，犯罪经过下列期限不再追诉：

（1）法定最高刑为不满五年有期徒刑的，经过五年。

（2）法定最高刑为五年以上不满十年有期徒刑的，经过十年。

（3）法定最高刑为十年以上有期徒刑的，经过十五年。

（4）法定最高刑为无期徒刑、死刑的，经过二十年。如果二十年以后认为必须追诉的，须报请最高人民检察院核准。

2.4.2 资产评估刑事责任的相关法律规定

对涉及资产评估的刑事责任的具体规定体现在我国《刑法》中。

1. 提供虚假证明文件罪、出具证明文件重大失实罪的法律规定条款

对于提供虚假证明文件罪、出具证明文件重大失实罪应承担的刑事责任，《刑法》第229条规定：承担资产评估、验资、验证、会计、审计、法律服务等职责的中介组织的人员故意提供虚假证明文件，情节严重的，处五年以下有期徒刑或者拘役，并处罚金。

前款规定的人员，索取他人财物或者非法收受他人财物，犯前款罪的，处五年以上十年以下有期徒刑，并处罚金。

前款规定的人员，严重不负责任，出具的证明文件有重大失实，造成严重后果的，处三年以下有期徒刑或者拘役，并处或者单处罚金。

2. 提供虚假证明文件罪的构成特征

构成提供虚假证明文件罪须符合以下特征：

（1）特定的主体。本罪犯罪主体是中介机构的人员。这里所说的中介机构是指承办相关业务的资产评估、会计审计、法律、验证等专业服务的法人或非法人组织。

而根据《刑法》第231条，本罪的犯罪主体还包括上述中介机构及其直接负责的主管人员和其他直接责任人员。所不同的是，对中介机构本身的处罚适用第231条。

（2）行为人实施了故意提供虚假证明文件的行为。虚假证明文件主要是承接资产评估、验资、验证、会计、审计、法律服务等业务出具的证明文件。虚假证明文件既包括伪造的证明文件，也包括内容虚假的证明文件。符合本罪条件的犯罪行为人提供虚假证明文

件必须属于主观故意行为，即明知所提供的证明文件存在虚假仍决定提供。

（3）情节严重。情节严重是就违法犯罪行为及过程的性质、影响的范围与后果、造成的危害程度而言的。比如犯罪手段恶劣、造假次数多或程度严重、给国家或相关当事方利益造成严重损害等。通过“情节严重”这一构成要件要素对涉罪的范围进行限定，以避免刑事责任的扩大化。

（4）侵犯的客体。本罪侵犯的客体是国家对中介组织的监督管理制度和市场中介组织的正常活动。中介组织及其人员的活动，事关市场经济发展和市场经济秩序。提供虚假证明文件的行为本身，就是在破坏市场秩序，就是在损害其他市场主体对中介组织公正性的信赖。本罪的本质危害是损害了市场条件下人们对中介组织及其人员的基本信赖。

3. 出具证明文件重大失实罪的构成特征

（1）特定的主体。本罪的犯罪主体与提供虚假证明文件罪相同。

（2）行为人提供的证明文件存在重大失实。本罪所指的证明文件也与提供虚假证明文件罪相同。重大失实指的是出具的证明文件存在重大的不符合实际的内容。

（3）行为人严重不负责任。这是本罪与提供虚假证明文件罪的主要区别。提供虚假证明文件罪是行为人存在犯罪的故意，出具证明文件重大失实罪的行为人主观不存在犯罪故意，但存在严重不负责任的过失。这种过失或者表现为该为的不为，或者表现为不认真而为。

（4）造成严重后果。提供重大失实证明文件的后果是给国家或相关当事人造成严重损失或者产生了特别恶劣的影响等。

（5）侵犯的客体。出具证明文件重大失实罪侵犯的客体也与提供虚假证明文件罪相同。

4. 单位犯扰乱市场秩序罪

对于单位犯扰乱市场秩序罪应承担的刑事责任，《刑法》第 231 条规定：单位犯本节第 221 条至第 230 条规定之罪的，对单位判处罚金，并对其直接负责的主管人员和其他直接责任人员，依照本节各条的规定处罚。

根据《刑法》第 30 条的规定，本罪所指的单位是指公司、企业、事业单位、机关、团体。第 221 条至第 230 条规定之罪包括：损害商业信誉、商品声誉罪，虚假广告罪，串通投标罪，合同诈骗罪，组织、领导传销活动罪，非法经营罪，强迫交易罪，伪造、倒卖伪造的有价票证罪，非法转让、倒卖土地使用权罪，提供虚假证明文件罪，逃避商检罪。

《刑法》对单位犯罪规定了双罚制，既依法对单位处以罚金，又规定按照相应条款的规定依法处罚导致单位犯罪的单位直接负责的主管人员和其他直接责任人员。

2.5 法律责任的免除

2.5.1 法律责任免除的含义

法律责任免除是指当出现法定条件时，法律责任被部分或全部免除。

2.5.2 我国法律规定的免责条件

不可抗力、正当防卫和紧急避险等是法律所认可的免责条件。除此之外的免责情形包括：

(1) 时效免责，是指依照法律规定，在违法行为发生一定期限后［超过规定的诉讼(追诉) 时效］，违法行为人不再承担强制性、惩罚性的法律责任。

(2) 不诉及协议免责，是指如果受害人或有关当事人不向法院起诉要求追究行为人的法律责任，行为人的法律责任实际上就被免除，或者受害人与加害人在法律允许的范围内协商同意的免责。

(3) 自首、立功免责。《刑法》规定犯罪者在犯罪后有自首、立功表现的，可以减轻或免除处罚。这是一种将功抵过的免责形式。

(4) 人道主义免责。在财产责任中，责任人确实没有能力履行或没有能力全部履行的情况下，有关国家机关免除或部分免除其责任。

(5) 有效补救免责。在国家机关归责之前对于实施违法行为所造成的损害，责任人采取及时补救措施，得以免除其部分或全部责任。

本章小结

本章主要讲述资产评估的职业道德，包括基本要求与各项具体的专业要求；资产评估的法律责任，包括行政责任、民事责任与刑事责任。

练习题

一、单项选择题

1. “行政处分”是对国家工作人员及由国家机关委派到(　　)任职的人员的行政违法行为所给予的一种制裁性处理。

A. 外资企业单位　　B. 企事业单位

C. 非营利性事业单位　　D. 机关单位

2. 在我国《刑法》中，构成提供虚假证明文件罪须符合的特征不包括(　　)。

A. 特定的主体

B. 行为人实施了故意提供虚假证明文件的行为

C. 侵犯的客体

D. 行为人严重不负责任

3. 资产评估机构及资产评估专业人员应当以事实为依据，按照真实情况发表评估意见。这是资产评估的(　　)要求。

A. 独立性　　B. 公正性　　C. 客观性　　D. 回避性

二、多项选择题

1. 民事义务包括(　　)。

A. 法定义务　　B. 约定义务　　C. 积极义务

D. 不作为义务　　E. 承担义务

2. 以下措施可以消除对独立性的不利影响的有(　　)。

A. 充分披露　　B. 人员回避　　C. 业务回避

D. 消除关联关系　　E. 减少第三方介入

3. 行政处罚是指国家行政机关及其他依法可以实施行政处罚权的组织，依法定职权和程序对违反法律、法规规定，尚不构成犯罪的公民、法人及其他组织实施的一种制裁行为，行政处罚原则有(　　)。

A. 处罚法定原则　　B. 公正公开原则　　C. 一事不再罚原则

D. 保障权利原则　　E. 处罚从轻原则

4. 维护资产评估行业的正常竞争秩序是每个资产评估人员的应有意识，但事与愿违，恶意降低服务费已经成为当前评估行业争揽业务和恶性竞争的主要方式和手段，在确定服务费的收取标准时，资产评估机构应当考虑的因素有(　　)。

A. 执行评估业务所需的技能和知识　　B. 需配备的评估人员的水平和经验

C. 完成评估业务所需要的时间　　D. 评估业务的风险和需承担的责任

E. 利用与客户建立的不正当关系施压，抢拉业务等

5. 会计师事务所不承担民事赔偿责任的情况包括(　　)。

A. 已经遵照验资程序进行审核并出具报告，但被验资单位在注册登记后抽逃资金

B. 在出具报告过程中存在重大遗漏或误导性陈述

C. 审计业务所必须依赖的金融机构等单位提供虚假或者不实的证明文件，会计师事务所在保持必要的职业谨慎下仍未能发现其虚假或者不实

D. 没有按规定的审计程序进行审计业务

E. 已对被审计单位的舞弊迹象提出警告并在审计业务报告中予以指明

6. 在我国，与资产评估相关的法律有(　　)。

A.《中华人民共和国资产评估法》

B.《中华人民共和国企业国有资产法》

C.《中华人民共和国证券法》

D.《中华人民共和国民法典》

E.《中华人民共和国经济法》

7. 下列关于资产评估不得牟取不正当利益的要求中，正确的有(　　)。

A. 资产评估专业人员不得利用职务之便为自己牟取不正当利益

B. 牟取不正当利益违反了职业道德

C. 资产评估专业人员可以为自己以外的他人牟取不正当利益

D. 视情节轻重，谋取不正当利益可能违法犯罪

E. 有利于维护资产评估机构和资产评估专业人员的形象

8. 资产评估专业人员在执行资产评估业务过程中，应当与其他资产评估专业人员保持良好的工作关系。这里所说的“其他资产评估专业人员”包括(　　)。

A. 与资产评估专业人员在同一资产评估机构执业的人员

B. 与资产评估专业人员不在同一资产评估机构执业，但一起执行联合评估业务的人员

C. 资产评估专业人员不在同一家评估机构执业，但由于知识结构、专业技能、职业资格、所在区域等不同，在执业过程中应提供或接受技术支持

D. 对资产评估专业人员所执行评估业务中的评估对象在不同时间发表过专业意见的人员

E. 资产评估专业人员在拓展业务过程中潜在的竞争对手

9. 我国《资产评估基本准则》对专业胜任能力的规定包括(　　)。

A. 资产评估专业人员应当具备相应的评估专业知识和实践经验，能够胜任所执行的评估业务

B. 资产评估专业人员应当完成规定的继续教育，保持和提高专业胜任能力

C. 资产评估专业人员执行某项特定业务缺乏特定的专业知识和经验时，应当采取恰当的弥补措施，包括聘请专家协助工作等

D. 客观、公正

E. 具备独立性

附表

附表一　复利终值系数表

期数	1%	2%	3%	4%	5%	6%	7%	8%	9%	10%
1	1.010 0	1.020 0	1.030 0	1.040 0	1.050 0	1.060 0	1.070 0	1.080 0	1.090 0	1.100 0
2	1.020 1	1.040 4	1.060 9	1.081 6	1.102 5	1.123 6	1.144 9	1.166 4	1.188 1	1.210 0
3	1.030 3	1.061 2	1.092 7	1.124 9	1.157 6	1.191 0	1.225 0	1.259 7	1.295 0	1.331 0
4	1.040 6	1.082 4	1.125 5	1.169 9	1.215 5	1.262 5	1.310 8	1.360 5	1.411 6	1.464 1
5	1.051 0	1.104 1	1.159 3	1.216 7	1.276 3	1.338 2	1.402 6	1.469 3	1.538 6	1.610 5
6	1.061 5	1.126 2	1.194 1	1.265 3	1.340 1	1.418 5	1.500 7	1.586 9	1.677 1	1.771 6
7	1.072 1	1.148 7	1.229 9	1.315 9	1.407 1	1.503 6	1.605 8	1.713 8	1.828 0	1.948 7
8	1.082 9	1.171 7	1.266 8	1.368 6	1.477 5	1.593 8	1.718 2	1.850 9	1.992 6	2.143 6
9	1.093 7	1.195 1	1.304 8	1.423 3	1.551 3	1.689 5	1.838 5	1.999 0	2.171 9	2.357 9
10	1.104 6	1.219 0	1.343 9	1.480 2	1.628 9	1.790 8	1.967 2	2.158 9	2.367 4	2.593 7
11	1.115 7	1.243 4	1.384 2	1.539 5	1.710 3	1.898 3	2.104 9	2.331 6	2.580 4	2.853 1
12	1.126 8	1.268 2	1.425 8	1.601 0	1.795 9	2.012 2	2.252 2	2.518 2	2.812 7	3.138 4
13	1.138 1	1.293 6	1.468 5	1.665 1	1.885 6	2.132 9	2.409 8	2.719 6	3.065 8	3.452 3
14	1.149 5	1.319 5	1.512 6	1.731 7	1.979 9	2.260 9	2.578 5	2.937 2	3.341 7	3.797 5
15	1.161 0	1.345 9	1.558 0	1.800 9	2.078 9	2.396 6	2.759 0	3.172 2	3.642 5	4.177 2
16	1.172 6	1.372 8	1.604 7	1.873 0	2.182 9	2.540 4	2.952 2	3.425 9	3.970 3	4.595 0
17	1.184 3	1.400 2	1.652 8	1.947 9	2.292 0	2.692 8	3.158 8	3.700 0	4.327 6	5.054 5
18	1.196 1	1.428 2	1.702 4	2.025 8	2.406 6	2.854 3	3.379 9	3.996 0	4.717 1	5.559 9
19	1.208 1	1.456 8	1.753 5	2.106 8	2.527 0	3.025 6	3.616 5	4.315 7	5.141 7	6.115 9
20	1.220 2	1.485 9	1.806 1	2.191 1	2.653 3	3.207 1	3.869 7	4.661 0	5.604 4	6.727 5
21	1.232 4	1.515 7	1.860 3	2.278 8	2.786 0	3.399 6	4.140 6	5.033 8	6.108 8	7.400 2
22	1.244 7	1.546 0	1.916 1	2.369 9	2.925 3	3.603 5	4.430 4	5.436 5	6.658 6	8.140 3
23	1.257 2	1.576 9	1.973 6	2.464 7	3.071 5	3.819 7	4.740 5	5.871 5	7.257 9	8.954 3
24	1.269 7	1.608 4	2.032 8	2.563 3	3.225 1	4.048 9	5.072 4	6.341 2	7.911 1	9.849 7
25	1.282 4	1.640 6	2.093 8	2.665 8	3.386 4	4.291 9	5.427 4	6.848 5	8.623 1	10.835
26	1.295 3	1.673 4	2.156 6	2.772 5	3.555 7	4.549 4	5.807 4	7.396 4	9.399 2	11.918
27	1.308 2	1.706 9	2.221 3	2.883 4	3.733 5	4.822 3	6.213 9	7.988 1	10.245	13.110
28	1.321 3	1.741 0	2.287 9	2.998 7	3.920 1	5.111 7	6.648 8	8.627 1	11.167	14.421
29	1.334 5	1.775 8	2.356 6	3.118 7	4.116 1	5.418 4	7.114 3	9.317 3	12.172	15.863
30	1.347 8	1.811 4	2.427 3	3.243 4	4.321 9	5.743 5	7.612 3	10.063	13.268	17.449
40	1.488 9	2.208 0	3.262 0	4.801 0	7.040 0	10.286	14.975	21.725	31.409	45.259
50	1.644 6	2.691 6	4.383 9	7.106 7	11.467	18.420	29.457	46.902	74.358	117.39
60	1.816 7	3.281 0	5.891 6	10.520	18.679	32.988	57.946	101.26	176.03	304.48

续表

期数	12%	14%	15%	16%	18%	20%	24%	28%	32%	36%
1	1.120 0	1.140 0	1.150 0	1.160 0	1.180 0	1.200 0	1.240 0	1.280 0	1.320 0	1.360 0
2	1.254 4	1.299 6	1.322 5	1.345 6	1.392 4	1.440 0	1.537 6	1.638 4	1.742 4	1.849 6
3	1.404 9	1.481 5	1.520 9	1.560 9	1.643 0	1.728 0	1.906 6	2.097 2	2.300 0	2.515 5
4	1.573 5	1.689 0	1.749 0	1.810 6	1.938 8	2.073 6	2.364 2	2.684 4	3.036 0	3.421 0
5	1.762 3	1.925 4	2.011 4	2.100 3	2.287 8	2.488 3	2.931 6	3.436 0	4.007 5	4.652 6
6	1.973 8	2.195 0	2.313 1	2.436 4	2.699 6	2.986 0	3.635 2	4.398 0	5.289 9	6.327 5
7	2.210 7	2.502 3	2.660 0	2.826 2	3.185 5	3.583 2	4.507 7	5.629 5	6.982 6	8.605 4
8	2.476 0	2.852 6	3.059 0	3.278 4	3.758 9	4.299 8	5.589 5	7.205 8	9.217 0	11.703
9	2.773 1	3.251 9	3.517 9	3.803 0	4.435 5	5.159 8	6.931 0	9.223 4	12.167	15.917
10	3.105 8	3.707 2	4.045 6	4.411 4	5.233 8	6.191 7	8.594 4	11.806	16.060	21.647
11	3.478 5	4.226 2	4.652 4	5.117 3	6.175 9	7.430 1	10.657	15.112	21.199	29.439
12	3.896 0	4.817 9	5.350 3	5.936 0	7.287 6	8.916 1	13.215	19.343	27.983	40.038
13	4.363 5	5.492 4	6.152 8	6.885 8	8.599 4	10.699	16.386	24.759	36.937	54.451
14	4.887 1	6.261 3	7.075 7	7.987 5	10.147	12.839	20.319	31.691	48.757	74.053
15	5.473 6	7.137 9	8.137 1	9.265 5	11.974	15.407	25.196	40.565	64.359	100.71
16	6.130 4	8.137 2	9.357 6	10.748	14.129	18.488	31.243	51.923	84.954	136.97
17	6.866 0	9.276 5	10.761	12.468	16.672	22.186	38.741	66.461	112.14	186.28
18	7.690 0	10.575	12.376	14.463	19.673	26.623	48.039	85.071	148.02	253.34
19	8.612 8	12.056	14.232	16.777	23.214	31.948	59.568	108.89	195.39	344.54
20	9.646 3	13.744	16.367	19.461	27.393	38.338	73.864	139.38	257.92	468.57
21	10.804	15.668	18.822	22.575	32.324	46.005	91.592	178.41	340.45	637.26
22	12.100	17.861	21.645	26.186	38.142	55.206	113.57	228.36	449.39	866.67
23	13.552	20.362	24.892	30.376	45.008	66.247	140.83	292.30	593.20	1 178.7
24	15.179	23.212	28.625	35.236	53.109	79.497	174.63	374.14	783.02	1 603.0
25	17.000	26.462	32.919	40.874	62.669	95.396	216.54	478.90	1 033.6	2 180.1
26	19.040	30.167	37.857	47.414	73.949	114.48	268.51	613.00	1 364.3	2 964.9
27	21.325	34.390	43.535	55.000	87.260	137.37	332.96	784.64	1 800.9	4 032.3
28	23.884	39.205	50.066	63.800	102.97	164.84	412.86	1 004.3	2 377.2	5 483.9
29	26.750	44.693	57.576	74.009	121.50	197.81	511.95	1 285.6	3 137.9	7 458.1
30	29.960	50.950	66.212	85.850	143.37	237.38	634.82	1 645.5	4 142.1	10 143
40	93.051	188.88	267.86	378.72	750.38	1 469.8	5 455.9	19 427	66 521	*
50	289.00	700.23	1 083.7	1 670.7	3 927.4	9 100.4	46 890	*	*	*
60	897.60	2 595.9	4 384.0	7 370.2	20 555	56 348	*	*	*	*

附表二 复利现值系数表

期数	1%	2%	3%	4%	5%	6%	7%	8%	9%	10%
1	0.990 1	0.980 4	0.970 9	0.961 5	0.952 4	0.943 4	0.934 6	0.925 9	0.917 4	0.909 1
2	0.980 3	0.961 2	0.942 6	0.924 6	0.907 0	0.890 0	0.873 4	0.857 3	0.841 7	0.826 4
3	0.970 6	0.942 3	0.915 1	0.889 0	0.863 8	0.839 6	0.816 3	0.793 8	0.772 2	0.751 3
4	0.961 0	0.923 8	0.888 5	0.854 8	0.822 7	0.792 1	0.762 9	0.735 0	0.708 4	0.683 0
5	0.951 5	0.905 7	0.862 6	0.821 9	0.783 5	0.747 3	0.713 0	0.680 6	0.649 9	0.620 9
6	0.942 0	0.888 0	0.837 5	0.790 3	0.746 2	0.705 0	0.666 3	0.630 2	0.596 3	0.564 5
7	0.932 7	0.870 6	0.813 1	0.759 9	0.710 7	0.665 1	0.622 7	0.583 5	0.547 0	0.513 2
8	0.923 5	0.853 5	0.789 4	0.730 7	0.676 8	0.627 4	0.582 0	0.540 3	0.501 9	0.466 5
9	0.914 3	0.836 8	0.766 4	0.702 6	0.644 6	0.591 9	0.543 9	0.500 2	0.460 4	0.424 1
10	0.905 3	0.820 3	0.744 1	0.675 6	0.613 9	0.558 4	0.508 3	0.463 2	0.422 4	0.385 5
11	0.896 3	0.804 3	0.722 4	0.649 6	0.584 7	0.526 8	0.475 1	0.428 9	0.387 5	0.350 5
12	0.887 4	0.788 5	0.701 4	0.624 6	0.556 8	0.497 0	0.444 0	0.397 1	0.355 5	0.318 6
13	0.878 7	0.773 0	0.681 0	0.600 6	0.530 3	0.468 8	0.415 0	0.367 7	0.326 2	0.289 7
14	0.870 0	0.757 9	0.661 1	0.577 5	0.505 1	0.442 3	0.387 8	0.340 5	0.299 2	0.263 3
15	0.861 3	0.743 0	0.641 9	0.555 3	0.481 0	0.417 3	0.362 4	0.315 2	0.274 5	0.239 4
16	0.852 8	0.728 4	0.623 2	0.533 9	0.458 1	0.393 6	0.338 7	0.291 9	0.251 9	0.217 6
17	0.844 4	0.714 2	0.605 0	0.513 4	0.436 3	0.371 4	0.316 6	0.270 3	0.231 1	0.197 8
18	0.836 0	0.700 2	0.587 4	0.493 6	0.415 5	0.350 3	0.295 9	0.250 2	0.212 0	0.179 9
19	0.827 7	0.686 4	0.570 3	0.474 6	0.395 7	0.330 5	0.276 5	0.231 7	0.194 5	0.163 5
20	0.819 5	0.673 0	0.553 7	0.456 4	0.376 9	0.311 8	0.258 4	0.214 5	0.178 4	0.148 6
21	0.811 4	0.659 8	0.537 5	0.438 8	0.358 9	0.294 2	0.241 5	0.198 7	0.163 7	0.135 1
22	0.803 4	0.646 8	0.521 9	0.422 0	0.341 8	0.277 5	0.225 7	0.183 9	0.150 2	0.122 8
23	0.795 4	0.634 2	0.506 7	0.405 7	0.325 6	0.261 8	0.210 9	0.170 3	0.137 8	0.111 7
24	0.787 6	0.621 7	0.491 9	0.390 1	0.310 1	0.247 0	0.197 1	0.157 7	0.126 4	0.101 5
25	0.779 8	0.609 5	0.477 6	0.375 1	0.295 3	0.233 0	0.184 2	0.146 0	0.116 0	0.092 3
26	0.772 0	0.597 6	0.463 7	0.360 7	0.281 2	0.219 8	0.172 2	0.135 2	0.106 4	0.083 9
27	0.764 4	0.585 9	0.450 2	0.346 8	0.267 8	0.207 4	0.160 9	0.125 2	0.097 6	0.076 3
28	0.756 8	0.574 4	0.437 1	0.333 5	0.255 1	0.195 6	0.150 4	0.115 9	0.089 5	0.069 3
29	0.749 3	0.563 1	0.424 3	0.320 7	0.242 9	0.184 6	0.140 6	0.107 3	0.082 2	0.063 0
30	0.741 9	0.552 1	0.412 0	0.308 3	0.231 4	0.174 1	0.131 4	0.099 4	0.075 4	0.057 3
35	0.705 9	0.500 0	0.355 4	0.253 4	0.181 3	0.130 1	0.093 7	0.067 6	0.049 0	0.035 6
40	0.671 7	0.452 9	0.306 6	0.208 3	0.142 0	0.097 2	0.066 8	0.046 0	0.031 8	0.022 1
45	0.639 1	0.410 2	0.264 4	0.171 2	0.111 3	0.072 7	0.047 6	0.031 3	0.020 7	0.013 7
50	0.608 0	0.371 5	0.228 1	0.140 7	0.087 2	0.054 3	0.033 9	0.021 3	0.013 4	0.008 5
55	0.578 5	0.336 5	0.196 8	0.115 7	0.068 3	0.040 6	0.024 2	0.014 5	0.008 7	0.005 3

续表

期数	12%	14%	15%	16%	18%	20%	24%	28%	32%	36%
1	0.892 9	0.877 2	0.869 6	0.862 1	0.847 5	0.833 3	0.806 5	0.781 3	0.757 6	0.735 3
2	0.797 2	0.769 5	0.756 1	0.743 2	0.718 2	0.694 4	0.650 4	0.610 4	0.573 9	0.540 7
3	0.711 8	0.675 0	0.657 5	0.640 7	0.608 6	0.578 7	0.524 5	0.476 8	0.434 8	0.397 5
4	0.635 5	0.592 1	0.571 8	0.552 3	0.515 8	0.482 3	0.423 0	0.372 5	0.329 4	0.292 3
5	0.567 4	0.519 4	0.497 2	0.476 1	0.437 1	0.401 9	0.341 1	0.291 0	0.249 5	0.214 9
6	0.506 6	0.455 6	0.432 3	0.410 4	0.370 4	0.334 9	0.275 1	0.227 4	0.189 0	0.158 0
7	0.452 3	0.399 6	0.375 9	0.353 8	0.313 9	0.279 1	0.221 8	0.177 6	0.143 2	0.116 2
8	0.403 9	0.350 6	0.326 9	0.305 0	0.266 0	0.232 6	0.178 9	0.138 8	0.108 5	0.085 4
9	0.360 6	0.307 5	0.284 3	0.263 0	0.225 5	0.193 8	0.144 3	0.108 4	0.082 2	0.062 8
10	0.322 0	0.269 7	0.247 2	0.226 7	0.191 1	0.161 5	0.116 4	0.084 7	0.062 3	0.046 2
11	0.287 5	0.236 6	0.214 9	0.195 4	0.161 9	0.134 6	0.093 8	0.066 2	0.047 2	0.034 0
12	0.256 7	0.207 6	0.186 9	0.168 5	0.137 2	0.112 2	0.075 7	0.051 7	0.035 7	0.025 0
13	0.229 2	0.182 1	0.162 5	0.145 2	0.116 3	0.093 5	0.061 0	0.040 4	0.027 1	0.018 4
14	0.204 6	0.159 7	0.141 3	0.125 2	0.098 5	0.077 9	0.049 2	0.031 6	0.020 5	0.013 5
15	0.182 7	0.140 1	0.122 9	0.107 9	0.083 5	0.064 9	0.039 7	0.024 7	0.015 5	0.009 9
16	0.163 1	0.122 9	0.106 9	0.093 0	0.070 8	0.054 1	0.032 0	0.019 3	0.011 8	0.007 3
17	0.145 6	0.107 8	0.092 9	0.080 2	0.060 0	0.045 1	0.025 8	0.015 0	0.008 9	0.005 4
18	0.130 0	0.094 6	0.080 8	0.069 1	0.050 8	0.037 6	0.020 8	0.011 8	0.006 8	0.003 9
19	0.116 1	0.082 9	0.070 3	0.059 6	0.043 1	0.031 3	0.016 8	0.009 2	0.005 1	0.002 9
20	0.103 7	0.072 8	0.061 1	0.051 4	0.036 5	0.026 1	0.013 5	0.007 2	0.003 9	0.002 1
21	0.092 6	0.063 8	0.053 1	0.044 3	0.030 9	0.021 7	0.010 9	0.005 6	0.002 9	0.001 6
22	0.082 6	0.056 0	0.046 2	0.038 2	0.026 2	0.018 1	0.008 8	0.004 4	0.002 2	0.001 2
23	0.073 8	0.049 1	0.040 2	0.032 9	0.022 2	0.015 1	0.007 1	0.003 4	0.001 7	0.000 8
24	0.065 9	0.043 1	0.034 9	0.028 4	0.018 8	0.012 6	0.005 7	0.002 7	0.001 3	0.000 6
25	0.058 8	0.037 8	0.030 4	0.024 5	0.016 0	0.010 5	0.004 6	0.002 1	0.001 0	0.000 5
26	0.052 5	0.033 1	0.026 4	0.021 1	0.013 5	0.008 7	0.003 7	0.001 6	0.000 7	0.000 3
27	0.046 9	0.029 1	0.023 0	0.018 2	0.011 5	0.007 3	0.003 0	0.001 3	0.000 6	0.000 2
28	0.041 9	0.025 5	0.020 0	0.015 7	0.009 7	0.006 1	0.002 4	0.001 0	0.000 4	0.000 2
29	0.037 4	0.022 4	0.017 4	0.013 5	0.008 2	0.005 1	0.002 0	0.000 8	0.000 3	0.000 1
30	0.033 4	0.019 6	0.015 1	0.011 6	0.007 0	0.004 2	0.001 6	0.000 6	0.000 2	0.000 1
35	0.018 9	0.010 2	0.007 5	0.005 5	0.003 0	0.001 7	0.000 5	0.000 2	0.000 1	*
40	0.010 7	0.005 3	0.003 7	0.002 6	0.001 3	0.000 7	0.000 2	0.000 1	*	*
45	0.006 1	0.002 7	0.001 9	0.001 3	0.000 6	0.000 3	0.000 1	*	*	*
50	0.003 5	0.001 4	0.000 9	0.000 6	0.000 3	0.000 1	*	*	*	*
55	0.002 0	0.000 7	0.000 5	0.000 3	0.000 1	*	*	*	*	*

附表三　年金终值系数表

期数	1%	2%	3%	4%	5%	6%	7%	8%	9%	10%
1	1.000 0	1.000 0	1.000 0	1.000 0	1.000 0	1.000 0	1.000 0	1.000 0	1.000 0	1.000 0
2	2.010 0	2.020 0	2.030 0	2.040 0	2.050 0	2.060 0	2.070 0	2.080 0	2.090 0	2.100 0
3	3.030 1	3.060 4	3.090 9	3.121 6	3.152 5	3.183 6	3.214 9	3.246 4	3.278 1	3.310 0
4	4.060 4	4.121 6	4.183 6	4.246 5	4.310 1	4.374 6	4.439 9	4.506 1	4.573 1	4.641 0
5	5.101 0	5.204 0	5.309 1	5.416 3	5.525 6	5.637 1	5.750 7	5.866 6	5.984 7	6.105 1
6	6.152 0	6.308 1	6.468 4	6.633 0	6.801 9	6.975 3	7.153 3	7.335 9	7.523 3	7.715 6
7	7.213 5	7.434 3	7.662 5	7.898 3	8.142 0	8.393 8	8.654 0	8.922 8	9.200 4	9.487 2
8	8.285 7	8.583 0	8.892 3	9.214 2	9.549 1	9.897 5	10.260	10.637	11.029	11.436
9	9.368 5	9.754 6	10.159	10.583	11.027	11.491	11.978	12.488	13.021	13.580
10	10.462	10.950	11.464	12.006	12.578	13.181	13.816	14.487	15.193	15.937
11	11.567	12.169	12.808	13.486	14.207	14.972	15.784	16.646	17.560	18.531
12	12.683	13.412	14.192	15.026	15.917	16.870	17.889	18.977	20.141	21.384
13	13.809	14.680	15.618	16.627	17.713	18.882	20.141	21.495	22.953	24.523
14	14.947	15.974	17.086	18.292	19.599	21.015	22.551	24.215	26.019	27.975
15	16.097	17.293	18.599	20.024	21.579	23.276	25.129	27.152	29.361	31.773
16	17.258	18.639	20.157	21.825	23.658	25.673	27.888	30.324	33.003	35.950
17	18.430	20.012	21.762	23.698	25.840	28.213	30.840	33.750	36.974	40.545
18	19.615	21.412	23.414	25.645	28.132	30.906	33.999	37.450	41.301	45.599
19	20.811	22.841	25.117	27.671	30.539	33.760	37.379	41.446	46.019	51.159
20	22.019	24.297	26.870	29.778	33.066	36.786	40.996	45.762	51.160	57.275
21	23.239	25.783	28.677	31.969	35.719	39.993	44.865	50.423	56.765	64.003
22	24.472	27.299	30.537	34.248	38.505	43.392	49.006	55.457	62.873	71.403
23	25.716	28.845	32.453	36.618	41.431	46.996	53.436	60.893	69.532	79.543
24	26.974	30.422	34.427	39.083	44.502	50.816	58.177	66.765	76.790	88.497
25	28.243	32.030	36.459	41.646	47.727	54.865	63.249	73.106	84.701	98.347
26	29.526	33.671	38.553	44.312	51.114	59.156	68.677	79.954	93.324	109.18
27	30.821	35.344	40.710	47.084	54.669	63.706	74.484	87.351	102.72	121.10
28	32.129	37.051	42.931	49.968	58.403	68.528	80.698	95.339	112.97	134.21
29	33.450	38.792	45.219	52.966	62.323	73.640	87.347	103.97	124.14	148.63
30	34.785	40.568	47.575	56.085	66.439	79.058	94.461	113.28	136.31	164.49
40	48.886	60.402	75.401	95.026	120.80	154.76	199.64	259.06	337.88	442.59
50	64.463	84.579	112.80	152.67	209.35	290.34	406.53	573.77	815.08	1 163.9
60	81.670	114.05	163.05	237.99	353.58	533.13	813.52	1 253.2	1 944.8	3 034.8

续表

期数	12%	14%	15%	16%	18%	20%	24%	28%	32%	36%
1	1.000 0	1.000 0	1.000 0	1.000 0	1.000 0	1.000 0	1.000 0	1.000 0	1.000 0	1.000 0
2	2.120 0	2.140 0	2.150 0	2.160 0	2.180 0	2.200 0	2.240 0	2.280 0	2.320 0	2.360 0
3	3.374 4	3.439 6	3.472 5	3.505 6	3.572 4	3.640 0	3.777 6	3.918 4	4.062 4	4.209 6
4	4.779 3	4.921 1	4.993 4	5.066 5	5.215 4	5.368 0	5.684 2	6.015 6	6.362 4	6.725 1
5	6.352 8	6.610 1	6.742 4	6.877 1	7.154 2	7.441 6	8.048 4	8.699 9	9.398 3	10.146
6	8.115 2	8.535 5	8.753 7	8.977 5	9.442 0	9.929 9	10.980	12.136	13.406	14.799
7	10.089	10.731	11.067	11.414	12.142	12.916	14.615	16.534	18.696	21.126
8	12.300	13.233	13.727	14.240	15.327	16.499	19.123	22.163	25.678	29.732
9	14.776	16.085	16.786	17.519	19.086	20.799	24.713	29.369	34.895	41.435
10	17.549	19.337	20.304	21.322	23.521	25.959	31.643	38.593	47.062	57.352
11	20.655	23.045	24.349	25.733	28.755	32.150	40.238	50.399	63.122	78.998
12	24.133	27.271	29.002	30.850	34.931	39.581	50.895	65.510	84.320	108.44
13	28.029	32.089	34.352	36.786	42.219	48.497	64.110	84.853	112.30	148.48
14	32.393	37.581	40.505	43.672	50.818	59.196	80.496	109.61	149.24	202.93
15	37.280	43.842	47.580	51.660	60.965	72.035	100.82	141.30	198.00	276.98
16	42.753	50.980	55.718	60.925	72.939	87.442	126.01	181.87	262.36	377.69
17	48.884	59.118	65.075	71.673	87.068	105.93	157.25	233.79	347.31	514.66
18	55.750	68.394	75.836	84.141	103.74	128.12	195.99	300.25	459.45	700.94
19	63.440	78.969	88.212	98.603	123.41	154.74	244.03	385.32	607.47	954.28
20	72.052	91.025	102.44	115.38	146.63	186.69	303.60	494.21	802.86	1 298.8
21	81.699	104.77	118.81	134.84	174.02	225.03	377.46	633.59	1 060.8	1 767.4
22	92.503	120.44	137.63	157.42	206.34	271.03	469.06	812.00	1 401.2	2 404.7
23	104.60	138.30	159.28	183.60	244.49	326.24	582.63	1 040.4	1 850.6	3 271.3
24	118.16	158.66	184.17	213.98	289.49	392.48	723.46	1 332.7	2 443.8	4 450.0
25	133.33	181.87	212.79	249.21	342.60	471.98	898.09	1 706.8	3 226.8	6 053.0
26	150.33	208.33	245.71	290.09	405.27	567.38	1 114.6	2 185.7	4 260.4	8 233.1
27	169.37	238.50	283.57	337.50	479.22	681.85	1 383.1	2 798.7	5 624.8	11 198
28	190.70	272.89	327.10	392.50	566.48	819.22	1 716.1	3 583.3	7 425.7	15 230
29	214.58	312.09	377.17	456.30	669.45	984.07	2 129.0	4 587.7	9 802.9	20 714
30	241.33	356.79	434.75	530.31	790.95	1 181.9	2 640.9	5 873.2	12 941	28 172
40	767.09	1 342.0	1 779.1	2 360.8	4 163.2	7 343.9	22 729	69 377	207 874	609 890
50	2 400.0	4 994.5	7 217.7	10 436	21 813	45 497	195 373	819 103	*	*
60	7 471.6	18 535	29 220	46 058	114 190	281 733	*	*	*	*

附表四 年金现值系数表

期数	1%	2%	3%	4%	5%	6%	7%	8%	9%	10%
1	0.990 1	0.980 4	0.970 9	0.961 5	0.952 4	0.943 4	0.934 6	0.925 9	0.917 4	0.909 1
2	1.970 4	1.941 6	1.913 5	1.886 1	1.859 4	1.833 4	1.808 0	1.783 3	1.759 1	1.735 5
3	2.941 0	2.883 9	2.828 6	2.775 1	2.723 2	2.673 0	2.624 3	2.577 1	2.531 3	2.486 9
4	3.902 0	3.807 7	3.717 1	3.629 9	3.546 0	3.465 1	3.387 2	3.312 1	3.239 7	3.169 9
5	4.853 4	4.713 5	4.579 7	4.451 8	4.329 5	4.212 4	4.100 2	3.992 7	3.889 7	3.790 8
6	5.795 5	5.601 4	5.417 2	5.242 1	5.075 7	4.917 3	4.766 5	4.622 9	4.485 9	4.355 3
7	6.728 2	6.472 0	6.230 3	6.002 1	5.786 4	5.582 4	5.389 3	5.206 4	5.033 0	4.868 4
8	7.651 7	7.325 5	7.019 7	6.732 7	6.463 2	6.209 8	5.971 3	5.746 6	5.534 8	5.334 9
9	8.566 0	8.162 2	7.786 1	7.435 3	7.107 8	6.801 7	6.515 2	6.246 9	5.995 2	5.759 0
10	9.471 3	8.982 6	8.530 2	8.110 9	7.721 7	7.360 1	7.023 6	6.710 1	6.417 7	6.144 6
11	10.367 6	9.786 8	9.252 6	8.760 5	8.306 4	7.886 9	7.498 7	7.139 0	6.805 2	6.495 1
12	11.255 1	10.575 3	9.954 0	9.385 1	8.863 3	8.383 8	7.942 7	7.536 1	7.160 7	6.813 7
13	12.133 7	11.348 4	10.635 0	9.985 6	9.393 6	8.852 7	8.357 7	7.903 8	7.486 9	7.103 4
14	13.003 7	12.106 2	11.296 1	10.563 1	9.898 6	9.295 0	8.745 5	8.244 2	7.786 2	7.366 7
15	13.865 1	12.849 3	11.937 9	11.118 4	10.379 7	9.712 2	9.107 9	8.559 5	8.060 7	7.606 1
16	14.717 9	13.577 7	12.561 1	11.652 3	10.837 8	10.105 9	9.446 6	8.851 4	8.312 6	7.823 7
17	15.562 3	14.291 9	13.166 1	12.165 7	11.274 1	10.477 3	9.763 2	9.121 6	8.543 6	8.021 6
18	16.398 3	14.992 0	13.753 5	12.659 3	11.689 6	10.827 6	10.059 1	9.371 9	8.755 6	8.201 4
19	17.226 0	15.678 5	14.323 8	13.133 9	12.085 3	11.158 1	10.335 6	9.603 6	8.950 1	8.364 9
20	18.045 6	16.351 4	14.877 5	13.590 3	12.462 2	11.469 9	10.594 0	9.818 1	9.128 5	8.513 6
21	18.857 0	17.011 2	15.415 0	14.029 2	12.821 2	11.764 1	10.835 5	10.016 8	9.292 2	8.648 7
22	19.660 4	17.658 0	15.936 9	14.451 1	13.163 0	12.041 6	11.061 2	10.200 7	9.442 4	8.771 5
23	20.455 8	18.292 2	16.443 6	14.856 8	13.488 6	12.303 4	11.272 2	10.371 1	9.580 2	8.883 2
24	21.243 4	18.913 9	16.935 5	15.247 0	13.798 6	12.550 4	11.469 3	10.528 8	9.706 6	8.984 7
25	22.023 2	19.523 5	17.413 1	15.622 1	14.093 9	12.783 4	11.653 6	10.674 8	9.822 6	9.077 0
26	22.795 2	20.121 0	17.876 8	15.982 8	14.375 2	13.003 2	11.825 8	10.810 0	9.929 0	9.160 9
27	23.559 6	20.706 9	18.327 0	16.329 6	14.643 0	13.210 5	11.986 7	10.935 2	10.026 6	9.237 2
28	24.316 4	21.281 3	18.764 1	16.663 1	14.898 1	13.406 2	12.137 1	11.051 1	10.116 1	9.306 6
29	25.065 8	21.844 4	19.188 5	16.983 7	15.141 1	13.590 7	12.277 7	11.158 4	10.198 3	9.369 6
30	25.807 7	22.396 5	19.600 4	17.292 0	15.372 5	13.764 8	12.409 0	11.257 8	10.273 7	9.426 9
35	29.408 6	24.998 6	21.487 2	18.664 6	16.374 2	14.498 2	12.947 7	11.654 6	10.566 8	9.644 2
40	32.834 7	27.355 5	23.114 8	19.792 8	17.159 1	15.046 3	13.331 7	11.924 6	10.757 4	9.779 1
45	36.094 5	29.490 2	24.518 7	20.720 0	17.774 1	15.455 8	13.605 5	12.108 4	10.881 2	9.862 8
50	39.196 1	31.423 6	25.729 8	21.482 2	18.255 9	15.761 9	13.800 7	12.233 5	10.961 7	9.914 8
55	42.147 2	33.174 8	26.774 4	22.108 6	18.633 5	15.990 5	13.939 9	12.318 6	11.014 0	9.947 1

续表

期数	12%	14%	15%	16%	18%	20%	24%	28%	32%	36%
1	0.892 9	0.877 2	0.869 6	0.862 1	0.847 5	0.833 3	0.806 5	0.781 3	0.757 6	0.735 3
2	1.690 1	1.646 7	1.625 7	1.605 2	1.565 6	1.527 8	1.456 8	1.391 6	1.331 5	1.276 0
3	2.401 8	2.321 6	2.283 2	2.245 9	2.174 3	2.106 5	1.981 3	1.868 4	1.766 3	1.673 5
4	3.037 3	2.913 7	2.855 0	2.798 2	2.690 1	2.588 7	2.404 3	2.241 0	2.095 7	1.965 8
5	3.604 8	3.433 1	3.352 2	3.274 3	3.127 2	2.990 6	2.745 4	2.532 0	2.345 2	2.180 7
6	4.111 4	3.888 7	3.784 5	3.684 7	3.497 6	3.325 5	3.020 5	2.759 4	2.534 2	2.338 8
7	4.563 8	4.288 3	4.160 4	4.038 6	3.811 5	3.604 6	3.242 3	2.937 0	2.677 5	2.455 0
8	4.967 6	4.638 9	4.487 3	4.343 6	4.077 6	3.837 2	3.421 2	3.075 8	2.786 0	2.540 4
9	5.328 2	4.946 4	4.771 6	4.606 5	4.303 0	4.031 0	3.565 5	3.184 2	2.868 1	2.603 3
10	5.650 2	5.216 1	5.018 8	4.833 2	4.494 1	4.192 5	3.681 9	3.268 9	2.930 4	2.649 5
11	5.937 7	5.452 7	5.233 7	5.028 6	4.656 0	4.327 1	3.775 7	3.335 1	2.977 6	2.683 4
12	6.194 4	5.660 3	5.420 6	5.197 1	4.793 2	4.439 2	3.851 4	3.386 8	3.013 3	2.708 4
13	6.423 5	5.842 4	5.583 1	5.342 3	4.909 5	4.532 7	3.912 4	3.427 2	3.040 4	2.726 8
14	6.628 2	6.002 1	5.724 5	5.467 5	5.008 1	4.610 6	3.961 6	3.458 7	3.060 9	2.740 3
15	6.810 9	6.142 2	5.847 4	5.575 5	5.091 6	4.675 5	4.001 3	3.483 4	3.076 4	2.750 2
16	6.974 0	6.265 1	5.954 2	5.668 5	5.162 4	4.729 6	4.033 3	3.502 6	3.088 2	2.757 5
17	7.119 6	6.372 9	6.047 2	5.748 7	5.222 3	4.774 6	4.059 1	3.517 7	3.097 1	2.762 9
18	7.249 7	6.467 4	6.128 0	5.817 8	5.273 2	4.812 2	4.079 9	3.529 4	3.103 9	2.766 8
19	7.365 8	6.550 4	6.198 2	5.877 5	5.316 2	4.843 5	4.096 7	3.538 6	3.109 0	2.769 7
20	7.469 4	6.623 1	6.259 3	5.928 8	5.352 7	4.869 6	4.110 3	3.545 8	3.112 9	2.771 8
21	7.562 0	6.687 0	6.312 5	5.973 1	5.383 7	4.891 3	4.121 2	3.551 4	3.115 8	2.773 4
22	7.644 6	6.742 9	6.358 7	6.011 3	5.409 9	4.909 4	4.130 0	3.555 8	3.118 0	2.774 6
23	7.718 4	6.792 1	6.398 8	6.044 2	5.432 1	4.924 5	4.137 1	3.559 2	3.119 7	2.775 4
24	7.784 3	6.835 1	6.433 8	6.072 6	5.450 9	4.937 1	4.142 8	3.561 9	3.121 0	2.776 0
25	7.843 1	6.872 9	6.464 1	6.097 1	5.466 9	4.947 6	4.147 4	3.564 0	3.122 0	2.776 5
26	7.895 7	6.906 1	6.490 6	6.118 2	5.480 4	4.956 3	4.151 1	3.565 6	3.122 7	2.776 8
27	7.942 6	6.935 2	6.513 5	6.136 4	5.491 9	4.963 6	4.154 2	3.566 9	3.123 3	2.777 1
28	7.984 4	6.960 7	6.533 5	6.152 0	5.501 6	4.969 7	4.156 6	3.567 9	3.123 7	2.777 3
29	8.021 8	6.983 0	6.550 9	6.165 6	5.509 8	4.974 7	4.158 5	3.568 7	3.124 0	2.777 4
30	8.055 2	7.002 7	6.566 0	6.177 2	5.516 8	4.978 9	4.160 1	3.569 3	3.124 2	2.777 5
35	8.175 5	7.070 0	6.616 6	6.215 3	5.538 6	4.991 5	4.164 4	3.570 8	3.124 8	2.777 7
40	8.243 8	7.105 0	6.641 8	6.233 5	5.548 2	4.996 6	4.165 9	3.571 2	3.125 0	2.777 8
45	8.282 5	7.123 2	6.654 3	6.242 1	5.552 3	4.998 6	4.166 4	3.571 4	3.125 0	2.777 8
50	8.304 5	7.132 7	6.660 5	6.246 3	5.554 1	4.999 5	4.166 6	3.571 4	3.125 0	2.777 8
55	8.317 0	7.137 6	6.663 6	6.248 2	5.554 9	4.999 8	4.166 6	3.571 4	3.125 0	2.777 8

主要参考文献

【1】中国资产评估协会．资产评估基础．北京：中国财政经济出版社，2019.

【2】刘玉平．资产评估学．2 版．北京：中国人民大学出版社，2019.

【3】姜楠．资产评估学．4 版．大连：东北财经大学出版社，2018.

【4】乔志敏，王小荣．资产评估学教程．6 版．北京：中国人民大学出版社，2018.

【5】潘学模，吕先锫，饶洁．资产评估学．成都：西南财经大学出版社，2008.

【6】王炳华，吕献荣．资产评估．2 版．北京：中国人民大学出版社，2016.

【7】财政部中财传媒资产评估师资格考试辅导用书编写组．资产评估基础精讲精练．北京：中国财政经济出版社，2019.

【8】中华人民共和国资产评估法．北京：法律出版社，2016.

【9】中国资产评估协会．中国资产评估准则．北京：经济科学出版社，2017.

图书在版编目（CIP）数据

资产评估基础／王炳华，徐晓囡主编．--3版．--北京：中国人民大学出版社，2020.8
21世纪高职高专会计类专业课程改革规划教材
ISBN 978-7-300-28449-1

Ⅰ.①资… Ⅱ.①王…②徐… Ⅲ.①资产评估—高等职业教育—教材 Ⅳ.①F20

中国版本图书馆CIP数据核字（2020）第138997号

"十二五"职业教育国家规划教材
经全国职业教育教材审定委员会审定
21世纪高职高专会计类专业课程改革规划教材
资产评估基础（第三版）
主　编　王炳华　徐晓囡
副主编　王　玲　李丹明　刘西敏
Zichan Pinggu Jichu

出版发行	中国人民大学出版社		
社　　址	北京中关村大街31号	**邮政编码**	100080
电　　话	010－62511242（总编室）		010－62511770（质管部）
	010－82501766（邮购部）		010－62514148（门市部）
	010－62515195（发行公司）		010－62515275（盗版举报）
网　　址	http://www.crup.com.cn		
经　　销	新华书店		
印　　刷	北京宏伟双华印刷有限公司	**版　　次**	2011年12月第1版
规　　格	185 mm×260 mm　16开本		2020年8月第3版
印　　张	17	**印　　次**	2024年12月第4次印刷
字　　数	366 000	**定　　价**	42.00元